W0027375

LEBENDIGE WILDNIS

Tiere der afrikanischen Savanne

Tiere der afrikanischen Savanne

Elefanten · Löwen
Nashörner · Strauße · Giraffen
Schakale · Gazellen · Hyänen

Verlag Das Beste Stuttgart · Zürich · Wien

INHALT

87 GIRAFFEN

107 SCHAKALE

127 GAZELLEN

147 HYÄNEN

Über dieses Buch

Afrikas Savannen, berühmt für ihren Tierreichtum, sind ein Übergangsgebiet zwischen dem immerfeuchten Regenwald und der Wüste. Mit einer Fläche von insgesamt mehr als 1 Mio. km^2 (sie entspricht etwa der Frankreichs und Spaniens zusammen) umspannen sie in einem weiten Bogen die west- und zentralafrikanischen Waldgebiete. Charakteristisch sind ihre endlosen Grasflächen, die mit Bäumen und Büschen durchsetzt sein können. Savannen entstehen in Gebieten mit ausgeprägten Regen- und Trockenzeiten, wobei es vielfältige Übergänge sowohl zu Waldformationen als auch zur Wüste gibt. Den ausgeprägten Wechsel zwischen feuchten und trockenen Perioden überstehen nur wenige Pflanzen – allen voran Gräser. Bäume sind in der Savanne meist nur zur Regenzeit belaubt; großblättrig und dickborkig, speichern manche Wasser in ihren mächtigen Stämmen.

Das Bild der Savannenfauna wird vor allem von den Huftieren geprägt, die sich noch heute im Wechsel der Jahreszeiten in riesigen Herden auf die Wanderschaft begeben, um bessere Weidegründe aufzusuchen. Die Pflanzenfresser nutzen die Vegetation dabei auf verschiedene Weise, so daß viele Tierarten nebeneinander bestehen können, ohne sich direkt Konkurrenz zu machen. Unterschiedliche Aktivitätsphasen und zeitlich verschobene Wanderzyklen erleichtern ebenfalls das Zusammenleben. Auch die Vögel der Savanne müssen sich dem jahreszeitlichen Nahrungsangebot anpassen und umherziehen, um die nahrungsarme Trockenperiode überstehen zu können. Den Huftieren folgen die Raubtiere, die schwache und kranke Tiere als „Gesundheitspolizei" aussondern und gemeinsam mit Geiern und Marabus Kadaver beseitigen. Bei der Verwertung von Pflanzenresten spielen Termiten eine wichtige Rolle.

Der Mensch, der ursprünglich als Jäger und Sammler im Einklang mit der Natur lebte und dessen Ursprung in der afrikanischen Savanne liegt, vernichtet heute zahlreiche Tier- und Pflanzenarten und zerstört damit das vielfältige Beziehungsgeflecht, das dieses Ökosystem bildet. In den großen Nationalparks wie Serengeti oder Tsavo scheint der Lebensraum Savanne zwar noch gesichert, zu ihrer Erhaltung jedoch bedarf es auch weiterhin größter Anstrengungen.

Das vorliegende Buch stellt einige typische Vertreter dieses Lebensraums vor, wobei es bewußt auf oberflächliche Fülle zugunsten beispielhafter Tiefe und Vielfalt verzichtet. Hervorragende Aufnahmen vermitteln ein umfassendes Bild dieser Savannentiere, die zusammen mit ihren jeweiligen Verwandten nach neuesten Erkenntnissen beschrieben werden. Kaleidoskopartig entsteht so ein Lebensbild faszinierender Eigenschaften und Verhaltensweisen, das nicht nur unser Wissen über die Tierwelt eines besonderen Lebensraums bereichert, sondern auch immer wieder die Zerbrechlichkeit dieses Ökosystems spürbar werden läßt.

Prof. Dr. Wilbert Neugebauer
Direktor a. D.
des Zoologisch-Botanischen Gartens WILHELMA, Stuttgart

ELEFANTEN

Dem imposantesten aller lebenden Landsäugetiere droht, beschleunigt durch die menschliche Gier nach Elfenbein, die baldige Ausrottung. Noch vor 2200 Jahren in Nordafrika heimisch, wie wir von ihren Kriegseinsätzen bei den Feldzügen Hannibals wissen, sind freilebende Elefanten heute nur noch südlich der Sahara und in Asien anzutreffen. Die blutige Spur des Elfenbeins führt von den letzten Rückzugsgebieten der grauen Riesen in der Savanne bis in ostasiatische Souvenirläden.

Ihre fernsten Vorfahren lebten vor 50 Mio. Jahren, ihre Vettern, die Mammute, starben in vorgeschichtlicher Zeit infolge großer Klimaveränderungen aus. Einst breiteten sich Vertreter dieser in der Vergangenheit formenreichen Säugetiergruppe in mehr als 300 Arten über den gesamten Erdball mit Ausnahme Australiens und der Antarktis aus.

Heute begegnen wir freilebenden Elefanten, den letzten Überlebenden der Rüsseltiere (Ordnung *Proboscidae*), nur noch in Afrika und Asien. Auf jedem dieser Kontinente existieren sie als jeweils eigene Arten, die sich bereits im Jung-Tertiär unterschiedlich zu entwickeln begannen. Der Afrikanische Elefant ist größer und schwerer als der Asiatische und war einst – abgesehen von Trockengebieten wie der Sahara und der Namibischen Wüste – in ganz Afrika verbreitet; aus dem afrikanischen Norden ist er allerdings schon lange verschwunden. Elefanten, die im offenen Grasland der Savanne leben, können eine Schulterhöhe von 4 m erreichen, wogegen sie in den äquatorialen Wäldern wesentlich kleiner bleiben. Der Asiatische Elefant, ebenfalls ein Waldbewohner, wird nie höher als 3 m. Im Vergleich zum Afrikanischen Elefanten sind seine Ohren klein und die Stoßzähne wenig gebogen. Einige Wissenschaftler sind davon überzeugt, daß es im afrikanischen Regenwald noch eine dritte Elefantenart gibt, den Zwergelefanten, der nur knapp 2 m Körperhöhe erreichen soll. Diese systematische Zuordnung ist jedoch in Fachkreisen umstritten.

Während Elefanten in Asien trotz starker Dezimierung noch nicht vom Aussterben bedroht sind, bedarf es sehr großer Anstrengungen, um den Afrikanischen Elefanten vor diesem Schicksal zu bewahren. In den 50er Jahren gab es in Afrika noch 2,5 Mio. Elefanten, bereits 1987 war ihre Anzahl auf rund 700 000 geschrumpft, und allein 1989 wurden fast 90 000 der eindrucksvollen Dickhäuter des Elfenbeins wegen getötet. Wie viele andere Tierarten ist der Elefant außerdem das Opfer des Raubbaus an den tropischen Regenwäldern; weltweit schwindet dieser Lebensraum, die „grüne Lunge der Erde“, um mehrere tausend Hektar pro Tag.

Elefantenherden setzen sich aus erwachsenen Kühen und Kälbern beiderlei Geschlechts zusammen. Erst in einem Alter von 11–12 Jahren werden die jungen Bullen aus der Herde verjagt. Die Führung der Gruppe übernimmt oft eine unfruchtbar gewordene Leitkuh, die auch für deren Sicherheit sorgt. Wenn die Leitkuh das Zeichen zur Flucht gibt, bilden alle Tiere eine geschlossene Einheit und nehmen die Jungen in ihre Mitte. Bei unmittelbarer Gefahr ist es die Leitkuh, die zum Angriff übergeht.

Im Familienleben bleiben die Männer außen vor

Über die äußerst interessanten und sehr ausgeprägten sozialen Beziehungen innerhalb von Elefantengruppen wußte man lange Zeit nur wenig; erst seit kurzem werden ihre bemerkenswerten Sozialstrukturen genauer erforscht.

In bewaldeten Zonen mit üppigem Pflanzenwuchs sind die Herden verhältnismäßig ortsbeständig. In Trockengebieten wie der Sahelzone hingegen müssen sie auf ihrer Futtersuche oft weite Strecken zurücklegen, wobei sie jedes Jahr dieselben Wechsel, sogenannte „Elefantenstraßen", einhalten. So konnte die amerikanische Zoologin Cynthia Moss in Kenia über einen Zeitraum von 15 Jahren an denselben Stellen immer dieselben Tiere beobachten.

Im 400 km^2 großen Amboseli-Wildschutzgebiet in Kenia hat man ungefähr 500 Elefanten gezählt: zum einen 350 Kühe mit ihren Kälbern, aufgeteilt in etwa 50 Sippen, und zum anderen 150 Bullen, die zwischen den Herden hin und her wechselten. Eine 30 Tiere zählende Sippe wurde zur Beobachtung ausgewählt und jedes Mitglied anhand seiner Gestalt und seiner besonderen Merkmale identifiziert. Vor allem miteinander verwandte Kühe waren sich sehr zugetan. Selbst nach einer kurzen Trennung bekundeten sie größte Wiedersehensfreude und verliehen ihren Gefühlen durch Trompeten, Ohrenwedeln sowie Liebkosungen mit dem Rüssel deutlich Ausdruck.

Für das Leben lernen

Jeden Tag wandert die Gruppe auf ihren gewohnten Wegen ein Stück weiter; geführt wird sie von der Leitkuh, meist dem ältesten und somit erfahrensten weiblichen Tier. In einem Alter von 40 oder 50 Jahren hat eine Elefantenkuh jede Art von Gefahr kennengelernt, darunter auch die Dürre. Sie kennt alle Wasserlöcher der Umgebung und kann in Trockenzeiten selbst verborgene Wasserreservoirs ausfindig und für die Herdenmitglieder nutzbar machen. Durch das Zusammenleben mehrerer Generationen in einer Gruppe profitieren die Kälber von den Erfahrungen der Älteren.

Die Erhaltung der Art

Erwachsene Bullen leben einzeln oder in losen Verbänden und durchstreifen große Gebiete, die oft das Territorium mehrerer Gruppen sind.

Jeder Elefantenbulle hat seine eigene Brunstzeit, in der er aktiv den brünstigen Kühen nachstellt. Wiederholt wurde die Brunst des Bullen mit der sogenannten „Musth" in Verbindung gebracht, einem interessanten Phänomen, das nur bei Elefanten – manchmal sogar bei weiblichen Tieren – in Erscheinung tritt (siehe auch Seite 22). Während der Musth, die sich durch einen Sekretausfluß aus den Schläfendrüsen äußert, sind die Bullen äußerst aggressiv und stellen auch für den Menschen eine große Gefahr dar.

Elefantenkühe haben einen Zyklus von etwa 22 Tagen und können das ganze Jahr über trächtig werden. Im Durchschnitt bringt eine Elefantenkuh alle 4–5 Jahre ein Kalb zur Welt; in Trockenperioden kann es jedoch sein, daß fast alle Kälber kurz nach der Geburt sterben. So verringerte sich die Elefantenpopulation im Amboseli-Wildschutzgebiet von 602 Tieren im Jahr 1972 auf 478 im Jahr 1978 (124 Todesfälle) und stieg wieder auf 674 Tiere im Jahr 1983 (196 Geburten) an. Diese Bestandsschwankungen, die zu den klimatisch bedingten Naturphänomenen zählen, machen deshalb Langzeitstudien unumgänglich. Jedenfalls scheinen Elefanten über eine erstaunliche Dynamik zu verfügen, ihren Bestand konstant zu halten.

Elefanten bleiben in der Familie

Innerhalb der angestammten Lebensräume bilden Elefanten Populationen von mehreren hundert bis zu einigen tausend Tieren. Sie leben in kleinen Herden zusammen, deren Mittelpunkt die Leitkuh mit ihrer Nachkommenschaft ist (1). Bei reichlichem Nahrungsangebot in der feuchten Jahreszeit schließen sich die kleinen Herden einer Population vorübergehend zu Großherden zusammen (2). Während der Futterknappheit der trockenen Jahreszeit hingegen teilen sich die Herden in kleinere Gruppen auf, die aus einer oder zwei Kühen und ihren Jungen bestehen (3). Diese Kleingruppen vereinigen sich erneut, sobald die Tiere in ihrem Lebensraum wieder bessere Lebensbedingungen vorfinden.

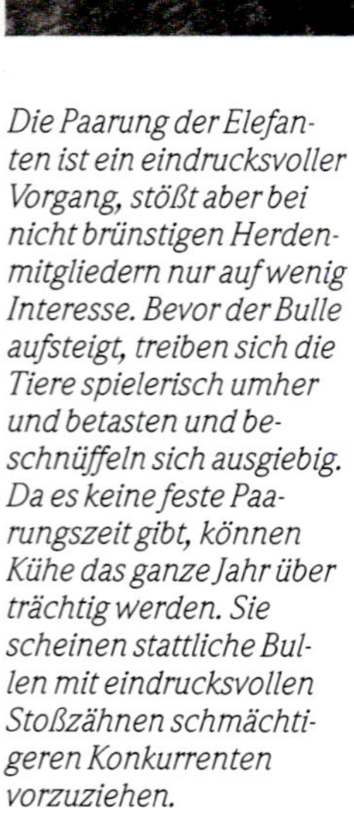

Die Paarung der Elefanten ist ein eindrucksvoller Vorgang, stößt aber bei nicht brünstigen Herdenmitgliedern nur auf wenig Interesse. Bevor der Bulle aufsteigt, treiben sich die Tiere spielerisch umher und betasten und beschnüffeln sich ausgiebig. Da es keine feste Paarungszeit gibt, können Kühe das ganze Jahr über trächtig werden. Sie scheinen stattliche Bullen mit eindrucksvollen Stoßzähnen schmächtigeren Konkurrenten vorzuziehen.

Der Kontakt zwischen Elefanten wird durch Laute, Gesten und Berührungen hergestellt. Der Rüssel dient nicht nur zur Wahrnehmung der Körpergerüche, sondern auch zum Austausch von Zärtlichkeiten.

Kleinere Herden schließen sich, je nach Jahreszeit und Nahrungsangebot, gelegentlich zu größeren Gruppen zusammen. Solche Großherden festigen die sozialen Bande zwischen den Tieren.

Gras, Blätter, Erde, Wasser – die Menge macht's

Zwar hängt die Ernährungsweise der Elefanten zum einen von ihrem Lebensraum (Regenwälder, Savannen) und zum andern von der Jahreszeit (Trocken- und Regenzeiten) ab, doch ist eines allen Dickhäutern gemeinsam: sie nehmen ausschließlich pflanzliche Nahrung zu sich.

Auf dem Speisezettel der Elefanten stehen die verschiedensten Pflanzenarten. Am liebsten mögen sie frisches Gras, das sie mit dem Rüssel büschelweise ausreißen, bündeln und ins Maul führen. Sie machen sich aber auch über die zartesten Teile von Dornengewächsen oder über Baumblätter her. Man hat sogar beobachtet, daß sie Akazien fällen, um die obersten Zweige erreichen zu können, die sie anscheinend besonders schätzen.

Über die genaue Zusammensetzung und Menge der von in Freiheit lebenden Elefanten aufgenommenen Nahrung weiß man erst wenig. Schlüssige Angaben lassen sich nur in verhältnismäßig offenem Gelände erzielen. Da sich die Herden praktisch ständig auf der Suche nach Nahrung befinden und dabei täglich große Strecken zurücklegen, sind zur exakten Ermittlung der Futtermenge Rund-um-die-Uhr-Beobachtungen erforderlich.

Schneller zum Ziel führt die Analyse der Ausscheidungen von Elefanten. Die Tiere sind schlechte Futterverwerter; ein Großteil der Nahrung verläßt den Körper unverdaut. Anhand von frischen Kotballen kann man die nicht verdauten Pflanzenreste identifizieren. Als man die Ergebnisse mehrerer Untersuchungen miteinander verglich, gelangte man zu folgenden Schlußfolgerungen: In der Trockenzeit schwankt die Nahrungsmenge, die ein erwachsener Elefant täglich zu sich nimmt, zwischen 150 und 170 kg, in der feuchten Jahreszeit zwischen 200 und 280 kg. Bei diesen Zahlen erstaunt es nicht, daß Elefanten bis zu 20 Stunden pro Tag mit der Nahrungssuche beschäftigt sein können.

Auch die Zusammensetzung der Nahrung ändert sich von Jahreszeit zu Jahreszeit: Beträgt der Grasanteil in der Regenzeit rund 80 % und derjenige der nährstoffärmeren holzigen Pflanzen (Büsche, Bäume) nur 20 %, so verlagert sich dieses Verhältnis in der Trockenzeit zugunsten der holzigen Pflanzen auf 60 %, während sich der Grasanteil auf 40 % vermindert. Zurückzuführen ist dies darauf, daß das Gras während der Trockenperioden zunehmend an Nährwert verliert, während Bäume und Büsche dank ihrer tief in den Boden reichenden Wurzeln länger grün bleiben.

Ergänzt wird der Speisezettel der Elefanten schließlich durch Erde, die reich an Mineralsalzen ist und eventuellen Mangelerscheinungen vorzubeugen hilft.

Trotz seiner Genügsamkeit können Trockenheit und Dürre für den Elefanten ebenso gefährlich werden wie für den Menschen. Elefanten benötigen in 24 Stunden ungefähr 80 l Wasser. Obwohl sie ihren Durst gewöhnlich jeden Tag löschen, können sie auch über einen längeren Zeitraum ohne Wasser auskommen, wenn ihre Nahrung ausreichend Flüssigkeit enthält.

Elefanten zählen zu den wenigen Tieren, die die Fähigkeit besitzen, nach Wasser zu graben. Dazu lockern sie die Erde zunächst mit ihren Stoßzähnen auf und heben anschließend mit dem Rüssel oft metertiefe Löcher aus. Wenn sie ihren Durst gestillt haben und weitergezogen sind, kommen diese meist in ausgetrockneten Flußbetten liegenden Wasserstellen einer Vielzahl anderer Tiere zugute, denen es die Elefanten so erst ermöglichen, die Trokkenzeit zu überstehen.

Zerstören Elefanten die Vegetation?

In den zwar vegetationsüberwucherten, doch grasarmen äquatorialen Regenwaldgebieten ernähren sich Waldelefanten zu einem großen Teil von Früchten. Weit entfernt von dem Ort, an dem sie die Früchte zu sich genommen haben, scheiden sie deren Kerne wieder aus und tragen so zur Verbreitung der Pflanzen bei. Im Waldgebiet von Tai (Elfenbeinküste) können die Fruchtsamen in einem Elefantenkotballen bis zu 35 % des Trockengewichts ausmachen. Ein besonders beliebtes Futter scheint die Frucht des Marulabaumes zu sein, die im Magen in eine leichte alkoholische Gärung gerät und die mächtigen Tiere in einen offenbar angenehmen Rauschzustand versetzt.

Elefanten führen ein Nomadenleben; wenn sie darin behindert werden und nicht mehr genug Nahrung finden, können sie für die Ökologie ihres Lebensraums schädliche Futtergewohnheiten annehmen. In Gebieten mit lichter Baumsavanne beispielsweise, die von landwirtschaftlich genutzten Flächen durchsetzt sind und den Elefanten kein Umherwandern mehr gestatten, vernichten die Tiere mit der Zeit die Baumvegetation. So kann es geschehen, daß sich ein Landschaftsbild binnen kurzem von Grund auf verändert. Doch wer trägt daran die Schuld? Der Mensch, der die Lebensräume der Elefanten einschränkt bzw. vernichtet, oder das Tier, das zu überleben versucht?

Mit Hilfe ihres Rüssels können Elefanten Vegetationsschichten erreichen, die den meisten anderen Tieren verwehrt bleiben. Um Blätter abzuweiden, richten sie sich bisweilen sogar auf die Hinterbeine auf. In der Savanne bevorzugen die Elefanten Gras; auf Bäume und Büsche greifen sie vor allem in der Trockenzeit zurück, wenn die Gräser ihren Nahrungsbedarf nicht mehr zu decken vermögen. In den äquatorialen Wäldern fressen sie auch Früchte. Beim Weiden können Elefanten gleichzeitig gehen, eine Portion Futter sammeln, eine andere mit sich tragen und eine weitere verzehren: ein Kunststück, das außer ihnen nur wenige Tiere beherrschen.

Gras über alles: Einige Grasarten, darunter das für die afrikanische Savanne typische Elefantengras, können so hoch werden, daß die Elefanten darin verschwinden. Mit dem Rüssel rupfen die Tiere die Pflanzen aus, bündeln sie und führen sie zum Mund.

Der Elefant – ein schlechter Futterverwerter

Nicht alle pflanzenfressenden Säugetiere verdauen ihre Nahrung auf die gleiche Weise. Gräser beispielsweise bestehen aus einem komplexen Kohlehydrat, der Zellulose, die zuerst gespalten werden muß, bevor sie vom Blut aufgenommen werden kann.

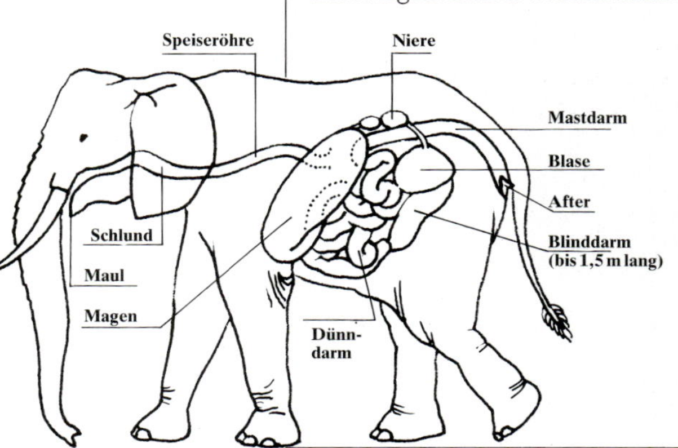

Diese Umwandlung besorgen Kleinstlebewesen im Magen-Darm-Trakt, welche die Zellulose abbauen und sich von zersetzter Materie ernähren.

Bei Wiederkäuern befinden sich diese Mikroorganismen im Pansen, einem Teil des Magens. Bei Nichtwiederkäuern – zu denen auch der Elefant gehört – leben sie hinter dem Magen, im Dünndarm und im Blinddarm. Der Elefantenmagen ist demnach recht einfach, und auch die Zeitspanne, innerhalb deren der Nahrungsbrei den Darm passiert, ist kürzer als bei Wiederkäuern. Aufgrund dieses vergleichsweise raschen Durchgangs sind Elefanten gezwungen, große Nahrungsmengen aufzunehmen.

Staub- und Schlammbäder: ein nützliches Vergnügen

Elefanten baden für ihr Leben gern, und oft beteiligen sich ganze Herden an dem nassen Vergnügen. Da Elefanten keine Schweißdrüsen besitzen, verschaffen sie sich im Wasser Abkühlung. Aber das tägliche Bad ist auch unerläßlich für die Hautpflege, auf die die Dickhäuter besonders viel Zeit und Sorgfalt verwenden. Sie tauchen ins Wasser ein, duschen sich mit Hilfe ihres Rüssels, wälzen sich im Schlamm und pudern sich mit Staub ein. Die Schlamm- und Staubpackung übernimmt zum einen die Funktion der ebenfalls fehlenden Talgdrüsen, pflegt also die Haut und hält sie geschmeidig. Wenn sie eintrocknet, erstickt und zerquetscht die Schlammschicht aber auch Schmarotzer, die sich in den Hautfalten der Tiere festgesetzt haben.
Elefanten trinken rund 80 l Wasser pro Tag. Wenn die respekteinflößenden Riesen zur Wasserstelle kommen, weichen alle anderen Tiere zurück. Mit dem Rüssel, der zwischen 15 und 20 l zu fassen vermag, saugen sie das Wasser auf und spritzen es sich anschließend in den Mund. In der Regel nehmen Elefanten körperlichen Schaden, wenn sie länger als 48 Stunden auf Wasser verzichten müssen. Übrigens können die Tiere ausgezeichnet schwimmen und selbst größere Flüsse durchqueren; ihr Rüssel übernimmt dabei die Funktion eines Schnorchels.

Ein kleiner Elefant wird rund 2 Jahre lang gesäugt. Mit dem Rüssel tastet er nach den beiden Zitzen, die zwischen den Vorderbeinen der Mutter liegen; wenn er sie gefunden hat, trinkt er aber wie andere Säugetiere mit dem Maul. Da der Rüssel ihn dabei behindert, biegt er ihn leicht zurück.
Bei Asiatischen Elefanten hat man beobachtet, daß die Mutter das Stillen gelegentlich unterbricht, ein paar Schritte macht und dann das Junge auffordert, ihr zu folgen; läuft es ihr nach, wird es belohnt, indem es weitertrinken darf. Auf diese Weise lernt das Kalb, seiner Mutter nachzufolgen.

Von Geburt an auf eigenen Beinen

Es gibt nur wenige Augenzeugenberichte über Elefantengeburten in der freien Wildbahn. Zweifellos kommen die meisten Kühe in der Nacht nieder, wobei die Geburt verhältnismäßig rasch vor sich zu gehen scheint.

Nach einer Tragzeit von 22 Monaten bringt die Elefantenkuh ein 115–120 kg schweres Junges zur Welt. Die Geburt stößt bei den Mitgliedern einer Elefantengruppe stets auf lebhaftes Interesse. Wenn es soweit ist, wird die Mutter von anderen weiblichen Tieren umringt. Die Kuh steht bei der Geburt, und das Junge, von den Embryonalhüllen noch geschützt, fällt zu Boden. Sofort nähern sich neugierig die Herdenmitglieder, um den Neuankömmling mit dem Rüssel zu beschnüffeln und zu betasten. Die Mutter hilft dem Kleinen, sich von der Embryonalhülle zu befreien, wobei sie manchmal von einer „Hebamme" unterstützt wird.

Auch später ist an der Beaufsichtigung des Kleinen oft eine junge Kuh, meist eine Schwester des neugeborenen Kalbes, beteiligt. Damit entlastet diese die Mutter und sammelt Erfahrungen für ihre eigene spätere Mutterschaft. Solch eine Zusammenarbeit festigt die ohnehin schon starken Bindungen zwischen den Mitgliedern einer Elefantengruppe noch weiter.

Fast unmittelbar nach der Geburt lernt das Elefantenbaby unter der Mithilfe der Mutter, auf eigenen Beinen zu stehen und sich fortzubewegen. Diese frühe Selbständigkeit ist unerläßlich, weil die Elefanten dauernd auf Wanderschaft sind. Die Mutter ist dem Kleinen auch beim Auffinden ihrer Zitzen behilflich, die zwischen ihren Vorderbeinen liegen und in den Wochen vor der Geburt anschwellen. Am Anfang saugt und trinkt das Kalb mit dem Maul; es lernt erst später, wie es mit dem Rüssel Flüssigkeit fassen und sich diese dann ins Maul spritzen kann.

Die Zusammensetzung der Muttermilch unterliegt je nach Säugemonat starken Schwankungen; so bewegt sich z. B. der Anteil der Trockenmasse pro Liter zwischen 8 und 300 g. Im Durchschnitt enthält sie 5–9% Fett, 5–7% Milchzucker und 4% Eiweiß. Die Energie, die ein Jungtier mit der Muttermilch aufnimmt, beträgt 880 kcal/l.

Wenn die Elefantenkuh genug Nahrung findet, um ausreichend Milch zu produzieren, wird das Kalb rasch größer. Junge Elefanten wachsen bis zum 4. Lebensjahr stetig; männliche Junge benötigen mehr Nahrung als weibliche, die sich weniger schnell entwickeln. Studien haben ergeben, daß in Zeiten, in denen die Nahrung knapp ist, die Sterblichkeit junger männlicher Tiere höher ist. Dieser Umstand wirkt als Selektionsfaktor und liefert möglicherweise eine Erklärung dafür, daß es mehr erwachsene Kühe gibt als Bullen.

Zwillinge

Zwillingsgeburten sind bei Elefanten selten; um so aufregender waren die Beobachtungen von Cynthia Moss, die im Amboseli-Wildschutzgebiet das Heranwachsen von Elefantenzwillingen verfolgen konnte. Bereits in den ersten Tagen versuchte der kleine Bulle, seine Überlegenheit unter Beweis zu stellen, indem er sich weigerte, die Muttermilch mit seiner Schwester zu teilen. Er jagte sie einfach weg. Das Schicksal des weiblichen Elefantenkalbes schien besiegelt, aber ihr Bruder hatte nicht mit der List der Kleinen gerechnet. Sie tollte mit ihm so lange herum, bis er erschöpft ins Gras sank. Daraufhin rannte sie zu ihrer Mutter, um zu trinken. Nach einigen Monaten teilten sich die Zwillinge die Zitzen schließlich. Fortan wuchsen sie in Harmonie auf, blieben jedoch im Wachstum gegenüber „Einzelkindern" zurück. Da in dem betreffenden Jahr kein Nahrungsmangel herrschte und die Mutter in der Aufzucht von Jungen sehr erfahren war, konnten sich beide gut entwickeln. Nicht alle Zwillinge haben solches Glück; meistens stirbt eines der Jungen.

Es ist ganz sicher ein unvergleichliches Vergnügen, kleine Elefanten zu beobachten. Übermütig spielen sie miteinander, sind voller Einfälle und provozieren die Alten, die manchmal etwas unmutig reagieren. Wie alle jungen Lebewesen benötigen auch kleine Elefanten viel Schlaf und benutzen die kurzen Aufenthalte der Herde, um sich auszuruhen. Alle Elefanten schlafen zwischen 3 und 7 Uhr morgens, wobei sie laut schnarchen. Manche legen sich hin, die schwersten lehnen sich gegen Bäume oder Felsen. Pausiert wird auch um die Mittagszeit, wenn die Hitze den Tieren zu schaffen macht. So wachsen die Elefantenkälber im Schoß der Gruppe heran und profitieren von den Erfahrungen älterer Artgenossen.

Ein stetiges Wachstum

Von der Geburt bis zum 4. Lebensjahr wachsen die Elefantenkälber kontinuierlich heran, wobei sie monatlich 9–20 kg an Gewicht zulegen. Im Alter von 4 Jahren beginnt sich ein deutlicher Unterschied abzuzeichnen: Während Jungkühe in der Pubertät gleichmäßig weiterwachsen, beschleunigt sich das Wachstum der Bullen jäh. Elefanten scheinen ein ganzes Leben lang größer zu werden, so daß sich bei 60jährigen Tieren Unterschiede bis zu 2 t ergeben können.

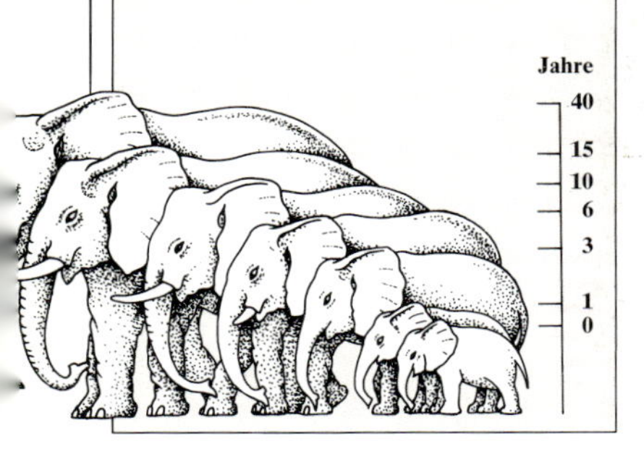

Junge Elefanten sind spaßige Gesellen, die spielerisch ihre Umwelt entdekken. Schon bald schärfen sich ihre Sinne, und die Kleinen finden heraus, was sie mit ihrem Rüssel alles anstellen können. Wenn die Herde weiterzieht, fassen sie nicht selten einen älteren Artgenossen beim Schwanz, um nicht zurückzubleiben und sich dem Tempo der Großen anzupassen. Oft werden die Kälber einer Gruppe in regelrechten „Kindergärten" zusammengehalten, die unter der Obhut einer älteren Kuh stehen.

▶ Eine Leitkuh ist vorgeprescht: Schnaubend wirft sie den Rüssel hoch und droht mit gespreizten Ohren.

Afrikanischer Elefant

Loxodonta africana

Der Afrikanische Elefant, das größte lebende Landsäugetier, ist trotz seines Gewichts behende und über kurze Strecken sogar schnell. Er geht auf den Zehenspitzen und im Paßgang. Ohne erkennbare Mühe kann der Afrikanische Elefant selbst steile Hänge wie die des Ngorongorokraters in Tansania erklimmen. Seine Lebensräume sind die offenen Grasfluren der Savanne, der lichte Savannenwald und der tropische Regenwald. Dort lebt er in matriarchalischen Herden, die von einer alten, erfahrenen Elefantenkuh geführt werden. Die Bullen nähern sich den Kühen nur während der Brunst, die bei den Tieren zu unterschiedlichen Zeiten eintritt.

Der Elefant ist ein reiner Pflanzenfresser, aber kein Wiederkäuer; er ernährt sich von Gras, Blättern, Zweigen und manchmal, im tropischen Regenwald, auch von Früchten. Je nach Jahreszeit verzehrt er etwa 150–280 kg Pflanzen pro Tag. In seinem Darm beherbergt er Kleinstorganismen, die die Zellulose der Pflanzen so aufschließen, daß das Tier sie verwerten kann. Beim neugeborenen Kalb sind diese Lebewesen im Darm nicht vorhanden; sie siedeln sich dort erst an, wenn das Kalb Pflanzen mit den Resten von Elefantendung gefressen bzw. gar den Kot der Mutter aufgenommen hat.

Die Tragzeit der Elefantenkühe, die das ganze Jahr über empfängnisfähig sind, beträgt im Schnitt 22 Monate. Bei der Geburt wiegt das Elefantenbaby ungefähr 120 kg. Etwa 5 Monate lang ernährt es sich nur von Muttermilch, danach beginnt es auch Gras zu fressen.

Junge Elefanten sind sehr verspielt, gleichzeitig aber recht früh selbständig, was besonders im Hinblick auf das Wanderleben der Tiere auch unbedingt notwendig ist.

Außer seinen Stoßzähnen besitzt der Elefant sechs Backenzähne pro Kieferast, von denen jeweils aber immer nur einer pro Kieferast funktionstüchtig ist. Ist der letzte Zahn aufgebraucht, stirbt das Tier meist, weil es seine Nahrung nicht mehr richtig zermahlen kann und deshalb langsam verhungert.

Da Elefanten nicht besonders gut sehen – ihr Gehör und ihr Geruchssinn sind wesentlich besser entwickelt –, pflegen sie die Luft gerne durch den erhobenen Rüssel einzuatmen, da sie auf diese Weise eine mögliche Gefahr schneller wittern können. Jüngsten Untersuchungen zufolge soll der Rüssel ausschließlich eine Verlängerung der Nase und nicht, wie man bislang annahm, der Oberlippe und der Nase zusammen sein. Er enthält nicht weniger als 40 000 Bündel von Längs- und Ringmuskeln, so daß Elefanten ihn in alle Richtungen bewegen, ihn ausdehnen oder zusammenziehen können.

Seine riesigen Ohren helfen dem Afrikanischen Elefanten, große Hitze zu ertragen. Sie sind gut durchblutet und sorgen durch Wärmeabgabe dafür, daß die Körpertempera-

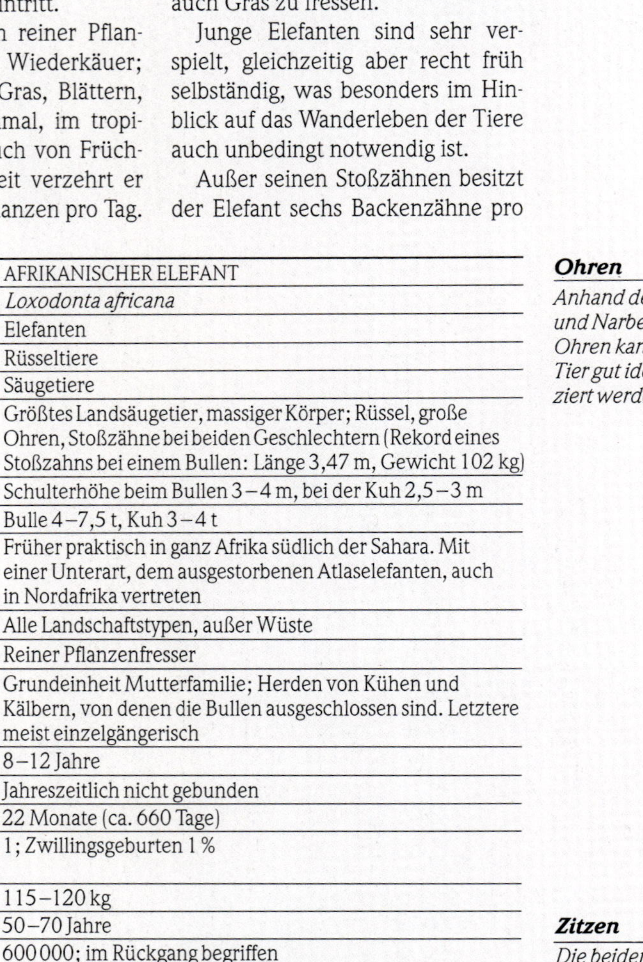

	AFRIKANISCHER ELEFANT
Art:	*Loxodonta africana*
Familie:	Elefanten
Ordnung:	Rüsseltiere
Klasse:	Säugetiere
Merkmale:	Größtes Landsäugetier, massiger Körper; Rüssel, große Ohren, Stoßzähne bei beiden Geschlechtern (Rekord eines Stoßzahns bei einem Bullen: Länge 3,47 m, Gewicht 102 kg)
Maße:	Schulterhöhe beim Bullen 3–4 m, bei der Kuh 2,5–3 m
Gewicht:	Bulle 4–7,5 t, Kuh 3–4 t
Verbreitung:	Früher praktisch in ganz Afrika südlich der Sahara. Mit einer Unterart, dem ausgestorbenen Atlaselefanten, auch in Nordafrika vertreten
Lebensraum:	Alle Landschaftstypen, außer Wüste
Nahrung:	Reiner Pflanzenfresser
Sozialstruktur:	Grundeinheit Mutterfamilie; Herden von Kühen und Kälbern, von denen die Bullen ausgeschlossen sind. Letztere meist einzelgängerisch
Geschlechtsreife:	8–12 Jahre
Fortpflanzung:	Jahreszeitlich nicht gebunden
Tragzeit:	22 Monate (ca. 660 Tage)
Zahl der Jungen pro Geburt:	1; Zwillingsgeburten 1 %
Geburtsgewicht:	115–120 kg
Lebensdauer:	50–70 Jahre
Bestand:	600 000; im Rückgang begriffen
Bedrohung und Schutz:	1989 aufgenommen in Anhang I des Washingtoner Artenschutz-Übereinkommens. Wird wegen seines Elfenbeins gnadenlos gejagt

Schädel
Die Schädelknochen sind von Lufträumen durchzogen und deshalb sehr leicht. Stirn mit Mittelbuckel.

Rücken
Der Rücken ist gerade, fast waagrecht.

Ohren
Anhand der Falten und Narben seiner Ohren kann ein Tier gut identifiziert werden.

Zitzen
Die beiden Milchdrüsen liegen zwischen den Vorderbeinen und schwellen vor einer Geburt an.

tur des Tieres auch dann in etwa gleich bleibt, wenn die Außentemperatur schwankt. Diese Regulation konnte in Untersuchungen nachgewiesen werden, in deren Verlauf man die Ohrenstellungen und -bewegungen bei verschiedenen Temperaturen und zu verschiedenen Tageszeiten analysierte.

Augen
Klein, langbewimpert und durch dicke Lider gut geschützt.

Stoßzähne
Umgewandelte Schneidezähne, die der Elefant zur Nahrungsaufnahme und zur Verteidigung benutzt.

Besondere Merkmale

Dicke Haut
Die Haut ist ca. 2 cm dick und besitzt eine Oberschicht von 0,5 – 2 mm Dicke. Sie hat dieselbe Schutzfunktion wie bei anderen Säugetieren, bewahrt das Tier aber nicht vor lästigen Insektenstichen oder Zeckenbissen. Die Haut besitzt weder Schweiß- noch Talgdrüsen.

Stoßzähne
Die Stoßzähne aus Elfenbein sind umgewandelte obere Schneidezähne, die ständig nachwachsen. Ihre Krümmung ist von Tier zu Tier verschieden. Der Elefant benutzt sie zum Graben, um Zweige abzubrechen oder einem Feind die Stirn zu bieten. Nur selten sind sie gleich groß, und anhand ihrer unterschiedlichen Abnutzung kann man feststellen, ob ihr Träger „Links-“ oder „Rechtshänder“ ist. Einige Vorfahren der Elefanten besaßen auch untere Stoßzähne, die seltsam gebogen waren.

Runde Füße
Elefanten gehen auf Zehenspitzen; sichtbar sind nur deren Nägel. Die Anzahl der Nägel schwankt: Gewöhnlich sind es vier an den Vorder- und drei an den Hinterfüßen. Ein gallertiges Bindegewebspolster verleiht den Füßen die zylindrische Form.

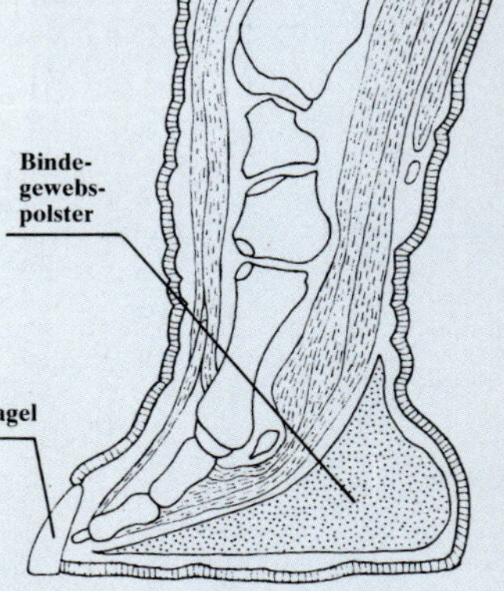

Asiatischer Elefant

Elephas maximus

Der Asiatische Elefant besitzt eine rundlichere Gestalt als der Afrikanische und ist von kleinerem Wuchs: 3 m Widerristhöhe scheinen beim Bullen das Maximum zu sein, und die Elefantenkuh erreicht kaum mehr als 2,5 m. Weitere anatomische Unterschiede sind die beiden Stirnwülste über den Augen, die kleineren Ohren und die nicht sichtbaren Stoßzähne bei der Kuh. Die Lebensweise des Asiatischen Elefanten, der ein fast reiner Waldbewohner ist, gleicht der seines afrikanischen Vetters. Während Elefantenkühe und ihre Kälber kleine Gruppen bilden, leben Bullen eher einzelgängerisch und nähern sich diesen Gruppen nur während der sogenannten „Musth", eines Zustands, der oft mit der Brunstzeit gleichgesetzt wird. Die Musth verleiht dem Bullen erhöhte Kraft, Ausdauer und Geschicklichkeit, läßt ihn aber auch merklich aggressiver werden. Die Musth war den asiatischen Elefantenführern (Mahuts) seit langem wohlbekannt, wurde bei den Afrikanischen Elefanten aber erst jüngst festgestellt. Während der Musth durchstreift der Bulle auf der Suche nach Kühen rastlos die Regenwälder. Die Kühe haben einen Zyklus von 22 Tagen, 4 Tage dauert ihre Brunst, die in der Zeit des Eisprungs liegt. Die Tragzeit beträgt durchschnittlich 22 Monate. Das Geburtsgewicht des Jungen schwankt zwischen 60 und 115 kg, im Mittel beträgt es 107 kg. Neugeborene Kälber beider Elefantenarten können bereits wenige Stunden nach der Geburt stehen und ihren Müttern folgen. Noch lange, nachdem die Kälber begonnen haben, Gras zu fressen, trinken sie Muttermilch.

Die Hauptnahrung des Asiatischen Elefanten besteht aus Gräsern, wenngleich er auch Blätter, Palmen, Wurzeln und Bambus, Gräsern mit baumhohen holzigen Stengeln, verzehrt. Zum Schaden der Bauern tut er sich darüber hinaus an Zuckerrohr und Reis gütlich. Ein erwachsenes Tier befindet sich beinahe unablässig auf Nahrungssuche und verzehrt etwa 150 kg Frischfutter am Tag, wovon allerdings fast die Hälfte den Körper unverdaut wieder verläßt.

Die Kauflächen der Backenzähne beim Asiatischen Elefanten weichen von denen des Afrikanischen Elefanten etwas ab: bei ersterem sind die Abnutzungsmuster eng und verschnörkelt, bei letzterem rautenförmig. Querleisten weisen in der Regel auf eine vorwiegend aus Gras bestehende Ernährung hin, Rauten hingegen auf eine hauptsächlich aus holzigen Pflanzen bestehende Kost. Sowohl der Asiatische als auch der Afrikanische Elefant scheinen Töne mit sehr niedriger Frequenz wahrzunehmen, wodurch Gruppen über

	ASIATISCHER ELEFANT
Art:	*Elephas maximus*
Familie:	Elefanten
Ordnung:	Rüsseltiere
Klasse:	Säugetiere
Merkmale:	Großer Körper, Rüssel, kleine Ohren, gerundeter Rücken, Stoßzähne (bei der Kuh nicht sichtbar)
Maße:	Schulterhöhe 2,5–3 m
Verbreitung:	Indien bis Südostasien, Sri Lanka, Sumatra, Borneo. Seit Menschengedenken im Rückgang begriffen
Lebensraum:	Tropischer Regenwald
Nahrung:	Reiner Pflanzenfresser (Gras und Bäume)
Sozialstruktur:	Von Kühen geführte Herden; Bullen meist Einzelgänger
Geschlechtsreife:	Ab 8–12 Jahren
Fortpflanzung:	Jahreszeitlich nicht gebunden
Tragzeit:	22 Monate (660 Tage)
Zahl der Jungen pro Geburt:	1
Geburtsgewicht:	Durchschnittlich 107 kg
Lebensdauer:	Freilebend etwa 40 Jahre, in Menschenobhut 69 Jahre (höchstes festgestelltes Alter)
Bestand:	30 000–40 000, scheint stabil zu sein
Bedrohung und Schutz:	1973 aufgenommen in Anhang I des Washingtoner Artenschutz-Übereinkommens. Bedrohte Tierart; in Asien seit langer Zeit als Arbeitstier eingesetzt

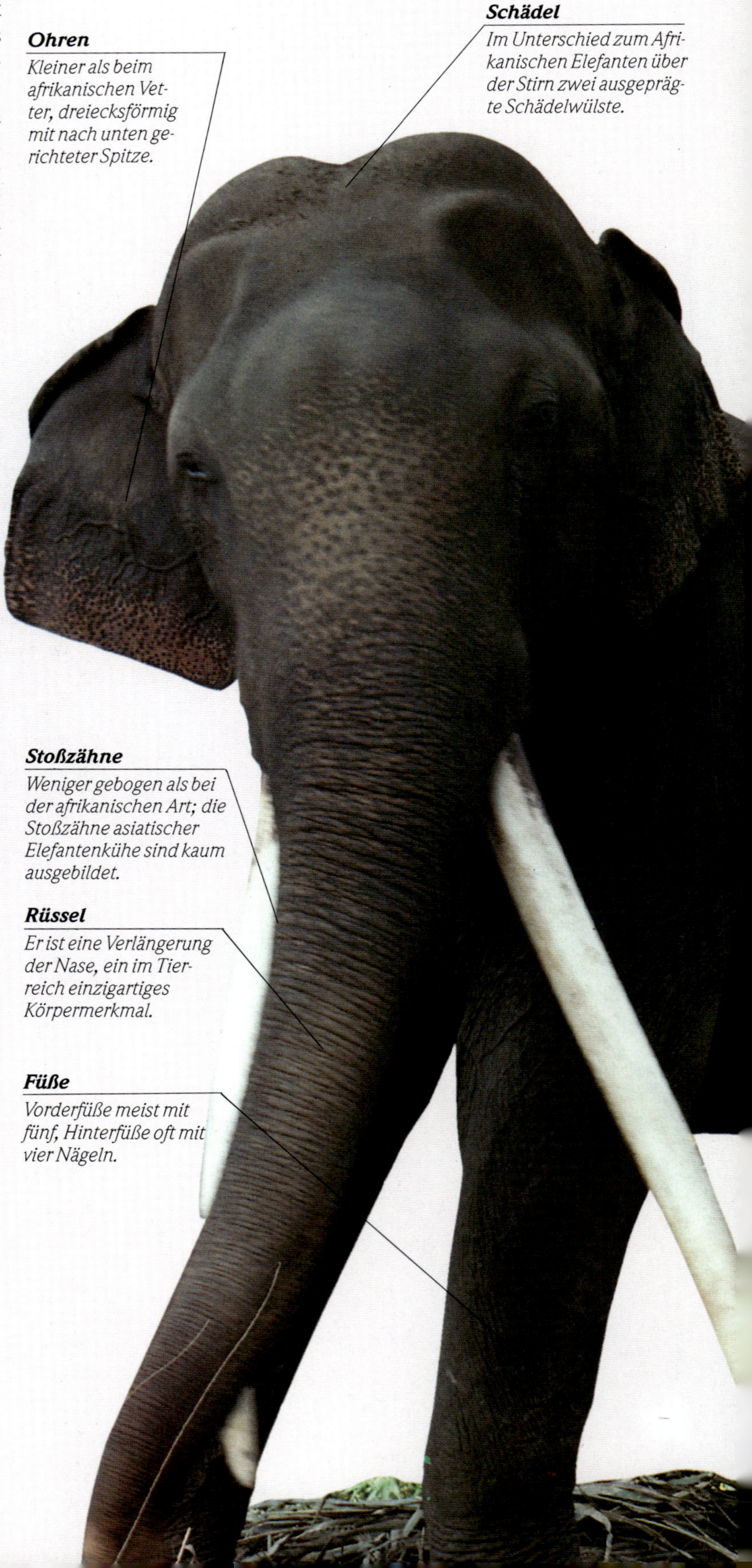

Ohren
Kleiner als beim afrikanischen Vetter, dreiecksförmig mit nach unten gerichteter Spitze.

Schädel
Im Unterschied zum Afrikanischen Elefanten über der Stirn zwei ausgeprägte Schädelwülste.

Stoßzähne
Weniger gebogen als bei der afrikanischen Art; die Stoßzähne asiatischer Elefantenkühe sind kaum ausgebildet.

Rüssel
Er ist eine Verlängerung der Nase, ein im Tierreich einzigartiges Körpermerkmal.

Füße
Vorderfüße meist mit fünf, Hinterfüße oft mit vier Nägeln.

weite Entfernungen (mehrere Kilometer) miteinander kommunizieren können. In diesem Zusammenhang trugen die Untersuchungsergebnisse der Amerikanerin Katherine Payne dazu bei, erstaunliche Verhaltensweisen zu erhellen: Wiederholt waren bei verschiedenen Elefanten, die einander nicht sehen konnten, zeitgleiche übereinstimmende Reaktionen beobachtet worden, ohne daß die Tiere für das menschliche Ohr hörbare Laute von sich gegeben hatten.

Manche Asiatischen Elefanten weisen mit zunehmendem Alter an Kopf, Rüssel oder Ohren mehr oder weniger große pigmentlose Flecken auf. Diese hellen Stellen, die dem Tier früher eine besondere Bedeutung verliehen haben, führten zu der Annahme, daß es weiße Elefanten gebe. Echte Albinos jedoch treten überaus selten auf.

Rücken

Sein runder Rücken unterscheidet ihn deutlich vom Afrikanischen Elefanten.

Besondere Merkmale

Stirn und Behaarung

Über der Stirn des Asiatischen Elefanten befinden sich zwei große Schädelwülste, wodurch diese Art eine gewisse Ähnlichkeit mit den vorgeschichtlichen Mammuten besitzt, die wir von Felszeichnungen her kennen. Junge Asiatische Elefanten kommen mit einer spärlichen Körperbehaarung zur Welt, die aber immerhin dichter als bei Afrikanischen Elefanten ausgebildet ist. An manchen Stellen des Körpers, vor allem an der Rüsselbasis und an den Ohrrändern, können mit zunehmendem Alter hellere Stellen auftreten, die bei den Hindus zur Entstehung des Mythos vom weißen Elefanten geführt haben.

Ohren

Sie sind deutlich kleiner als beim Afrikanischen Elefanten und bedecken im Ruhezustand nicht wie bei diesem die ganze Schulter. Aber auch beim Asiatischen Elefanten wirken sie temperaturausgleichend. Bei großer Hitze werden sie rasch vor- und zurückgeklappt. Abspreizen und Ohrenwedeln sind darüber hinaus Drohgebärden und signalisieren Erregung und Angriffsbereitschaft.

Rüssel

Der Rüssel ist ein Allzweckorgan und endet beim Asiatischen Elefanten in nur einem Finger, während der Afrikanische Elefant zwei einander gegenüberstehende Finger besitzt. Mit diesem Körperfortsatz können die Tiere greifen, tasten, sich duschen und einstäuben, Nahrung und Wasser zum Maul führen und trompeten. Elefantenkälber benutzen den Rüssel erst ab dem 6. Lebensmonat zum Trinken.

Elefanten in ihrem Lebensraum

Die Zahl der Afrikanischen Elefanten ist heute in einem ständigen Rückgang begriffen. Nur sechs Länder scheinen noch über stabile Bestände zu verfügen: Kamerun und Gabun einerseits, Namibia, Botsuana, Simbabwe und Südafrika anderseits. Verschwunden sind die Elefanten mittlerweile offenbar aus Mauretanien (Westafrika), wo sich während der Regenzeit bis vor kurzem noch einige Tiere aus dem Süden aufhielten.

In Senegal soll der Bestand von 450 Tieren im Jahr 1979 auf 50 im Jahr 1989 gesunken sein. Es ist nicht sicher, ob der Niokolo-Koba-Nationalpark sie wird retten können. 600 Tiere gibt es angeblich noch in Mali, 800 in Niger und 3300 im Tschad. Die Waldgebiete der Staaten Elfenbeinküste und Nigeria beherbergen jeweils ebenfalls etwa 3000 Tiere, während in Kamerun schätzungsweise noch 21 000, in der Zentralafrikanischen Republik ca. 19 000 (1979: 63 000), in Gabun 76 000, und in Zaire an die 85 000 (1979: 370 000) Tiere leben. Innerhalb von 10 Jahren verringerten sich die Elefantenpopulationen in Kenia von 65 000 auf 19 000, in Tansania von 316 000 auf 80 000 und in Sambia von 150 000 auf 41 000 Tiere. Die einzigen Bestandszunahmen konnten im südlichen Afrika verzeichnet werden: Zwischen 1979 und 1989 wuchsen die Herden in Botsuana von 20 000 auf 51 000, in Namibia von 2700 auf 5000, in Simbabwe von 30 000 auf 43 000 und in Südafrika von 7800 auf 8200 Tiere an. Wenn Experten manchmal abweichende Zahlen nennen, dann deshalb, weil exakte Bestandsermittlungen in den riesigen Gebieten nur schwer durchzuführen sind. Allerdings sind sich die Wissenschaftler darin einig, daß eine Population von weniger als 2000 Tieren fast immer vom Aussterben bedroht ist.

In Asien sind die Elefantenbestände schon seit langem rückläufig. Die Gesamtzahl der heute noch dort lebenden Wildelefanten wird auf 30 000–40 000 Tiere geschätzt, die sich auf kleine Populationen in Nepal, Birma, Südchina, Laos, Thailand, Malaysia, Sumatra, Nordborneo (wo sie vermutlich verwilderten, nachdem sie von Menschen eingeführt wurden), in Kerala (Südwestindien), Assam (Nordostindien) und Sri Lanka verteilen. Diese Elefanten sind vor allem durch die Vernichtung des Regenwaldes gefährdet.

Vom Nutzen der Elefanten

Erst allmählich beginnt man zu erkennen, welch wichtige ökologische Rolle Elefanten in ihrer natürlichen Umgebung spielen. Der Afrikanische Elefant etwa sorgt für die Erhaltung einer großen Pflanzenvielfalt in der Savanne, indem er solche Pflanzen dezimiert, die früher oder später ganze Regionen überwuchern würden. Die Mischlandschaft, zu deren Erhalt der Elefant somit entscheidend beiträgt, eignet sich für zahlreiche andere Tierarten, einschließlich der Viehherden des Menschen, als Lebensraum. An den Stellen, wo der Elefant das Gestrüpp ausreißt, kann Savannengras nachwachsen; gleichzeitig beraubt er die Tsetsefliege, die Krankheiten überträgt, ihrer Brutstätte. Bis zu einem gewissen Grad scheint er sogar die Gefahr von Buschbränden zu mindern, indem er das Unterholz beseitigt.

Bislang ist es Wissenschaftlern noch nicht gelungen, alle Geheimnisse des Beziehungsgeflechts, das zwischen Elefanten und anderen Tierarten besteht, zu entschlüsseln. Als gesichert gilt jedenfalls, daß sich das Verschwinden der Elefanten auch auf andere Pflanzenfresser negativ auswirkt. R. Owen-Smith, ein südafrikanischer Experte für Herbivoren, führt als Beweis hierfür die Veränderung der Tierwelt im Hluhluwe-Reservat in Natal (Südafrika) an: Da in diesem Schutzgebiet seit knapp einem Jahrhundert keine Elefanten mehr leben, konnten sich holzige Pflanzen so stark ausbreiten, daß eine ganze Reihe von Grasfressern wie z. B. Gnus und Gazellen nicht mehr genügend Nahrung fanden und schließlich ganz aus dem Reservat verschwanden.

In den Regenwäldern Asiens spielen Elefanten die umgekehrte Rolle: Sie tragen zur Regeneration des Dschungels bei, indem sie Früchte von Pflanzen fressen und deren Samen dann weitertragen. Im Wald von Tai im Staat Elfenbeinküste hat man in den Kotballen von Elefanten die Samen von mindestens 37 Baumarten gefunden.

Elfenbein: nicht nur den Elefanten vorbehalten

Elfenbein ist eine Mischung aus Dentin (Zahnbein), Knorpelstoffen und eingelagerten Kalziumsalzen. Elefanten sind jedoch nicht die einzigen Elfenbeinträger. Zur Zeit der Segelschiffahrt fertigten Seeleute Schnitzereien aus kleinen Elfenbeinkegeln an, bei denen es sich meist um Zähne von Pottwalen handelte. Noch heute wird das Elfenbein einer Reihe von Tieren oft an Ort und Stelle verarbeitet, so z. B. die Zähne des Flußpferds oder die Hauer des Warzenschweins. In Grönland, Norwegen, Island und Dänemark sind die Eckzähne des Walrosses und der lange, schraubig gedrehte Stoßzahn des männlichen Narwals, der als das „Einhorn des Meeres“ gilt, begehrt.

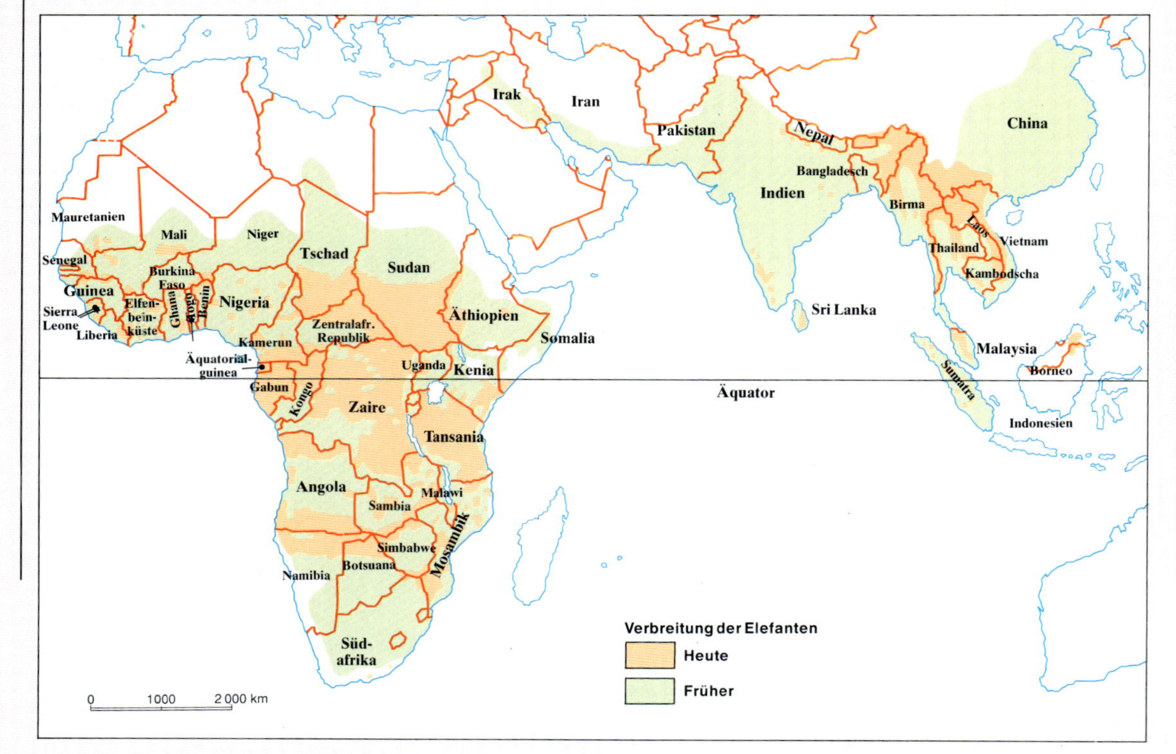

Verbreitungsgebiete der Elefanten in Afrika und Asien: Trotz der Schwierigkeiten bei der exakten Zählung von Elefantenpopulationen schätzt man, daß der Gesamtbestand in Afrika zwischen 1980 und 1987 von 1,2 Mio. auf weniger als 700 000 Tiere gesunken ist. Allein im Jahr 1989 sollen Wilderer fast 90 000 Elefanten abgeschlachtet haben.

Können die Elefanten noch gerettet werden?

Schon seit Jahrhunderten werden Elefanten gejagt, denn sie sind Träger einer vom Menschen begehrten Kostbarkeit, des Elfenbeins. Noch bis vor kurzem war das „weiße Gold“ Gegenstand eines blühenden Handels. Die Folge davon: stark dezimierte Elefantenbestände sowohl in Asien als auch in Afrika. Kann das im Jahr 1989 von über 100 Ländern vereinbarte Elfenbeinhandelsverbot die Elefanten wirklich vor dem Aussterben retten?

Eine wichtige Einnahmequelle für den afrikanischen Kontinent

Der Elfenbeinhandel entwickelte sich zunächst in Asien, wo es einst beachtliche Elefantenherden gab und wo gar die Stoßzähne der Mammute genutzt wurden, die man im gefrorenen Boden an den Ufern sibirischer Flüsse fand. In Afrika kam der Handel erst im 19. Jh. auf, nahm dann dort aber sehr rasch zu; man schätzt den Export im letzten Jahrzehnt des 19. Jh. auf 900 t jährlich. Nach einem Rückgang der Nachfrage und einem damit verbundenen Preisverfall erlebte der Handel in der zweiten Hälfte des 20. Jh. einen neuen Aufschwung; aus Afrika wurden 1976 offiziellen Angaben zufolge 991 t, 1987 700 t und 1989 ungefähr 400 t Elfenbein exportiert. Wahrscheinlich jedoch lagen die tatsächlichen Mengen um ein Vielfaches darüber. Die starke Nachfrage nach Elfenbein wird durch die Preisentwicklung widergespiegelt: Während das Kilo Elfenbein im Jahr 1963 63 $ kostete, betrug der Preis im Jahr 1986 260 $.

Das Handelsverbot für Elfenbein von 1989

Nur langsam begannen sich einige Staaten ihrer Verantwortung gegenüber den Tieren bewußt zu werden und sich zu der Einsicht durchzuringen, daß dem Gemetzel Einhalt geboten werden müsse. Doch Maßnahmen wie Wildschutzgesetze und die Einrichtung großer Schutzgebiete reichten nicht aus. Noch Ende der 80er Jahre wurden jährlich – geschätzter Gesamtbestand im Jahr 1989: 600 000 Elefanten – ungefähr 90 000 Tiere ihrer Stoßzähne wegen getötet.

Dieses Abschlachten erregte weltweit die Gemüter. Im Januar 1986 wurden Quoten festgelegt, welche die Ausfuhr von Elfenbein begrenzten; legal verkauftes Elfenbein mußte von diesem Zeitpunkt an gekennzeichnet werden. Die Hauptabnehmer für afrikanisches Elfenbein waren asiatische Länder, in deren Schnitzwerkstätten das „weiße Gold“ von alters her verarbeitet wird. Afrikanische Staaten wiederum waren auf den offiziellen oder halboffiziellen Handel angewiesen, weil er eine unersetzliche Einnahmequelle darstellte und Arbeitsplätze schaffte.

Eine Ausrottung der Elefanten wäre demzufolge mit Hilfe der Ausfuhrquoten nicht zu verhindern gewesen. Aus diesem Grund mußten weitere Schritte unternommen werden, die ihren Niederschlag im Washingtoner Artenschutz-Übereinkommen (CITES – Convention for the International Trade of Endangered Species) fanden. Dieses Abkommen regelt den internationalen Handel mit gefährdeten Tier- und Pflanzenarten sowie deren Erzeugnissen. Bislang haben ungefähr 100 Staaten diesen Vertrag unterschrieben. Im Oktober 1989 nahm man den Afrikanischen Elefanten in den Anhang I auf (Verbot, ihn zu töten und mit seinem Elfenbein Handel zu betreiben). Der Asiatische Elefant war von Anfang an so eingestuft worden.

Dieser Beschluß stößt bei einigen afrikanischen Staaten auf heftigen Widerstand, insbesondere bei Namibia, Botsuana, Simbabwe und Südafrika, die sich seit Jahren für ihre Elefantenherden einsetzen. Für Simbabwe z. B. ist der Elfenbeinhandel ein wichtiger Wirtschaftsfaktor; das Land behandelt seine Elefantenherden wie ein Kapital, das bei Einhaltung der bis 1989 geltenden Regelung, derzufolge jährlich nur eine bestimmte Anzahl Elefanten getötet werden durfte, beträchtliche Erträge abwirft. Der Erlös aus dem Verkauf des Elfenbeins, des Fleischs und des Leders ging einerseits an die in der Umgebung der Wildparks und Reservate lebende Bevölkerung, andererseits an die Verwaltung der Nationalparks und Schutzgebiete, die sich um die Wildtiere kümmern.

Legaler Elfenbeinhandel vor dem Oktober des Jahres 1989. Die Wissenschaftler entwickeln gegenwärtig Methoden zur Analyse der an den Stoßzähnen oftmals noch vorhandenen Fleischreste, um das Ursprungsland des getöteten Elfenbeinträgers zu ermitteln. Die ersten Ergebnisse sind vielversprechend; möglicherweise wird man eines Tages sogar die Zugehörigkeit des Tieres zu einer bestimmten Elefantenpopulation genau feststellen können.

Dieser Elefant ist an seiner Markierung jederzeit erkennbar. In manchen Reservaten werden die Tiere nicht mit Farbe gekennzeichnet, sondern mit einem Sender versehen.

Dadurch wurde der Wilderei ein Riegel vorgeschoben, und Simbabwes Elefantenbestand stieg von 30000 Tieren im Jahr 1979 auf 77000 im Jahr 1992 an.

Sowohl Simbabwe als auch Südafrika und Botsuana haben es abgelehnt, sich dem CITES-Verbot von 1989 anzuschließen. Obwohl sie wissen, daß manche Elefantenpopulationen vom Aussterben bedroht sind, wollen sie keine finanziellen Einbußen hinnehmen, nur weil andere Länder bei der Vernichtung ihrer eigenen Elefantenherden tatenlos zusehen. Sie ersuchen daher um die Beibehaltung der Tötungs- und Exportquoten. Tatsache ist aber, daß selbst diese Quoten zu einer weltweiten Abnahme des Elefantenbestandes beitragen.

Japan, das lange Zeit als eines der wichtigsten Abnehmerländer galt und 1986 noch 106 t Elfenbein eingeführt hatte, verbot den Ankauf bereits im Sommer 1989 und unterschrieb den CITES-Beschluß vom Oktober 1989. Trotzdem wurden in Japan im selben Jahr neben Klaviertasten und Billardkugeln rund 2 Mio. Siegel und Stempel aus Elfenbein hergestellt. Da sich Schmuggler und Schwarzmarkthändler der neuen Situation sehr schnell angepaßt haben, führt Japan seit einigen Jahren mit Rußland Verhandlungen über die Nutzung der gefrorenen Böden in Sibirien, in denen große Vorräte an fossilem Mammutelfenbein vermutet werden.

Die EG-Länder handeln nur noch mit Gegenständen aus vegetabilischem Elfenbein, der Frucht südamerikanischer Palmen der Gattung *Phytelephas*, deren Nährgewebe die Konsistenz und das Aussehen von Elfenbein besitzt. Auch synthetische Harze werden auf ihre Verwendbarkeit als Elfenbeinersatz geprüft. Bleibt zu hoffen, daß es dank dieser Alternativen gelingen wird, die Elefanten vor der Ausrottung zu bewahren.

Vom römischen Zirkus zum zoologischen Garten

Die Tempel Ägyptens, Griechenlands und Roms waren mit Flachreliefs und Statuen aus Elfenbein geschmückt. Doch im Altertum begnügte man sich nicht damit, Elefanten nur zu jagen, man bediente sich ihrer auch bei Feldzügen. Elefantenheere sollten die Linien des Feindes durchbrechen und Palisaden, Stadttore und andere Hindernisse überwinden helfen. Alexander der Große sah sich im Jahr 326 v. Chr. in Nordwestindien mit Elefantentruppen konfrontiert; daß diese nicht unbesiegbar waren, bewies er in der darauffolgenden Schlacht gegen den indischen Herrscher Poros. Die Karthager griffen bei ihren Kriegseinsätzen auf nordafrikanische Atlaselefanten zurück und überquerten mit ihnen unter Hannibals Führung die Alpen. Die Römer schließlich verwendeten die Tiere häufig für Schaukämpfe und Zirkusspiele.

Um die Jahrtausendwende verschwanden die Elefanten aus Nordafrika und damit jahrhundertelang auch aus dem Blickfeld der Europäer. Erst im 18. Jh. tauchten Afrikanische Elefanten in Wanderzirkussen wieder auf, und im 19. Jh. entstanden die ersten Tierhäuser und zoologischen Gärten. Im 20. Jh. schließlich schuf man die großen Reservate in Afrika, in denen Elefanten eine der Hauptattraktionen darstellen.

Asiatische Elefanten: als göttliche Wesen verehrt, als Arbeitstiere gezähmt

Elefanten wird in Asien von alters her göttliche Verehrung zuteil. Der hinduistische Gott der Weisheit, Ganescha, Sohn Schiwas und Parwatis, der in indischen Tempeln häufig anzutreffen ist, wird mit einem Elefantenkopf dargestellt. In der Stadt Kandy auf Sri Lanka findet jedes Jahr die Esala Perahera statt, eine Prozession zu Ehren des Buddha-Zahns, an der 100 mit kostbaren Decken geschmückte Elefanten teilnehmen. Trotzdem hat man die Tiere auch in Asien in Massen hingemetzelt.

Seit rund 5500 Jahren ist der Asiatische Elefant ein Arbeitstier, das vor allem bei Waldarbeiten eingesetzt wird. In Indien ist das Einfangen und Zähmen von Wildelefanten bestimmten ethnischen Gruppen am Fuß des Himalaja und in den Urwäldern im Süden des Landes vorbehalten. Als Beispiel seien die Kurumba im Mudumalai-Wildreservat (Tamil Nadu) genannt, die Elefanten als Reittiere abrichten.

Dennoch ist aus dem Elefanten nie ein Haustier im üblichen Sinn geworden, das der Mensch durch Zucht seinen Bedürfnissen angepaßt hätte. Es ist billiger, die Tiere einzufangen und abzurichten, als ab dem 2. Jahr ihrer Trächtigkeit auf die Arbeitsleistung der Kuh zu verzichten bis das Junge etwa siebenjährig ist. Denn erst ab diesem Alter kann dieses leichtere Arbeiten verrichten.

Um Arbeitselefanten zu fangen, steuern Treibermannschaften eine Herde in ein riesiges Gehege mit einem starken Palisadenzaun. Anschließend werden die Tiere eingebrochen, d. h. auf brutale Weise gefügig gemacht. Mit der Zeit lernen sie, auf Befehle wie „Aufstehen!", „Hinlegen!", „Reiß den Baum aus!" zu gehorchen. Einmal an seinen Führer gewöhnt, leistet der Elefant diesem treue Dienste.

Ein erwachsener Elefant ist in der Lage, 2 t Holz zu ziehen; im Verhältnis zu seinem Gewicht sind seine Hebe- und Tragfähigkeiten jedoch eher bescheiden. Wenn er oft niederknien muß, um eine Last aufzunehmen, ermüdet er rasch.

Auch der Afrikanische Elefant eignet sich als Arbeitstier. Mehr als 2000 Jahre nach Hannibal hatte man dies auf der Elefanten-Zähmungsstation in Gangala na Bodio im Garamba-Nationalpark (Zaire) erneut unter Beweis gestellt; im Jahr 1989 lebten dort noch vier abgerichtete Elefanten.

Wer bei einem Besuch in einem asiatischen Reservat von einem gezähmten Elefanten getragen wird, kann die Wildtiere aus nächster Nähe und ohne jede Gefahr beobachten.

LÖWEN

Sein mähnenumwalltes Haupt, seine hoheitsvolle Haltung und sein furchterregendes Gebrüll haben ihm den Beinamen „König der Tiere“ eingetragen; schon lange vor unserer Zeitrechnung galt er vielen Völkern als Sinnbild weltlicher oder göttlicher Macht. Unumstrittener Herrscher der Savanne, betrachtet er die Tiere in seinem Umkreis gelassen; sie sind ihm keine Konkurrenten, sondern höchstens Beutestücke. Doch der prachtvolle Löwe, der vor einigen tausend Jahren auch in Südeuropa noch heimisch war, ist heute so gefährdet, daß er außerhalb von Reservaten kaum noch vorkommt.

In der Antike umfaßte das Verbreitungsgebiet des *Panthera leo* ganz Afrika (ausgenommen die zentrale Sahara und die dichten äquatorialen Regenwälder), Griechenland, Makedonien, Palästina und reichte über die Türkei, Afghanistan und Pakistan bis nach Indien. Jahrhundertelang wurden die Löwen gejagt und ihre Überreste als Trophäen in europäischen Häusern zur Schau gestellt. Heute haben die letzten Löwenpopulationen in den ostafrikanischen Nationalparks und in einem indischen Schutzgebiet Zuflucht gefunden.

Der heutige Löwe gehört zusammen mit dem Jaguar und dem Leoparden zur Gattung *Panthera*, die der Familie der Katzenartigen untergeordnet ist. Der fernste Vorfahr dieser Familie, der zugleich auch ein Ahn der Hundeartigen war, bevölkerte vor 40 Mio. Jahren den nordamerikanischen Kontinent. Er war ein kleines, urzeitliches Raubtier der Gattung *Miacis*, besaß kurze Läufe, einen langen Schwanz und lebte vermutlich auf Bäumen. Über die unterschiedlichen Entwicklungsformen, die *Miacis* mit dem heutigen Löwen verbinden, ist so gut wie nichts bekannt. Einzig *Nimravus*, eine etwa 30 Mio. Jahre alte Gattung aus dem Oligozän, besaß ein Katzengebiß mit langen, scharfen Fangzähnen. Im Lauf der Entwicklungsgeschichte dieser Familie wurden die oberen Fangzähne immer schmaler und länger, bis sie schließlich über den Unterkiefer hinausragten. Der *Smilodon californicus* war der letzte Vertreter dieser mit langen Fangzähnen ausgestatteten Säbelzahntiger; er starb vor 12000 Jahren aus. Direkte Ahnen unseres Löwen waren der *Panthera atrox* und der *Panthera spelaea*, der Höhlenlöwe. Von beiden hat man zahlreiche fossile Exemplare gefunden. Der *Panthera spelaea* ist in den Höhlen von Combarelles in der Dordogne, Frankreich, in sehr schönen Felszeichnungen dargestellt, die zwischen 13000 und 8000 v. Chr. entstanden. Man vermutet, daß die Höhlenlöwen mit der Ausbreitung der Wälder aus dieser Gegend verschwanden; in Südosteuropa überlebten sie bis ungefähr 2000 v. Chr.

Bei Sonnenuntergang schallt oft Löwengebrüll durch die Savanne. Beutetiere wie Zebras, Gnus, Gazellen, Impalas oder Kaffernbüffel lassen sich dadurch allerdings nicht aufschrecken, denn mit seinem furchterregenden Gebrüll, das mehrere Kilometer weit zu hören ist, gibt der Löwe keineswegs das Zeichen zur Jagd. Vielmehr stellt er unmißverständlich klar, wer Herr des Gebiets ist, in dem er sich mit seiner Gruppe aufhält. Die Mitteilung ist vor allem an junge, ehrgeizige Nebenbuhler adressiert, die ihm seinen Platz streitig machen könnten.

Großkatzen mit liberalem Sozialgefüge

Löwen sind die einzigen katzenartigen Raubtiere, die in verhältnismäßig großen Gruppen leben. Bei Einzelgängern, die nach den Untersuchungen des amerikanischen Löwenspezialisten George Schaller ungefähr 15% der Bestände ausmachen, handelt es sich meist um alte, verletzte oder kranke Tiere.

Im Gegensatz zu anderen Tiergesellschaften, in denen fast regelmäßig eine sehr strenge Rangordnung herrscht, sind in einem Löwenrudel Männchen und Weibchen gleichberechtigt, und ihr Zusammenleben ist durch enge Bindungen geprägt. Erst wenn ein Beutetier geschlagen ist und verteilt werden soll, machen die Männchen ihren Anspruch auf den größten Teil, den sprichwörtlichen „Löwenanteil", geltend.

Den Kern des Rudels bilden die Löwinnen, die meist ihr ganzes Leben in ein und derselben Gruppe verbringen. Verliert das Rudel Mitglieder, so wird diese Lücke aus den Reihen der eigenen Töchter geschlossen. Mütter und Töchter gehen zusammen auf Jagd und ziehen auch ihre Jungen gemeinschaftlich auf. Die männlichen Löwen hingegen sind keine dauerhaften Rudelangehörigen.

Wenn alle männlichen Junglöwen sowie die überzähligen jungen Weibchen nicht spätestens in einem Alter von dreieinhalb Jahren das Rudel verlassen haben, werden sie davongejagt. Sie ziehen allein umher, häufiger aber zu zweit oder zu dritt und werden zu sogenannten Nomaden. Diese Trennung ist notwendig, damit das Gleichgewicht zwischen der Rudelgröße und dem Nahrungsangebot erhalten bleibt. Umherstreifende junge Löwenmänner schließen sich häufig zu „Kampfgemeinschaften" zusammen; diese Löwen halten sich gern in der Nähe fremder Rudel auf, um in einem günstigen Augenblick die Revierherren zu vertreiben und die Weibchengruppe zu übernehmen. Brian Bertram, der in der Nachfolge von George Schaller das Sozialgefüge der Serengetilöwen untersuchte, schätzt, daß die männlichen Löwen der in der Serengeti lebenden Gruppen alle 2–3 Jahre abgelöst werden.

Die Verteidigung des Reviers

Männliche Löwen sind nicht, wie oft behauptet wird, Paschas, die den Weibchen das Jagen überlassen und als bloße Nutznießer des Gruppenverbandes in Erscheinung treten. Ihnen fällt hauptsächlich eine andere Aufgabe zu: die Sicherheit und Verteidigung des Reviers. Sie markieren ihr Gebiet mit Harnspritzen und Gebrüll und vertreiben gemeinschaftlich jeden gruppenfremden Artgenossen.

Die Gebietsgröße hängt von der Landschaft, dem Nahrungsangebot und der Rudelgröße ab. Im Ngorongorokrater in Tansania fand George Schaller Reviergrößen von 20 bis 400 km^2 Fläche vor, im Nationalpark von Nairobi betragen sie durchschnittlich 25–50 km^2.

Ein Rudel bietet jungen Löwen Sicherheit und setzt die Sterblichkeitsrate der Neugeborenen herab. George Schaller beobachtete in der Serengeti, daß etwa ein Viertel des Nachwuchses von in Rudeln lebenden Löwinnen die kritischen ersten Monate überstand, während Einzelgängerinnen nur ca. 5% ihrer Jungen hochbrachten.

Dringt ein fremder Artgenosse in eine Gruppe ein, verzichten die männlichen Löwen im allgemeinen zunächst auf einen Kampf und versuchen durch Drohgebärden, die Stärke des Gegners zu ermitteln; fühlt dieser sich unterlegen, räumt er das Feld. Kommt es jedoch zu einer ernsthaften Auseinandersetzung zwischen zwei ungefähr gleich starken Rivalen, so endet sie nicht selten tödlich für beide.

Zusammensetzung eines Löwenrudels

Die Beobachtung eines Löwenrudels über einen Zeitraum von 7 Jahren hat gezeigt, wie sich die Anzahl der weiblichen Mitglieder und der Jungen innerhalb der Gruppe reguliert und immer etwa ausgleicht. Im 1. Jahr wurden die männlichen Löwen des Rudels verjagt. An ihre Stelle traten neue Revierherren, die ihrerseits wieder nach 3 Jahren vertrieben wurden. Man stellte fest, daß bei diesem zweiten Wechsel (im 4. Jahr) fünf jüngere Erwachsene (drei weibliche und zwei männliche Tiere) die Gruppe verließen und acht im Lauf des Jahres geborene Junge starben (wahrscheinlich wurden sie von den neuen Revierherren getötet). Im folgenden Jahr stellte eine hohe Geburtenzahl das normale Mittel der Gruppe an Weibchen und Jungtieren wieder her.

Jahr	Löwinnen	Geburten	Todesfälle Löwinnen	Todesfälle Junge	Abgang von Junglöwen	Rudelgröße
1	7	16	0	3	0	20
2	6	5	1	6	0	18
3	6	7	0	12	0	13
4	7	8	1	8	5	7
5	7	21	0	9	0	19
6	7	4	1	9	0	13
7	6	6	1	2	0	16

Enge verwandtschaftliche Beziehungen mögen eine Erklärung für das reibungslose Zusammenleben der Löwinnen innerhalb ihrer Gruppe sein. In der Serengeti kann solch eine Gemeinschaft zehn und mehr Weibchen umfassen, die einander kennen, oft aber nur zu zweit oder zu dritt umherstreifen. Die Löwinnen jagen zusammen und nehmen sich gemeinschaftlich der Aufzucht der Jungen an; den Männchen obliegt es, für die Sicherheit im Revier zu sorgen.

Während Löwinnen meist das ganze Leben lang ein und demselben Rudel angehören und somit als dessen fester Kern gelten, wechseln die Männchen in unregelmäßigen Abständen. Sie sind in sogenannten „Kampfgemeinschaften" organisiert, die aus zwei bis fünf Männchen bestehen. Gemeinsam übernehmen sie eine Gruppe Weibchen und verteidigen sie gegen rivalisierende Kampfgemeinschaften – solange, bis sie selber weiterziehen müssen.

Der „Löwenanteil“: das Recht des Stärkeren

In der offenen Savanne können Beutetiere einen Löwen leicht ausmachen, und einzelne kräftige Tiere wie z. B. Kaffernbüffel werden mit einem allein jagenden Löwen durchaus fertig. Zu zweit oder mehreren hingegen sind Löwen bei der Jagd weit erfolgreicher, vor allem dann, wenn sie sich größere Beutetiere vornehmen.

80–90% der Beute werden von den Löwinnen erbracht. Männliche Löwen reißen nur selten Tiere, weil sie einerseits wegen ihrer auffälligen Mähne eher von Beutetieren entdeckt werden und andererseits aufgrund des höheren Gewichts nicht so leichtfüßig und behende wie ihre weiblichen Artgenossen sind. Ihre Kraft benutzen männliche Rudelangehörige vor allem dazu, sich die von den Löwinnen geschlagenen Tiere anzueignen. Nach George Schaller besteht die Nahrung der Männchen zu 75% aus Beutetieren, die von Löwinnen getötet wurden; 12% jagen sie anderen Raubtieren ab, und nur die restlichen 13% setzen sich aus Tieren zusammen, die sie selbst gerissen haben.

Einzel- oder Gruppenjagd

Löwen und Löwinnen jagen auf unterschiedliche Weise – je nach Gelände, Vorlieben und Verteidigungsmethoden der Beutetiere.

Der Löwe begibt sich meist in der Morgen- und Abenddämmerung oder aber im Schutz der Nacht auf die Jagd. Hinter hohen Gräsern lauernd, wartet er, bis eine Antilope den Kopf zum Äsen gesenkt hat, abgelenkt ist bzw. sich ein Stück von der Herde entfernt hat. Dann pirscht er sich bis auf ungefähr 30 m an, springt los und reißt seine Beute kraftvoll zu Boden. Er drückt das Tier mit seinem ganzen Gewicht nieder und beißt sich in seiner Kehle fest. Dabei werden Luft- und Speiseröhre des Opfers durchtrennt, und es verendet in wenigen Minuten.

Löwinnen hingegen verbeißen sich oft in die Schnauze des Beutetiers und lassen nicht mehr los, bis das Opfer erstickt ist. Wenn sie im Verband jagen, schwärmen sie zunächst fächerförmig aus, kreisen die Beute anschließend langsam ein und greifen diese dann von allen Seiten zugleich an.

Wie erfolgreich die Jagd verläuft, hängt natürlich wesentlich von der Art des Beutetiers ab. Schallers Studien haben ergeben, daß bei der Jagd auf die wachsamen Topiantilopen nur 14% der Jagdversuche zum Ziel führen, bei den Zebras und Gnus, den bevorzugten Opfern der Löwen, immerhin 38% und bei den schwerfälligen Warzenschweinen sogar 47%. Wenn sie in der Nacht jagen, sind Löwen zu 33% erfolgreich, am Tag nur zu 21%. Angriffe aus dem Dickicht heraus verlaufen etwa dreieinhalbmal erfolgreicher als solche in offenem Gelände.

Jäger und Aasfresser

Nur etwa ein Viertel sämtlicher Jagdversuche von Löwen endet erfolgreich. Wenn es darum geht, ihren täglichen Nahrungsbedarf zu decken – eine Löwin benötigt 5 kg Fleisch, ein Löwe 7 kg –, können Löwen und Löwinnen demnach in bezug auf ihre Beutetiere nicht sehr wählerisch sein. In der Trockenzeit müssen sie manchmal mit Tieren vorliebnehmen, die an einer Krankheit verendet sind, oder mit Resten, die andere Raubtiere übriggelassen haben. Häufig kann man jetzt Löwen dabei beobachten, daß sie sich wie Aasfresser über Kadaver hermachen, die sie Hyänen abgejagt haben.

In der Regel erhalten die Rudelmitglieder von der geschlagenen Beute ihren Anteil. Da beim Verteilen dieser das Gesetz des Stärkeren gilt, erzwingen sich männliche Löwen beim Fressen meistens den Vortritt. Häufig kommt es rund um den Kadaver eines Tiers zu kurzen Streitigkeiten. Ist das Nahrungsangebot in der Savanne ausreichend, finden diese Raufereien nur andeutungsweise statt, und sämtliche Löwen können ihren Hunger stillen. In der Trockenzeit hingegen zankt sich die Gruppe erbittert um jeden Knochen. Schaller berichtet, daß dann selbst Muttertiere ihre hungrigen Jungen mit Prankenhieben wegstoßen.

Der Jagderfolg des Löwen

Eine von George Schaller 1972 im Serengeti-Nationalpark durchgeführte Studie hat erbracht, daß das Jagdglück im Verband angreifender Löwen ungefähr doppelt so groß ist wie dasjenige einzeln jagender Katzen – unabhängig davon, ob es sich nun bei der Beute um leichtgewichtige Tiere wie z. B. Thomsongazellen oder schwere wie Gnus oder Zebras handelt. Letztere nehmen sich Beute schlagende Löwen weit seltener allein vor (nur in 32% der Fälle) als in Gruppen (68%). Thomsongazellen hingegen werden fast ebenso häufig von Einzeltieren (51%) wie von Gruppen (49%) gejagt.

In dieser Studie wurde auch nachgewiesen, daß Löwen eine um so größere Fleischmenge verschlingen, je kleiner die Jagdgemeinschaft ist.

Wenn mehrere Löwen zusammen jagen, kreisen sie ein Opfer zunächst systematisch ein. Diese Jagdtechnik ist besonders wirksam und fällt entsprechend der Rollenverteilung im Rudel fast immer den Löwinnen zu.

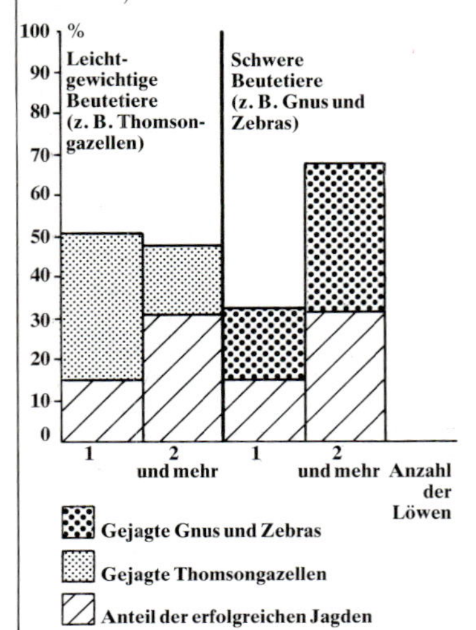

Von allen großen Landraubtieren können nur Löwen mehr als 250 kg schwere Beutetiere überwältigen. Während die Jagd zu zweit in 29 % der Fälle gelingt, ist ein einzelner Löwe nur in 15 % der Fälle in der Lage, ein Tier zu reißen (Angaben nach George Schaller). Dennoch kommt es durchaus vor, daß Löwen auch alleine jagen.

Wenn Löwinnen im Verband jagen, bedienen sie sich der Technik des Einkreisens. Zunächst nähern sie sich gemeinsam einer Gruppe von Beutetieren, dann schwärmen sie aus. Einige Löwinnen legen sich auf die Lauer, während die anderen von der entgegengesetzten Seite offen auf ein ausgewähltes Opfer zulaufen und es geradewegs auf die im Gras verborgenen Löwinnen zutreiben.

Männliche Löwen jagen wenig, aber wenn es ums Verteilen der Beute geht, erzwingen sie sich stets den Vortritt und sichern sich den sprichwörtlichen „Löwenanteil". Er ist die Gegenleistung dafür, daß die Revierherren für die Sicherheit des Rudels sorgen.

Paarung auf Raubkatzenart: nicht gerade zimperlich!

Wenn sie keine Jungen haben, sind Löwinnen mehrmals im Jahr empfängnisbereit. Das erste männliche Tier, das einem brünstigen Weibchen begegnet, bleibt in dessen Nähe und hält allein durch seine Anwesenheit andere Männchen fern. Zunächst reiben Löwe und Löwin ihre Köpfe aneinander und beschnuppern sich gegenseitig in der Leistengegend. Die Initiative geht vom Weibchen aus: Sobald sie zu verstehen gibt, daß sie den Partner akzeptiert, entfernen sich die beiden von der Gruppe, und es kommt zu einem kurzen Paarungsakt, der nur rund 20 Sekunden dauert. Währenddessen brüllt das Männchen heiser und leckt den Hals des Weibchens. Bei der Begattung deutet er einen Nackenbiß an. Sie schnurrt zunächst, aber sobald ihr Partner von ihr abläßt, knurrt sie, versetzt ihm Prankenhiebe oder versucht gar, ihn zu beißen.
Löwen paaren sich bis zu 50mal innerhalb von 24 Stunden, und zwar sowohl am Tag als auch in der Nacht. Die Brunst dauert 2–8 Tage; während dieser Zeit kann es durchaus auch zum Partnerwechsel kommen. Sehr oft sind alle Weibchen eines Rudels zur gleichen Zeit brünstig; ein Männchen kann sich also mit mehreren Löwinnen paaren. Trotz der hohen Zahl an Paarungen sind die Chancen auf Nachkommen gering: Auf fünf Brunstperioden kommt durchschnittlich nur eine Geburt. Brian Bertram hat errechnet, daß aus 3000 Paarungen lediglich ein einziger Junglöwe hervorgeht, der das Erwachsenenalter erreicht.
Die Rivalität zwischen Löwenmännchen, die sich für ein und dieselbe Löwin interessieren, ist äußerst gering. Allerdings kommt es vor allem unter „Nomaden“ – jenen Löwen also, die umherziehen und kein festes Revier haben – zuweilen zu handfesten Auseinandersetzungen. Wesentlich ernster als die Kämpfe um einzelne brünstige Weibchen sind diejenigen um ganze Gruppen und ihre Reviere; sie enden nicht selten tödlich.

Wenn Löwenkinder noch sehr klein sind, kümmern sich ihre Mütter zärtlich um sie. Ständig in Angst vor Beutegreifern, die den Kleinen gefährlich werden könnten, tragen sie ihre Jungen immer wieder an ein anderes Versteck, indem sie die Babys behutsam mit ihren mächtigen Zähnen am Nacken packen; werden die Kleinen im Maul der Mutter fortgetragen, verfallen sie in eine Tragstarre.
Wenn die Löwenkinder größer sind, teilen sich die Löwinnen die Aufsicht. Da in einem Rudel fast alle Jungen gleichzeitig zur Welt kommen, wachsen diese zusammen heran und fügen sich so organisch in die Gruppenstruktur ein.

Mehrere Mütter für ein Löwenjunges

Nach einer verhältnismäßig kurzen Tragzeit von 110–116 Tagen bringt die Löwin in der Regel zwei bis vier Junge zur Welt. Für die Geburt verläßt sie das Rudel und sucht eine geschützte Stelle auf. Die Jungen werden blind geboren und wiegen etwa 2 kg, was knapp 1% des Gewichts eines erwachsenen Tiers entspricht. Die Augen öffnen sich nach 10–15 Tagen, und nach 3 Wochen wachsen die Milchzähne.

Im Alter von 6 Wochen tollen sie in der Nähe des Lagers umher und probieren zum ersten Mal feste Nahrung, indem sie die Reste aufschnappen, die von ihrer Mutter beim Fressen übriggelassen werden. Während dieser ersten Wochen ist die Mutter sehr wachsam und ständig um ihre Nachkommenschaft besorgt. Vorsichtshalber wechselt sie mit den Jungen alle 3–4 Tage das Versteck.

10 Wochen nach der Geburt gesellen sich Mutter und Junge wieder zum Rudel und bilden fortan mit anderen Löwenbabys, Jungen aus früheren Würfen und den erwachsenen Tieren eine Gemeinschaft. Es kommt oft vor, daß Löwinnen neben den eigenen Jungen auch die anderer Weibchen säugen. Man hat schon beobachtet, daß bei einer Löwin Junge vier verschiedener Mütter tranken. Solch eine Großzügigkeit ist charakteristisch für das Sozialgefüge dieser Raubkatzen und dürfte im Reich der Säugetiere einzigartig sein. Ein sichtbarer Ausdruck dieser ausgeprägten sozialen Organisation ist auch die Adoption verwaister Löwenbabys durch weibliche Rudelmitglieder.

In einem Alter von 6 Monaten sind die Jungen entwöhnt; zwischen dem 9. und 12. Lebensmonat bricht das Dauergebiß durch. Dieser Vorgang ist mit starken Schmerzen und Fieberschüben verbunden, weshalb die Sterblichkeit unter den jungen Löwen während dieser Zeit besonders hoch ist.

Wenn sich die Mutter auf die Jagd begibt, stehen die Jungen unter der Obhut einer anderen Löwin bzw. sogar eines männlichen Löwen, da die Kleinen nur im Rudel sicher sind. Ab der 14. Lebenswoche begleiten die jungen Löwen die Mutter erstmals bei der Jagd und lernen aus sicherer Entfernung die Jagdtechniken der Tiere kennen. Mit 12 Monaten sind sie dann in der Lage, selbst Beute zu schlagen.

Geringe Überlebenschancen

Die Sterblichkeitsrate kleiner Löwen ist außerordentlich hoch. Nur rund 20% vollenden das 2. Lebensjahr. Wenn eine Nomadin Junge zur Welt bringt, stehen die Überlebenschancen noch schlechter.

Die hohe Sterblichkeit ist vor allem auf die Vernachlässigung durch die Mutter zurückzuführen. Wie dem Vorangegangenen zu entnehmen ist, sind Löwinnen ja grundsätzlich keine schlechten Mütter, bei knappem Nahrungsangebot in der Trockenzeit aber versorgen sie zuallererst sich selbst. Die Kleinen müssen dann sehr viel Schläue und Geschicklichkeit entwickeln, wenn sie für sich ein paar Fleischbrocken ergattern wollen.

Sicher wirkt sich auch eine schlechte Witterung negativ auf die Überlebenschancen junger Löwen aus. Wenn die Neugeborenen bei naßkaltem Wetter allein im Geburtslager gelassen werden, sterben viele an Unterkühlung. Die restlichen Todesfälle schließlich schreibt George Schaller Unfällen und Angriffen von Hyänen und Büffeln zu, aber auch der Kindstötung (siehe Kasten unten).

Die neuen Revierherren

Nach der Ankunft neuer Männchen im Rudel (gestrichelte Linie) steigt die Sterblichkeit der Löwenjungen (rote Linie), während die Geburtenrate (schwarze Linie) sinkt und einige Monate niedrig bleibt. Die neuen Revierherren neigen dazu, die Jungen der vertriebenen Väter zu töten. Man nimmt an, daß diese „Kindsmorde" geschehen, damit die Weibchen rasch wieder empfängnisbereit werden; denn erst wenn diese keine Jungen mehr säugen, paaren sie sich wieder. Dann bringen sie einen neuen Wurf zur Welt, den die Männchen nun als den ihren akzeptieren und der dadurch bessere Überlebenschancen hat.

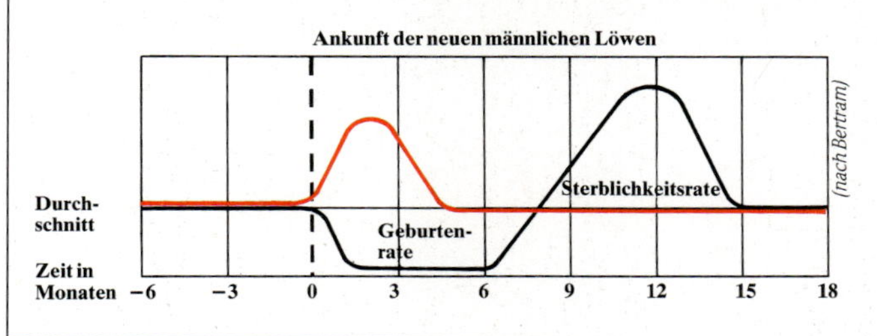

Löwenväter legen ihren Jungen gegenüber viel Langmut an den Tag. Die tapsigen Kleinen umschmeicheln die Erwachsenen ständig, was deren Aggressivität zu dämpfen scheint.

► *Ein Löwe kehrt zu seiner Beute zurück, an der sich während seiner Abwesenheit Geier eingefunden haben.*

Löwe

Panthera leo

Löwen sind die einzigen katzenartigen Tiere, die in einem Verband jagen und in Rudeln mit einer Sozialordnung leben. Männliche und weibliche Löwen unterscheiden sich in der äußeren Erscheinung und im Körperbau deutlich voneinander: Die Halsmähne ist sicherlich das ausgeprägteste Merkmal der Männchen, die außerdem länger und wesentlich schwerer als die Weibchen sind, deren Körper schlank, nichtsdestotrotz jedoch sehr muskulös ist.

Das wollige Fell der Jungen weist zunächst braunschwarze, runde Flekken auf. Mit zunehmendem Alter verliert der Pelz diese Leopardenzeichnung und nimmt einen schönen, einheitlich fahlgelben Ton an; diese Färbung tarnt die Katzen, weil sie dem Farbton der hohen, trockenen Gräser der Savanne entspricht und die Tiere somit perfekt der Umgebung anpaßt. Manchmal bleiben die runden Flecken am Bauch und an der Innenseite der Schenkel auch bei erwachsenen Tieren, besonders bei Löwinnen, erhalten.

Sowohl männliche als auch weibliche Löwen besitzen im Gesicht – am Kinn, an der Schnauze und rund um die Augen – kurze bis längere weiße Borstenhaare. Die Augen sind bernstein- bis kastanienfarben, je nach Alter und Lichteinfall.

Beim Jagen verlassen sich Löwen hauptsächlich auf ihr Sehvermögen und ihr ausgezeichnetes Gehör, weniger auf ihren Geruchssinn. Dank ihrer Fähigkeit zur Zusammenarbeit sind Löwen besonders auf das Beutemachen großer Säugetiere im offenen Gelände spezialisiert. Ihre Jagdtechnik erlaubt es ihnen, Beutetiere zu schlagen, die bis zu 80 km/h schnell laufen können, während sie selbst nur eine Spitzengeschwindigkeit von 58 km/h erreichen.

Eine erwachsene Löwin benötigt durchschnittlich 5 kg Fleisch pro Tag, ein Löwe 7 kg. Da es ihnen in freier Wildbahn jedoch nur selten gelingt, regelmäßig Beutetiere zu reißen, und sie somit oft 2–3 Tage lang nichts fressen können, sind sie nach einer erfolgreichen Jagd imstande, 20 und sogar 30 kg Fleisch auf einmal zu verschlingen. Stets ziehen Löwen frisches Fleisch vor, verschmähen bei mangelhaftem Nahrungsangebot aber auch Aas nicht.

Löwen brauchen keine natürlichen Feinde zu fürchten, allerdings

	LÖWE
Art:	*Panthera leo*
Familie:	Katzenartige
Ordnung:	Raubtiere
Klasse:	Säugetiere
Merkmale:	Kurzes Fell, fahlgelb bis dunkelbraun; Bauch weißlich. Männliche Tiere mit eindrucksvoller Mähne
Maße:	Kopf-Rumpf-Länge männlicher Tiere 1,70–1,90 m, weiblicher Tiere 1,40–1,75 m; Schulterhöhe 80–110 cm
Schwanz:	60–100 cm
Gewicht:	Männliche Tiere 150–250 kg, weibliche Tiere 120–185 kg
Verbreitung:	Afrika, Indien (Gir-Schutzgebiet)
Lebensraum:	Baum- und Grassavannen, Halbwüsten; bis 3000 m Höhe
Nahrung:	Huftiere (selbstgejagte Beute und Aas)
Sozialstruktur:	Rudel mit mehreren Männchen, ohne feste Rangordnung
Geschlechtsreife:	Männchen mit ca. 5–6 Jahren, Weibchen mit 3 Jahren
Fortpflanzung:	Jahreszeitlich nicht gebunden
Tragzeit:	110–116 Tage
Zahl der Jungen pro Geburt:	Normalerweise 2–4 (ausnahmsweise auch 6)
Geburtsgewicht:	Ungefähr 2 kg
Lebensdauer:	In freier Wildbahn etwa 15 Jahre, in Gefangenschaft bis 30 Jahre
Bestand:	In Afrika ca. 200 000 Tiere, in Indien ca. 200 (Schätzungen)

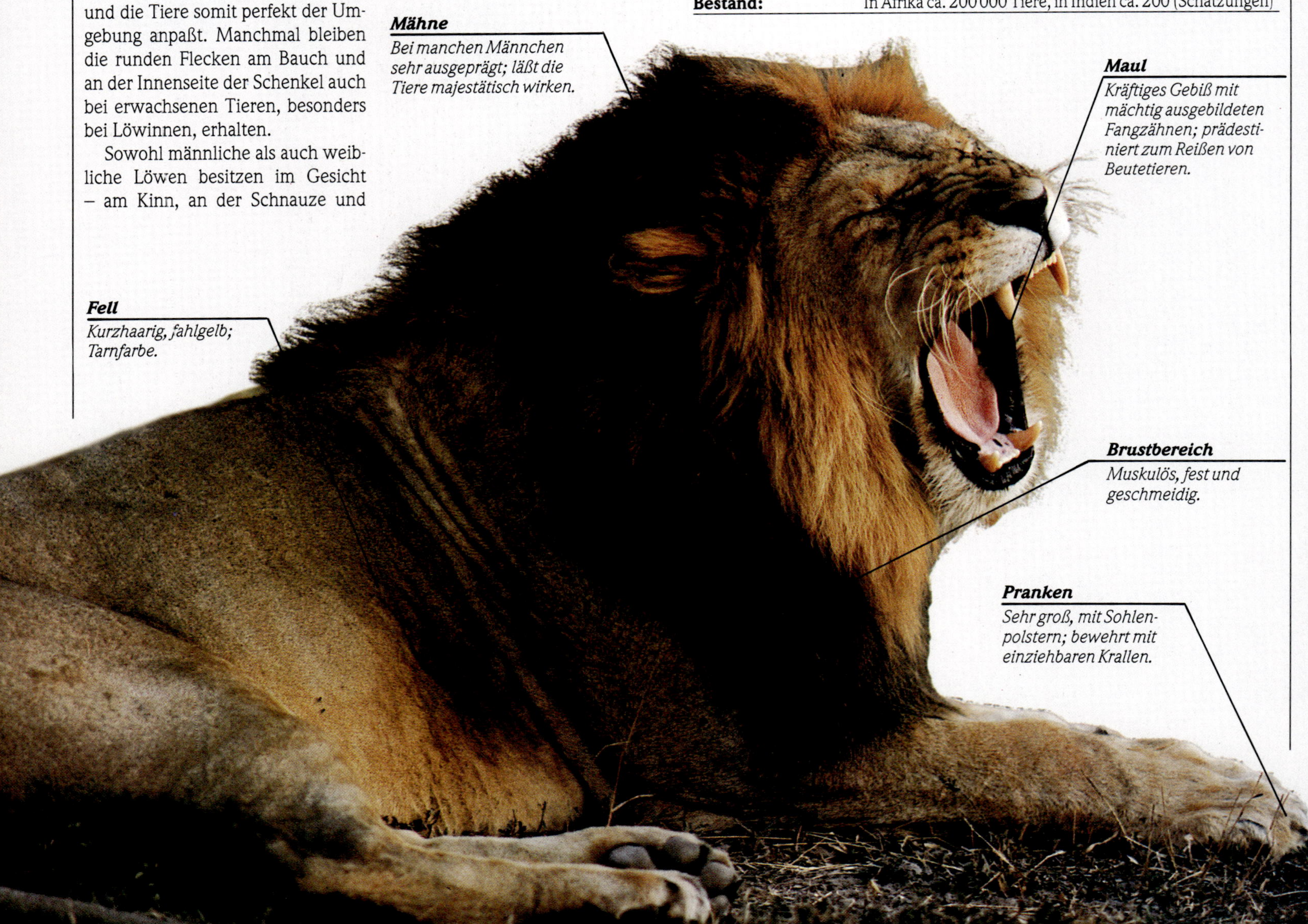

setzen ihnen die Hitze, Fliegen und Parasiten zu. Nicht weniger als 20 Stunden pro Tag ruhen und dösen sie im Schatten ausladender Akazien oder großer Felsen. Diese Zeit wird zu ausgiebigen Sozialkontakten genutzt. Zur Körperpflege etwa lecken sich die Löwen gegenseitig das vom Blut der Säugetiere verschmutzte und verklebte Fell. Auf der Zungenoberfläche befinden sich nach hinten gerichtete, hornartige Papillen, die beim Säubern des Fells und beim Beseitigen von Schmarotzern gute Dienste leisten.

Die einziehbaren Krallen dienen den Löwen zum Festhalten der Beute, sind aber auch beim Klettern von Vorteil; im Schatten auf einem Baumast liegend, halten die Katzen, vor allem die leichteren Weibchen, gern Siesta.

Manche Löwen und Löwinnen werden aus dem Rudel verjagt und streifen als sogenannte Nomaden durch die Savanne, wobei sie zuweilen Gebiete von 4000 km^2 Größe durchwandern und so lange in den Revieren fremder Gruppen leben, bis sie von diesen vertrieben werden. Bei den Nomaden handelt es sich meist um jüngere Löwen, für die im Revier ihrer eigenen Gruppe kein Platz mehr war.

Die Unterarten

Meist teilt man den *Panthera leo* in zwei Unterarten oder geographische Rassen ein:

Asiatischer Löwe, *Panthera leo persica.* Bestand: Nur etwa 200 Tiere im indischen Gir-Schutzgebiet. Streng geschützt.

Massailöwe, *Panthera leo massaicus.* Lebt innerhalb von Nationalparks in Kenia und Tansania. Er ist geschützt, wird aber dennoch gejagt.

Manche Wissenschaftler gehen von drei afrikanischen Unterarten aus und führen neben dem Massailöwen noch auf:

Senegallöwe, *Panthera leo senegalensis.* Sehr bedroht.

Katangalöwe, *Panthera leo bleyenberghi.* Sehr bedroht.

Atlaslöwe und Kaplöwe sind ausgestorben.

Besondere Merkmale

Halsmähne
Sie ist das Kennzeichen des männlichen Tieres. Im Alter von 2 Jahren beginnt sie zu wachsen und kann mit 5 oder 6 Jahren bis zu 24 cm lang sein. Zunächst von heller Färbung, dunkelt sie mit der Zeit von der Rückenpartie her nach; im Farbton variiert sie von Fahlgelb über Rötlichbraun bis Schwarz. Nicht jeder Löwe ist mit diesem „königlichen“ Attribut ausgestattet, und die Fülle unterscheidet sich ebenfalls von Tier zu Tier. Die Mähne kann Haupt, Hals, Ellbogen, Schultern, Brust und Bauch bedecken, bei manchen Tieren jedoch rahmt sie lediglich Gesicht und Hals ein. Durch ihr Volumen läßt sie den Löwen eindrucksvoller wirken. Im Kampf dämpft sie jene Prankenhiebe des Gegners, die auf Kopf und Hals zielen.

Gebrüll
Das Gebrüll des Löwen gilt als der furchteinflößendste und großartigste Ruf eines Wildtiers. Die Revierherren melden damit ihren Herrschaftsanspruch über das Gebiet an, in dem sie mit ihrer Gruppe leben.
Am häufigsten brüllen Löwen bei Sonnenuntergang; unter günstigen Bedingungen kann man sie 8–9 km weit hören.

Waffen
Löwen besitzen sehr gefährliche Waffen: scharfe, einziehbare Krallen, starke Kiefer und ein mächtiges Gebiß, das sich besser zum Reißen von Beute als zum Kauen eignet. Dieses sogenannte Fanggebiß ist mit ungefähr 6 cm langen, dolchartigen Eckzähnen, kurzen Schneidezähnen und dreizackigen Reißzähnen ausgestattet.

Schwanz
Der Schwanz des Löwen endet in einer dichten schwarzen Quaste, in der sich ein 6–12 mm langer Hornstachel verbirgt. Mit Hilfe seines Schwanzes versucht der Löwe, sich seine ärgsten Widersacher vom Leib zu halten: Fliegen. Schwanzpeitschen spiegelt aber auch Mißmut oder Erregung wider und ist somit eine Ausdrucksgeste, die der Kommunikation mit Artgenossen dient.

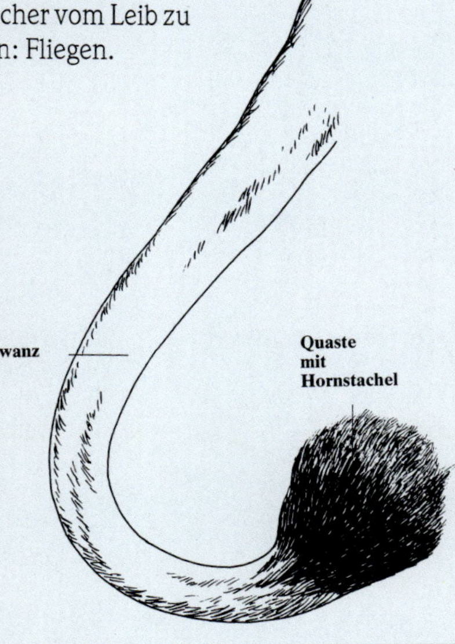

Löwen in ihrem Lebensraum

Löwen waren einst sehr weit verbreitet. Aber wie bei anderen Raubtieren auch gingen die Bestände durch die fortschreitende Zivilisation massiv zurück. Die Ausdehnung der landwirtschaftlich genutzten Gebiete, der Ausbau der Straßennetze, die Ausrottung seiner Beutetiere und die Jagd auf ihn selbst, sei es aus Angst oder zum Vergnügen, haben den Löwen aus vielen Gegenden nach und nach verschwinden lassen. Der Kaplöwe ist bereits seit 1865 ausgestorben; im Iran wurde 1923 der letzte Löwe getötet, und der letzte Vertreter der Berberlöwen, einer großen Unterart mit schwärzlicher Mähne, die auch Schultern und Bauch bedeckte, wurde 1920 in Algerien erschossen.

Einzig die Löwen in den Nationalparks und Reservaten Ugandas, Kenias, Tansanias und im Krüger-Nationalpark in Transvaal, Südafrika, sind vor den Nachstellungen der Menschen einigermaßen sicher. Die Löwen Senegals, Shabas (vormals Katanga, Zaire), Angolas und Simbabwes konnten bisher nur in kleinen Rudeln überleben und sind mehr oder weniger vom Aussterben bedroht. Die Löwenjagd unterliegt strengen Beschränkungen, die aber häufig mißachtet werden. Da sich Löwen in Gefangenschaft problemlos fortpflanzen und oft auch länger leben, vergißt man leicht, daß sich die Bestände der freilebenden Tiere dramatisch verringern.

Bevorzugter Lebensraum: die Savanne

Früher erstreckte sich das Verbreitungsgebiet des Löwen vom Gebirge bis zur Savanne, vom Urwald bis zu den heißesten Küstenländern und bis in die Halbwüsten. Grundsätzlich können sich Löwen an sehr unterschiedliche Lebensräume anpassen, solange Beutetiere und Wasser reichlich vorhanden sind.

In der Savanne wächst eine Vielfalt von Pflanzen, so daß Huftieren ein breites Nahrungsangebot zur Verfügung steht; nur in Trockenzeiten müssen sie auf Wanderschaft gehen. Der periodische Wechsel von Trockenheit und heftigen Regenfällen ist für den Graswuchs entscheidend. Die Wasserläufe sind gesäumt von schmalen Streifen üppiger Vegetation, in denen Warzenschweine, Dikdiks und Nagetiere leben. In Zeiten mit Mangel an großen Beutetieren müssen Löwen mit diesen kleineren, ortsgebundenen Tieren vorliebnehmen.

Löwen regulieren die Bestände anderer Tiere

Die meisten Beobachtungen zum sozialen und individuellen Verhalten von Löwen wurden im Serengeti-Nationalpark (13 000 km², 1500 Löwen) und im Ngorongorokrater in Tansania vorgenommen. Diese beiden Schutzgebiete wie auch der Masai-Mara-Nationalpark in Kenia sind Teil der Region Masai-Mara-Serengeti, die ein für die Savanne typisches Ökosystem darstellt, in dem alle Pflanzen- und Tiergemeinschaften vorkommen, die in diesem Lebensraum heimisch sind. In den 70er Jahren kam es hier in der Trokkenperiode vermehrt zu Regenfällen, was sich unverzüglich auf das Zusammenspiel der Pflanzen- und Tiergemeinschaften auswirkte. Die reichlichen Niederschläge begünstigten zunächst das Pflanzenwachstum, was eine Vermehrung der kleinen und großen Pflanzenfresser zur Folge hatte. Die Raubtiere wiederum – Hyänen, Löwen, Geparde – profitierten von dem enormen Angebot an Pflanzenfressern, die ihnen als Beute dienen; zudem kam ihnen die dichtere Gras- und Strauchvegetation zugute, weil sie ihnen das Anpirschen erleichterte.

Löwen- und Hyänenbestände nahmen in diesen Jahren fast um das Doppelte zu. Der Bestand der Wild-

Die letzten Bastionen: Vor gut hundert Jahren erstreckte sich das Verbreitungsgebiet des Löwen noch über ganz Afrika; ausgenommen waren lediglich die Gebiete der äquatorialen Regenwälder. Man begegnete ihm aber auch auf der Arabischen Halbinsel, und sein Lebensraum dehnte sich von Kleinasien über den Iran und Afghanistan bis zum Fuß des Himalaja aus. Abgesehen von den letzten Asiatischen Löwen, die im indischen Gir-Reservat, einem umfriedeten Waldgebiet, leben, sind heute alle Löwenpopulationen in Afrika zu finden, und dort vor allem in den Schutzgebieten Kenias und Tansanias. Die übrigen Verbreitungsgebiete in den Savannen und Halbwüsten im Westen und Süden Afrikas beherbergen weniger dichte Bestände. Obwohl die Löwen offiziell unter Schutz stehen, werden sie immer wieder gejagt.

hunde hingegen verminderte sich, da Hyänen, die Jagdkonkurrenten der Wildhunde, deren Junge dezimierten. Aufgrund der starken Vermehrung der Löwen und Hyänen sank die Zahl der Wildhunde von 1966 bis 1977 von 100 auf 30 Tiere. Dieses Beispiel – es ist im Kasten rechts graphisch dargestellt – zeigt, wie empfindlich das Gleichgewicht ist, das zwischen Vegetation, Pflanzenfressern und Raubtieren in der Savanne besteht und wie schnell es sich durch Veränderungen verschieben kann.

Löwen und andere Raubtiere begrenzen auch die Bestände der Grasfresser, die eine rasche Zerstörung der Grasdecke herbeiführen, wenn sie zu zahlreich auftreten. Eine Studie im Nairobi-Park in Kenia hat ergeben, daß ein Rudel Löwen – ein männliches Tier, zwei Löwinnen und drei Jungtiere – innerhalb von 12 Monaten 219 Tiere getötet hatte, die Hälfte davon Gnus, die zahlenmäßig am stärksten vertretenen Pflanzenfresser des Parks. Sämtliche Beobachter stimmen darin überein, daß eine solche Begrenzung des Bestandes durch Raubtiere nur dann eintritt, wenn Pflanzenfresser sich zu stark vermehrt haben. Außerdem, so der Tenor der Wissenschaftler, betreffe sie nur kranke und ältere Tiere. Somit übernehmen Löwen eine Selektionsaufgabe, die sich auf die verschiedenen Arten von Beutetieren durchaus positiv auswirkt.

Der Asiatische Löwe *(Panthera leo persica)*

Von dieser Unterart zählte man 1985 gerade noch 239 Tiere; sie leben im Gir-Schutzgebiet in Indien.

Der Asiatische Löwe war einst von Palästina und Mesopotamien über ganz Kleinasien bis hin zum Ganges verbreitet. Er wurde von den Engländern fast vollständig ausgerottet; 1884 gab es nur noch eine kleine Kolonie auf der Kathiawar-Halbinsel. Als Besitzer eines großen Teils des Gir-Forstes ließ der Nabob von Junagadh die Löwen im Jahr 1900 unter Schutz stellen, wobei er sich ein beschränktes Abschußrecht vorbehielt. In der Folge verdreifachten sich die Löwenbestände, und 1936 zählte man wieder 289 Tiere.

Später wurden zwei Drittel des Forstes gerodet und in landwirtschaftliche Nutzfläche umgewandelt. Als Folge verschwanden die Beutetiere der Löwen, und sie mußten ihren Hunger an Nutztieren stillen. Damit jedoch mochten sich die Bauern nicht abfinden, und die Verfolgung der Löwen begann.

Daraufhin wurde der Bedarf der Löwen an Beutetieren ermittelt; im Zuge der Untersuchung stellte man eine Überbeanspruchung der Waldvegetation durch Pflanzenfresser fest, die zu einer Verarmung des Bodens zu führen drohte.

Dank der Maßnahmen, die dann getroffen wurden, stellte sich zwischen Vegetation und Tierwelt innerhalb weniger Jahre wieder ein natürliches Gleichgewicht ein. Die Löwen finden heute ausreichend Beute, sind aber aufgrund ihrer Isolation anfällig für Seuchen. Ein weiterer Nachteil: Die Großkatzen sind auf lange Sicht einer zu starken Inzucht ausgesetzt. Gegenwärtig werden deshalb von der indischen Regierung und vom WWF Pläne für eine Wiederansiedlung des Asiatischen Löwen in anderen Gebieten nahe dem Gir-Forst geprüft.

Auswirkung der Regenfälle auf die Löwenpopulationen

Niederschläge wirken sich auf die gesamte Nahrungskette der Savannentiere günstig aus. Sie verringern die Buschbrandgefahr und beeinflussen das Wachstum der Vegetation positiv. In der Folge vergrößern sich die Bestände der Pflanzenfresser, und die Löwen oder die Hyänen, die von diesen Pflanzenfressern leben, finden Nahrung im Überfluß.

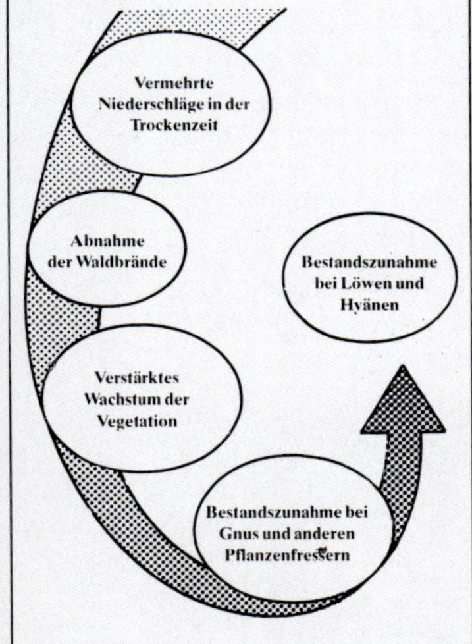

Löwinnen greifen erwachsene Giraffen nur äußerst selten an. Bietet sich ihnen jedoch die Gelegenheit, eine Junggiraffe zu erbeuten, nutzen sie diese. Die Giraffenmutter verteidigt ihr Junges, selbst wenn es – wie auf diesem Foto – schon zu spät ist. Ihre Huftritte können für die Großkatzen tödlich sein.

Der „König der Tiere" im Wandel der Zeit

Schönheit, Kraft und Erhabenheit des Löwen haben von jeher die Phantasie des Menschen angeregt. Sein Bild, Zeichen des Schreckens und der Macht, erscheint zu allen Zeiten, in allen Kulturen. In unzähligen Sagen, Fabeln, Märchen und Erzählungen werden sein Mut, seine Weisheit und seine Intelligenz gepriesen. Wird sich der moderne Mensch mit seinen wissenschaftlichen Erkenntnissen ebenfalls auf diese Tugenden besinnen, wenn es darum geht, den Löwen zu schützen und vor dem Aussterben zu bewahren?

Symbol der Kraft, des Mutes und der Schönheit

Der Löwe war den Menschen schon sehr früh bekannt; bereits die ersten Felszeichnungen zeugen von seiner Gegenwart und von den Kämpfen, die gegen ihn geführt wurden. Vor 3000 Jahren tauchten Löwen auf den Flachreliefs und den Pharaonengräbern der Ägypter auf. In der ägyptischen Mythologie wird die Göttin der Liebe und des Krieges, Sachmet, mit dem Haupt einer Löwin dargestellt. Umgekehrt wurde der berühmteste aller Sphingen, der Sphinx von Gise in der Nähe von Kairo, als männerköpfiger Löwe aus einem riesigen Steinblock gemeißelt; die gewaltige Monumentalfigur mißt 70 m in der Länge und etwa 20 m in der Höhe.

Etliche Perserkönige ließen sich auf ihrem Thron in Begleitung von Löwen darstellen. Das alte Rom wiederum benutzte lebendige Löwen dazu, seine Macht zu demonstrieren: An die Wagen der Sieger gekettet, wurden sie bei den Triumphzügen mitgeführt. Pompejus zeigte sich mit 600 Löwen, Cäsar mit immerhin 400. In der Arena traten Gladiatoren gegen die Raubkatzen an, und viele christliche Märtyrer wurden von Löwen zerfleischt, die man hatte hungern lassen. Dem Evangelisten Markus wird seit dem 5. Jh. ein geflügelter Löwe als Symbolfigur zugeordnet.

Von China bis in den Vorderen Orient wählten die Könige und Machthaber den Löwen zum Symbol der Herrschaft. In China, wo es nie Löwen gegeben hat, wachen seit Jahrtausenden steinerne Löwenfiguren über Tempel und Paläste; dem Tier werden dort magische Kräfte zugeschrieben.

In Europa läßt sich die Bedeutung des Löwen am besten anhand der Wappenkunde belegen. Die Königreiche England, Schottland, Norwegen, Dänemark sowie die Städte Zürich, Luxemburg und Belfort nahmen den Löwen in ihr Wappen auf.

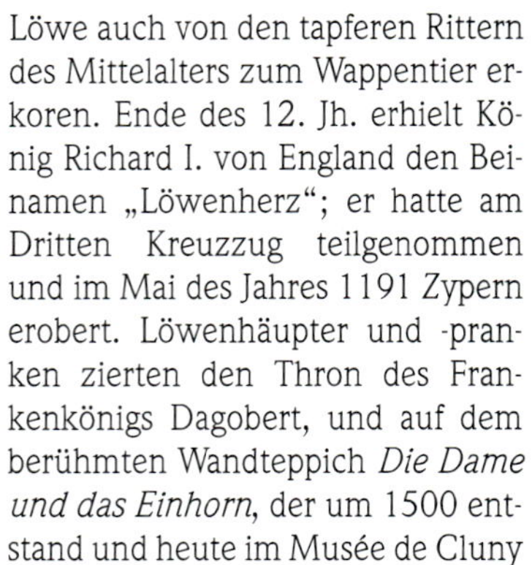

Als Sinnbild des Mutes wurde der Löwe auch von den tapferen Rittern des Mittelalters zum Wappentier erkoren. Ende des 12. Jh. erhielt König Richard I. von England den Beinamen „Löwenherz"; er hatte am Dritten Kreuzzug teilgenommen und im Mai des Jahres 1191 Zypern erobert. Löwenhäupter und -pranken zierten den Thron des Frankenkönigs Dagobert, und auf dem berühmten Wandteppich *Die Dame und das Einhorn*, der um 1500 entstand und heute im Musée de Cluny in Paris zu sehen ist, sitzen ein Löwe und ein Einhorn neben dem Thron der Dame.

Im Empirestil, der unter Napoleon I. entstand und von den Formen der Antike inspiriert war, wurden die Armlehnen oder Beine von Sesseln gerne mit Löwentatzen aus vergoldeter Bronze verziert. Ein Symbol wilder Schönheit ist der Löwe auch in Darstellungen von Künstlern wie Dürer, Rembrandt, Doré, Delacroix oder Fragonard, die die Kraft und Geschmeidigkeit der Großkatze wiedergegeben haben.

Der Löwe: ein Menschenfresser?

Löwen stehen von alters her im Ruf, auch Menschen anzufallen. Doch wird dieser Vorwurf nicht hauptsächlich deshalb erhoben, damit man die Großkatze weiterhin ungestraft töten kann – allen Schutzmaßnahmen zum Trotz?

Dieser Verdacht mag nicht ganz unberechtigt sein; anderseits ist es tatsächlich schon des öfteren vorgekommen, daß Menschen von Löwen angegriffen wurden. Weil die Katzen sich unbemerkt anschleichen und die Menschen nicht schnell genug flüchten können, sind diese für die Raubtiere eine leichte Beute.

Solche Angriffe ereignen sich hauptsächlich dann, wenn der Löwe seine Angst vor dem Menschen überwunden hat – sei es, daß er an seine Gegenwart gewöhnt ist, daß er alt oder verletzt ist und keine andere Möglichkeit mehr hat, sich zu ernähren, oder sei es, daß die Zahl der Beutetiere, die er jagen kann, zu gering ist.

Immerhin sind auch schon völlig gesunde Löwen zu „Menschenfressern" geworden. 1898 töteten zwei Löwen in Tsavo, Kenia, innerhalb von 9 Monaten 38 Personen. Es handelte sich um Arbeiter, die mit dem Bau einer Eisenbahnlinie beschäftigt waren. Andere tragische Zwischenfälle, bei denen unvorsichtige Touristen in Nationalparks zerfleischt werden, ereignen sich immer wieder auf Safaris.

Wenn Löwen einmal die Scheu vor Menschen verloren und ihr Fleisch gefressen haben, so scheinen sie diese in Zukunft als Beutetiere zu betrachten. Südafrikanische Löwen beispielsweise kamen während des Burenkriegs zwischen Engländern

Herrscherwürde, Melancholie oder einfach nur grenzenlose Langeweile? Der rätselhafte Gesichtsausdruck des Löwen hat schon im Altertum die Phantasie der Menschen beflügelt.

George Adamson in Kenia, kurz vor seiner Ermordung durch Wilderer im Jahr 1989. Ein anerkannter Experte der Tierwelt Afrikas, hatte Adamson wie kaum ein zweiter sein Leben dem Schutz der Löwen gewidmet.

und Holländern auf den Geschmack, als sie sich, im Verein mit anderen Aasfressern, von den vielen Leichen ernährten, die nicht begraben werden konnten. Nach Beendigung der Kämpfe drangen die Raubtiere dann in Dörfer ein und töteten Hirten, Frauen und Kinder.

Nicht immer müssen Angriffe von Löwen auf Menschen tödlich enden. So gibt es den Fall eines Afrikaners, der sich, als er von einem Löwen angefallen wurde, gewehrt haben soll, indem er ihn kräftig in die Schnauze biß. Die Großkatze soll von ihm abgelassen und Reißaus genommen haben. Der britische Forschungsreisende und Missionar David Livingstone (1813–1873), der u. a. die Victoriafälle entdeckte, wurde ebenfalls von einem Löwen angefallen und weggeschleppt. Sein Boy rettete ihn, indem er sofort in ein ohrenbetäubendes Gebrüll ausbrach, das den Löwen in die Flucht schlug. Der Wissenschaftler, der unverletzt blieb, erzählte später, daß er, obwohl bei vollem Bewußtsein, weder Angst noch Schmerzen empfunden habe.

Im Verhältnis zur Gesamtzahl der Löwen bilden die „Menschenfresser" also eine winzige Minderheit; außerdem treten sie nur dort auf, wo wenig Beutetiere zur Verfügung stehen.

Berühmte Freundschaften zwischen Menschen und Löwen

In den 60er Jahren spielte sich in Ostafrika die Geschichte der berühmten Freundschaft zwischen der Löwin Elsa und dem Ehepaar Adamson ab, das die Löwin „adoptiert" hatte. Nachdem die Adamsons Elsa mit der Flasche aufgezogen und sie das Jagen gelehrt hatten, entließen sie sie in die Savanne, wo die Löwin im Lauf der Zeit zum natürlichen Raubtierdasein zurückfand. Als sie drei Junge zur Welt brachte, führte sie diese aus eigenem Antrieb zu ihren Menschenfreunden. Joy Adamson hat über die Erlebnisse mit Elsa drei Bücher geschrieben, die auch für Film und Fernsehen bearbeitet wurden: *Frei geboren, Die Löwin Elsa und ihre Jungen* und *Für immer frei.* Elsa bleibt das lebendige Beispiel für die erfolgreiche Freilassung und geglückte Wiederansiedlung eines zahmen Wildtiers in seiner natürlichen Umgebung – eine Aufgabe, der die Adamsons ihr Leben widmeten. George Adamson, weltweit bekannt als Fachmann für die afrikanische Tierwelt, wurde 1989 getötet – ein Opfer der Wilderei und des illegalen Tierhandels, denen er zusammen mit seiner Frau den Kampf angesagt hatte. Joy Adamson war bereits 9 Jahre vor ihrem Ehemann ermordet worden.

Die authentische Geschichte von Elsa macht den schönen Roman des französischen Schriftstellers Joseph Kessel, *Der Löwe,* glaubhafter. Er handelt von einem Löwen, der von einem jungen Mädchen aufgezogen wird; als erwachsenes Tier kehrt der längst in die Freiheit entlassene Löwe immer wieder zu seiner Spielgefährtin zurück, verteidigt sie gegen angriffslustige Artgenossen und gegen die Menschen. Auf diese Freundschaft eifersüchtig, versucht ein Jüngling vom Volk der Massai, diese Beziehung zu zerstören; er will den Rang eines Kriegers erlangen, indem er ebendiesem Löwen allein entgegentritt, um ihn zu töten.

Über diesen rührenden Geschichten darf man jedoch nicht vergessen, daß der Löwe vor allem ein Wildtier ist, das man auch als solches ansehen und achten sollte.

„Hatari simba"

Im Gebiet der in Ostafrika lebenden Massai hat es stets viele Löwen gegeben. Jahrtausendelang haben sich Löwen und Massai in Kenia einen gnadenlosen Kampf geliefert. Die Löwen rissen gelegentlich eine Kuh aus den Herden der Massai-Hirten und töteten manchmal Erwachsene oder Kinder. Aber wenn die Massai gegen Löwen antreten, versuchen sie nicht nur, den Feind ihrer Herden zu töten; dem Kampf kommt in erster Linie eine rituelle Bedeutung zu.

Mit etwa 15 Jahren, anläßlich ihres Eintritts in die Welt der Erwachsenen, müssen sich die Knaben der Massai einer Initiationsprüfung unterziehen. Nur mit seiner Lanze, einem Lederschild und seinem Wissen über das Tier ausgestattet,

Die Massai sind Hirten, aber auch stolze und mutige Jäger. Auf dem Bild rechts ein junger Mann, der den traditionellen Kopfschmuck aus dem Fell eines von ihm erlegten Löwen trägt.

stellt ein Jüngling seinen Kriegsmut unter Beweis, indem er einen Löwen tötet. *Hatari simba*, „Vorsicht, Löwe!“, sagt man auf Suaheli in Kenia und Tansania, wenn sich das Raubtier nähert.

Die Massai, ein Hirten- und Jägervolk, schreiben dem Löwen übernatürliche Kräfte zu. Wenn sie bestimmte Teile des Tiers verzehren oder sich damit schmücken, können sie, so glauben sie, verlorene Kräfte wiederfinden, verschiedene Krankheiten heilen und Unsterblichkeit erlangen. Simba, der Massailöwe, ist inzwischen allerdings geschützt, was die Ausübung des Rituals in der Tradition des Volkes problematisch macht. Die Massai gelten als die besten Löwenjäger der Welt. Der Film *La chasse au lion au tir à l'arc* (Die Löwenjagd mit Pfeil und Bogen), den der Regisseur und Ethnologe Jean Rouch 1966 gedreht hat, macht uns noch mit anderen Löwenjägern bekannt. Er dokumentiert die uralten Beziehungen, welche die Einwohner eines Viehzüchterdorfs im Grenzgebiet von Niger und Mali mit den Löwen unterhalten. Ihre Herden leben friedlich im Busch; die Löwen beschränken sich auf das Schlagen kranker Tiere, was als natürliche Pflegemaßnahme angesehen wird. Damit sie sich jedoch nicht über dieses stille Abkommen hinwegsetzen und über gesunde Tiere herfallen, wird alle 4 Jahre eine Strafjagd veranstaltet. Mit Pfeil und Bogen setzen die Jäger einem Löwen nach, locken ihn in eine Falle und töten ihn nach einem ganz bestimmten Ritual, damit seine Seele Frieden findet.

Der Löwe in der Literatur

Geschichten aus der Bibel und der Mythologie wie diejenigen von Samson oder Herkules zeugen davon, daß es in Palästina und Makedonien einst Löwen gab. In der Bibel wird die Großkatze insgesamt 130mal erwähnt!

Im 1. Jh. n. Chr. schrieb Plinius der Ältere, römischer Verfasser einer bis ins 18. Jh. als Wissensquelle dienenden *Naturkunde,* daß Löwen „grausam“ seien, allerdings „empfänglich für Gebete und die Schwäche der Frauen“. Die *Naturgeschichte der Tiere* des griechischen Philosophen Aristoteles hingegen enthält zahlreiche, sehr fundierte Ausführungen über Löwen; Aristoteles schreibt etwa, daß „Löwen sich nur dann Städten nähern und Menschen angreifen, wenn sie alt sind und aufgrund ihres Alters und ihrer schlechten Zähne nicht mehr jagen können“. Diese Ausführungen beweisen, daß es in Europa noch im Jahr 322 v. Chr. Löwen gab.

Der griechische Historiograph Herodot, der im 5. Jh. v. Chr. lebte, wies auf die Verbreitung der Raubkatze in Thrakien hin. Als die persischen Heere des Königs Xerxes 480 v. Chr. durch Thrakien zogen, wurden mehrere Lastkamele von Löwen gerissen. Auch in etwa 30 Fabeln des Griechen Äsop spielt der Löwe eine Rolle. In *Der Löwe und die Maus* z. B. erinnert letztere den Löwen daran, daß „man stets jemanden nötig hat, der kleiner ist als man selbst“. La Fontaine, der Äsops Fabeln nachdichtete, stattete die Tiere mit den guten und schlechten Eigenschaften der Menschen aus, die ihnen ähneln. In *Der Löwe und die Mücke* oder im *Begräbnis der Löwin* erteilt dieser große Moralist seine Lektionen in Klugheit und gesundem Menschenverstand mit Charme und poetischer Phantasie.

Begleiter von Göttern, Königen und Heiligen, göttliches Symbol, Vorbild an Tugendhaftigkeit oder einfaches Schmuckmotiv, gefürchtet oder verehrt – der Löwe steht für vieles. Für die in seinem Sternzeichen Geborenen und diejenigen, die an Astrologie glauben, ist er heute noch ein aussagekräftiges Symbol; von Menschen mit diesem Sternzeichen sagt man beispielsweise, sie seien stolz, dominant und gerechtigkeitsliebend. Auch gebräuchliche Redewendungen lassen die Bildhaftigkeit, die dem Löwen eigen ist, fortbestehen. So sichert sich jemand „den Löwenanteil“, kämpft eine Mutter „wie eine Löwin“ oder spricht man vom „Salonlöwen“. Die Mitglieder des Lions Clubs verfolgen ehrenwerte Ziele, und in Venedig erringt jedes Jahr der beste Streifen bei den Filmfestspielen den goldenen Löwen, das Hoheitszeichen der Stadt und ihres Schutzpatrons Markus

Löwendompteure

Dompteure, die eine vertrauensvolle Beziehung zu ihren Löwen unterhalten, sind stets auf der Hut vor den Katzen, selbst wenn sie 6–8 Monate alte Junglöwen dressieren, die in Gefangenschaft geboren wurden. Um einen Angriff zu vermeiden, wahrt der Dompteur Abstand und bleibt außerhalb der kritischen Distanz, die je nach Tier und Situation variiert. Wenn der Dompteur zu Beginn der Dressur diese Grenze überschreitet, weichen Junglöwen zurück; so bringt er die Tiere dazu, auf einen Hocker oder durch einen brennenden Reifen zu springen. Als Hilfsmittel verwendet er einen Stock, an dem ein Stück Fleisch befestigt ist, das als Köder dient. Durch Wiederholung entsteht eine bedingte Reflexhandlung, die von den Katzen nach einiger Zeit auf Kommando ausgeführt wird. Gewalt wendet man heute nicht mehr an. Länger als die Dressur dauert die Gewöhnung an das Publikum, den Zirkuslärm und das Scheinwerferlicht; manchmal dauert sie bis zu 2 Jahre. Selbst ein neues Kostüm des Dompteurs oder eine kleine Veränderung in der Zirkuskuppel kann den Löwen wieder ängstlich und mißtrauisch werden lassen und seine kritische Distanz vergrößern.

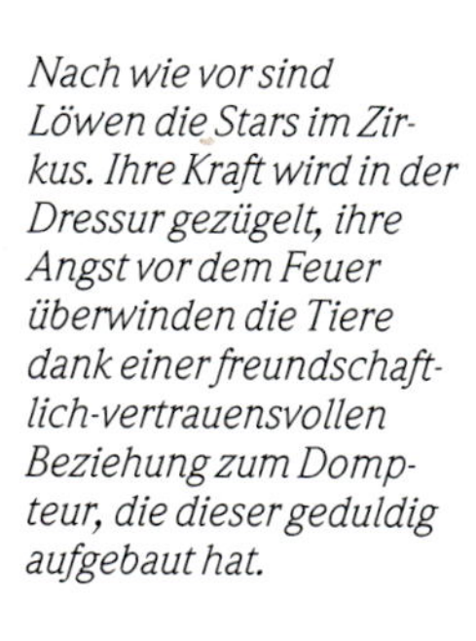

Nach wie vor sind Löwen die Stars im Zirkus. Ihre Kraft wird in der Dressur gezügelt, ihre Angst vor dem Feuer überwinden die Tiere dank einer freundschaftlich-vertrauensvollen Beziehung zum Dompteur, die dieser geduldig aufgebaut hat.

NASHÖRNER

Kampf oder Ritual? Zwei Nashörner kreuzen die Hörner wie zwei Fechtmeister die Klingen, um die Kraft und die Reaktionsschnelligkeit des Gegners zu testen. Die beiden gehören zu den letzten Überlebenden einer bedeutenden Familie, denen von skrupellosen Wilderern unerbittlich nachgestellt wird und die endgültig aus den weiten Räumen Afrikas zu verschwinden drohen.

Fünf Arten von Nashörnern leben heute in Afrika und Asien – allerdings nur noch in einigen tausend Exemplaren. Sie sind nicht etwa die letzten Vertreter einer Art, die an das Klima, die Vegetation oder an das ungewisse Leben in der Wildnis nur noch unzureichend angepaßt wären; diese Nachkommen einer in der Vergangenheit bedeutenden Familie fühlen sich in ihrer natürlichen Umgebung vielmehr ausgesprochen wohl. Allerdings sind die Nashörner nicht in der Lage, sich gegen den Menschen und seine immer perfekteren Waffen zu wehren, und so scheint ihr baldiger Untergang besiegelt.

Im Tertiär, vor etwa 40 Mio. Jahren, war die Familie der *Rhinocerotidae* in einer erstaunlichen Formenvielfalt vertreten. Einige sahen aus wie Pferde und gingen auf dreizehigen Füßen. Andere, die lange, zylinderförmige Säulenbeine besaßen, ähnelten Nilpferden; wahrscheinlich lebten diese Tiere amphibisch. In der Mongolei war die giraffenähnliche Gattung *Indricotherium* verbreitet, die größten Landsäugetiere, die jemals auf der Erde lebten. Sie hatten eine Schulterhöhe von 5–6 m und konnten dank ihres langen Halses Blätter in 8 m Höhe erreichen. Die Tiere müssen etwa 30 t gewogen haben (zum Vergleich: der heutige Elefant wiegt höchstens 7,5 t). Vor ungefähr 10 Mio. Jahren starb die Gattung aus.

Abgesehen vom Sumatranashorn, gehen die heutigen Nashornarten auf den Anfang des Quartärs zurück (vor 2 Mio. Jahren). Das Sumatranashorn hingegen läßt sich bis in die Tertiärzeit zurückverfolgen; es erinnert an die ausgestorbenen Wollnashörner der Steppen im eiszeitlichen Europa und Asien, die man oft in Wandmalereien vorgeschichtlicher Höhlen abgebildet findet.

Die heute noch lebenden Nashörner gehören einer Familie an, die sich aus insgesamt drei asiatischen und zwei afrikanischen Arten zusammensetzt, welche unabhängig voneinander auf ihrem jeweiligen Kontinent eine eigene Entwicklung durchgemacht haben.

Obwohl das Spitzmaulnashorn noch in den 80er Jahren die am weitesten verbreitete der fünf Arten war, ist sein Überleben infolge der rücksichtslosen Nashornjagd mittlerweile aufs äußerste gefährdet. Glücklicherweise scheinen umfangreiche Schutzmaßnahmen in Afrika ganz allmählich wieder zum Erfolg zu führen: In einigen streng bewachten Reservaten beginnt die Zahl der Tiere langsam anzusteigen.

Die eindrucksvolle Erscheinung des Nashorns wurde schon auf den Wänden in prähistorischer Zeit bewohnter Höhlen dargestellt. Ein Bild, das für immer zu verschwinden droht, wenn der Ausrottung der Art nicht bald Einhalt geboten wird. Vor allem in asiatischen Ländern hat man es auf das Horn dieses sagenumwobenen Tieres abgesehen, das in den afrikanischen Grassavannen ein friedliches Leben führt.

Das Spitzmaulnashorn führt ein einzelgängerisches Leben und zeigt wenig Neigung, ein Revier zu besetzen und gegen Rivalen zu verteidigen. Da jedes Tier in der weitläufigen Wildnis den nötigen Lebensraum findet, sind Auseinandersetzungen zwischen Artgenossen selten.

Um sich paaren zu können, benötigt der Bulle viel Geduld, denn er muß lange um die Gunst der Kuh werben. Wie alle Spitzmaulnashörner läßt diese niemanden so leicht in ihre Nähe und weist die ersten Annäherungsversuche oft gewaltsam zurück. Kurz nach der Paarung trennen sich die Wege der beiden wieder.

Spitzenpreise für ein Horn

Der Paarungsakt der Nashörner kann länger als eine Stunde dauern und sich mehrmals am Tag wiederholen. Vielleicht ist es dieser Vitalität zuzuschreiben, daß man ihrem Horn anregende und potenzstärkende Wirkungen nachsagt. Die vermeintlichen Eigenschaften des „Liebesmittels" trieben den Preis für das Horn in die Höhe: Ende der 80er Jahre mußte man für ein Kilogramm Hornpulver 30000 $ auf den Tisch blättern.

Das Horn enthält jedoch nichts anderes als Keratin – den Stoff, aus dem unsere Haare und Nägel bestehen. Die Einnahme von Hornpulver kann sogar lebensgefährlich sein: Wenn das betreffende Nashorn an Milzbrand erkrankt war, infiziert sich der Mensch mit der tödlichen Krankheit.

Konfliktscheue Einzelgänger

Das Spitzmaulnashorn lebt in den Übergangsgebieten zwischen Wald und Grassavanne, dort, wo dichtes, dorniges Gestrüpp wächst. In diesen ausgedehnten Landschaften begegnet es selten einem Artgenossen. Spitzmaulnashörner leben als Einzelgänger. Die Reviergröße schwankt zwischen 3 und 90 km^2, je nach Anzahl der Wasserlöcher und der Ergiebigkeit der Weideplätze.

Familienanschluß nicht ausgeschlossen

Im Ngorongoro-Reservat in Tansania, Ostafrika, haben Forscher beobachtet, daß Spitzmaulnashörner trotz ihrer einzelgängerischen Lebensweise manchmal Gruppen oder Großfamilien bilden. Mehrere Dutzend Tiere – Bullen und Kühe – können sich zusammenschließen und eine Wasserstelle teilen. Die Mitglieder einer solchen Gruppe kennen und respektieren einander, solange die Lebensbedingungen stabil sind. Ist die Bestandsdichte jedoch zu hoch oder erfordert der Mangel an Nahrung eine Neuaufteilung des Gebiets, kann es zu ernsten Auseinandersetzungen kommen.

Im Durchschnitt umfaßt das Revier einer Gruppe 80 km^2, was einem Kreis mit einem Radius von rund 5 km entspricht; den Mittelpunkt bildet die Wasserstelle. Dieses Gebiet wird von jedem Mitglied der Familie markiert. Die Tiere laden ihren Kot auf einen gemeinsamen Haufen ab und verteilen ihn dann mit den Hinterfüßen. So nehmen ihre Sohlen den Geruch aller Gruppenmitglieder an, und wenn sie ihren Weg fortsetzen, hinterlassen sie auf dem Boden und an der Vegetation ihre Duftspur. In Versuchen hat man herausgefunden, daß ein Nashorn dann einer Spur nachfolgt, wenn sie vom eigenen Dung oder von dem eines vertrauten Artgenossen stammt; Spuren von gebietsfremden Nashörnern werden nicht beachtet. Geruchliche Markierung ist für die Tiere, die sehr gut riechen können, von großer Bedeutung.

Untereinander verhalten sich die Mitglieder der Großfamilie friedlich; sie werden jedoch aggressiv, wenn ein fremder Nashornbulle ihr Aufenthaltsgebiet durchquert. Weiblichen Tieren gegenüber sind sie nachsichtiger. Am angriffslustigsten sind offenbar Muttertiere, die Junge führen; sie verjagen alle anderen Nashörner, die sich ihnen nähern.

Ein lautstarkes Liebesspiel

Selbst wenn sie brünstig ist, läßt sich eine Nashornkuh nicht ohne weiteres erobern. Im allgemeinen weist sie die ersten Versuche des Bullen zurück; sie stößt ihn in die Seite, manchmal so heftig, daß er regelrecht „rülpsen“ muß. Wenn sich das Paar nach einigen Schwierigkeiten gefunden hat, bleibt es meist nur wenige Tage zusammen. In dieser Zeit ziehen die Tiere gemeinsam umher und nehmen zusammen ihre Nahrung ein; manchmal ruhen sie sich sogar Seite an Seite aus.

Das Liebesspiel selbst ist alles andere als romantisch: Es besteht im wesentlichen aus Grunzlauten, Schnaufen, Stößen mit Kopf und Hörnern, Koten, Verteilen der Exkremente auf dem Boden sowie Harnspritzen. Dieses Vorspiel kann sich über Stunden hinziehen, bevor es zum eigentlichen Paarungsakt kommt.

Zwischen Nashornbullen gibt es während der 2–8 Wochen, in denen die Weibchen brünstig sind, nur selten Auseinandersetzungen. Jeder Bulle scheint seinen Rang zu kennen, und die jüngeren und schwächeren überlassen das Feld ohne weiteres den ranghöheren.

Diese kleinen Vögel, Madenhacker mit Namen, sind die einzigen treuen Weggenossen des Nashorns und begleiten es sein Leben lang. Sie picken ihm lästige Parasiten aus der Haut und bewachen es, wenn es döst.

Rituelles Kräftemessen: beliebt zum Auftakt der Paarung

Mit seinem Horn, einer furchteinflößenden Waffe, kann das Nashorn einem Gegner im Kampf schwere Verletzungen zufügen, doch in erster Linie ist es ein Imponiermittel für Rangordnungskämpfe. Vor dem Kräftemessen stoßen die Tiere manchmal Grunzlaute aus, die den Gegner einschüchtern sollen. Danach bringen sie sich gegenseitig Hornstöße in die Seite bei. Diese Auseinandersetzungen sehen wegen der ungeschlachten Erscheinung der Tiere meist dramatischer aus, als sie in Wirklichkeit sind. Spitzmaulnashörner gehen sehr selten auf andere Angehörige ihrer Gruppe los. Wie bei vielen Tieren kommt es nur dann zu Konflikten, wenn es darum geht, das Revier neu einzuteilen. Interessanterweise finden die am häufigsten beobachteten Gefechte zwischen Bullen und Kühen statt. Man vermutet, daß es sich dabei um eine etwas gröbere Variante des Liebesspiels vor der Begattung handelt.

Ab und zu arten die Begegnungen jedoch zu gewaltsamen Kämpfen aus. Im Tsavo-Nationalpark in Kenia beispielsweise herrschte in den Jahren 1960–61 große Trockenheit, und die Nahrung wurde knapp. Es kam zu blutigen Auseinandersetzungen mit zum Teil tödlichem Ausgang. Bei ernsthaften Kämpfen werden die Hörner zu gefährlichen Waffen. In solchen Fällen führen die Tiere die Stöße mit dem Horn von unten nach oben, in der klaren Absicht, den Gegner zu verletzen. Gewöhnlich wenig angriffslustig gegenüber seinen Artgenossen, kann das Spitzmaulnashorn einem fremden Tier oder dem Menschen äußerst gefährlich werden. Hin und wieder greift es plötzlich und ohne provoziert worden zu sein mit nach vorn gesenktem Horn an; manchmal geht es gar auf Fahrzeuge oder friedfertige Elefanten los. Verhängnisvoll hat sich auf die kurzsichtigen Spitzmaulnashörner ihre Gewohnheit ausgewirkt, eine Gestalt, die sie nicht klar erkennen können, schnaubend anzugreifen, um dann im letzten Moment abzudrehen. Kaum jemand wird abwarten, ob es sich um einen wirklichen Angriff oder um einen Erkundungsvorstoß handelt; wer seine Haut retten will, schießt vorher!

Ein dornenreicher Speisezettel – rein vegetarisch

Das Spitzmaulnashorn besitzt eine ganz besondere Fähigkeit: Dank seiner spitz zulaufenden Oberlippe, die ihm als Greifwerkzeug dient (siehe Kasten), ist es in der Lage, Blätter und Zweige von dornigen Büschen zu pflücken. Es kann sich deshalb selbst an dichtem Akaziengestrüpp gütlich tun, das alle anderen Tiere meiden. Tatsächlich schützt seine dicke Haut das Nashorn vor den Dornen.

Um Zweige abbrechen oder höhergelegene Äste erreichen zu können, bedient es sich auch seiner beiden Hörner. In Natal, Südafrika, wurde sogar beobachtet, wie ein Nashorn mit Hilfe seiner Hörner einen Baum zu Fall brachte. Es klemmte den Stamm zwischen die Hörner und übte, indem es den Kopf abdrehte, so lange Druck auf diesen aus, bis der Baum brach und schließlich umfiel; jetzt konnte das Nashorn beginnen, die Spitzen der jungen Zweige abzuweiden.

Das Spitzmaulnashorn ist ein reiner Vegetarier; es frißt etwa 200 verschiedene Pflanzenarten, die sich auf ungefähr 50 Familien verteilen. Die Kandelabereuphorbie (eine Wolfsmilchart) mit bitterem und klebrigem Saft scheint es besonders zu schätzen, ebenso wie *Sansevieria*-Arten und Aloe; manchmal tut es sich auch an Wassermelonen gütlich. Am liebsten aber verzehrt es Akazien.

Im Wald von Lerai in Tansania hat man im Jahr 1960 Untersuchungen über die Ernährungsweise der Spitzmaulnashörner durchgeführt. Dieser Wald liegt im Ngorongorokrater und ist besonders reich an der feuchtigkeitsliebenden *Acacia xanthophloea*. Hier lebten damals bis zu 23 Nashörner auf einem Raum von nur 2,6 km^2, 17 davon waren offenbar fest ansässig. Leider ist eine solche Bestandsdichte heute nicht mehr anzutreffen.

Im Ngorongorokrater konnte eine weitere Besonderheit ihrer Ernährung beobachtet werden: Nashörner fressen den Dung des Gnus, möglicherweise zur Anreicherung ihrer rein pflanzlichen Nahrung mit Spurenelementen und Mineralien. Denkbar ist aber auch, daß sie den Kot, in dem noch einige Nährstoffe enthalten sind, welche die Einzeller im Pansen der Wiederkäuer aufgeschlossen haben, in Notzeiten als Nahrungsersatz aufnehmen.

Wasserstellen sind lebensnotwendig

Nashörner schwitzen viel, und dornige Sträucher enthalten wenig Wasser. Um den Flüssigkeitsverlust auszugleichen, müssen die Tiere täglich Wasser trinken, manchmal auch mehrmals am Tag.

In Halbwüsten, z. B. in Namibia, passen sich die Tiere der Umgebung an und können bis zu drei Tage ohne Wasser auskommen. Wenn sie aber eine Wasserstelle gefunden haben, entfernen sie sich kaum mehr von ihr und schränken ihren Aktionsradius beträchtlich ein. In der Regenzeit hingegen, während der es zahlreiche Wasserstellen gibt und das Nahrungsangebot an wasserspeichernden Pflanzen außerdem viel größer ist, durchstreifen die Tiere weit größere Gebiete.

Ohne erkennbare Mühe bewegt sich das Nashorn selbst durch dichtestes Dorngestrüpp; in dieser scheinbar unwirtlichen Umgebung fühlt es sich wohl. Es bahnt sich Pfade durch das Dickicht, die auch jenen Tieren zugute kommen, die solche Geländestreifen sonst nicht durchqueren könnten.

In der Trockenzeit schränkt das Nashorn seinen Aktionsradius auf wenige Kilometer um ganzjährige Wasserstellen ein, die es mit den anderen Angehörigen seiner Gruppe teilt.

Die Greiflippe

Die spitz zulaufende Oberlippe ist dick, aber sehr beweglich; sie ermöglicht es dem Nashorn, mit der gleichen Geschicklichkeit dornige Akazienzweige zu pflücken wie auch am Boden wachsenden Wildklee abzuweiden. Dank dieses bemerkenswerten Werkzeugs ist die verschlungene, dichte Vegetation für das Nashorn kein Hindernis. Ohne sich zu verletzen, kann es große Mengen ledriger Blätter und dorniger Zweige verschlingen, die es zwischen zwei Reihen mächtiger Backenzähne, die wie Mühlsteine arbeiten, zermalmt. Das Spitzmaulnashorn gehört zu den wenigen Tierarten, die in der Lage sind, von dieser stacheligen Vegetation zu leben.

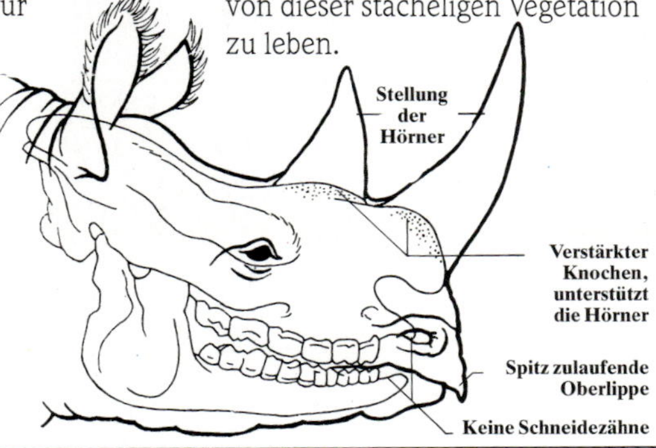

Unzertrennlich: Mutter Nashorn und ihr Junges

Mehr als ein Jahr nach seiner Zeugung, nach etwa 460 Tagen, kommt das Nashornkalb zur Welt. Bei seiner Geburt hat es noch keine Hörner. In der freien Natur bringen Nashörner das ganze Jahr über Junge zur Welt. Da es in der Regenzeit jedoch besonders häufig zu Paarungen kommt, werden die meisten Nashornjungen im darauffolgenden Jahr zwischen der Regenzeit und der Mitte der Trockenperiode geboren. In der Gefangenschaft verläuft die Geburt normalerweise komplikationslos und scheint verhältnismäßig einfach zu sein; Beobachtungen aus der freien Natur fehlen.

Bei seiner Geburt wiegt ein Nashornjunges nur 40 kg, also ungefähr 4% vom Gewicht seiner Mutter. Schon nach wenigen Minuten kann es auf seinen Beinen stehen, und binnen kurzer Zeit vermag es sich allein fortzubewegen.

Die Mutter verbirgt sich einige Tage mit dem Jungen im Gebüsch, bevor sie mit ihm fortzieht. In den ersten Lebenswochen ihres Jungen ist sie äußerst wachsam und reagiert auf das kleinste Geräusch in ihrer Umgebung, da sich das Jungtier im Gegensatz zu einem erwachsenen, gesunden Nashorn gegen mögliche Feinde wie Löwen oder Hyänen noch nicht zur Wehr setzen kann.

Man hat des öfteren beobachtet, wie Tüpfelhyänen eine Nashornkuh so lange provozierten, bis diese sich weit genug von ihrem Jungen entfernt hatte. Außer Reichweite der gefährlichen Hornstöße der Mutter, stürzten sich die Raubtiere dann auf das wehrlose Opfer.

Um nicht in die Falle zu gehen, ist die Kuh stets bemüht, sich zwischen dem Kalb und den Feinden aufzuhalten. Später lernt das Junge, dicht gegen die Mutter zurückzuweichen; so kann diese das Kalb von allen Seiten am besten schützen. Dieses Verhalten hat man auch bei erwachsenen Tieren beobachtet, wenn eine schwer zu ortende Gefahr droht.

Eine wachsame Mutter

Wenn sich eine Kuh mit ihrem Jungen in dichtes, dorniges Gestrüpp begibt, bleibt dieses immer nah bei der Mutter. Die Mutter wacht die ganze Zeit über das Junge, und beim geringsten Anzeichen von Gefahr sucht sie sofort seine Nähe.

Das kleine Nashorn ist beweglicher, als man vielleicht annimmt. Es spielt mit Pflanzen, verfolgt imaginäre Feinde und teilt ihnen Hiebe aus. Als die Nashörner noch in größerer Zahl die weiten Ebenen bevölkerten, konnten die Jungen mehrerer Kühe miteinander spielen. Leider ist dieses Schauspiel aus der afrikanischen Savanne fast verschwunden.

Das Kalb trinkt bei der Mutter, bis es etwa zweijährig ist. In diesem Alter ist es schon so groß, daß es sich hinlegen muß, um die beiden Zitzen zu erreichen, die zwischen den Hinterbeinen der Kuh liegen. Die Hörner beginnen erst nach der Entwöhnung zu wachsen.

In den ersten beiden Lebensjahren liegt die natürliche Sterblichkeitsrate junger Spitzmaulnashörner bei etwa 16% der Geburten pro Jahr. Sie sterben bei Unfällen, an Krankheiten und Mangelernährung oder fallen einem Raubtier zum Opfer. Zwischen 5 und 25 Jahren sinkt diese Rate auf 9%. In den 60er Jahren warfen im Ngorongoro-Reservat in Tansania jährlich etwa 28% aller weiblichen Tiere ein Junges, wodurch der Fortbestand der Art trotz vieler Verluste durch Raubtiere und Krankheiten gesichert war.

Das Nashornkalb verläßt die Mutter, sobald diese das nächste Junge zur Welt bringt. Meistens schließt es sich dann anderen Jungtieren an, um mit ihnen eine kurzfristige Gemeinschaft zu bilden. Eine Kuh erreicht die Geschlechtsreife mit etwa 4, ein Bulle mit 6–7 Jahren. Dennoch dauert es in der freien Natur 5–7 Jahre, bis eine Kuh ein Junges zur Welt bringt. Bullen können gar erst mit 10 Jahren ein weibliches Tier begatten, da sie zuvor erst den entsprechenden sozialen Rang erreicht haben müssen.

Alle Nashörner lieben Schlammbäder. In Hitzeperioden sind sie einfach herrlich erfrischend! Doch diese Bäder erfüllen noch einen anderen Zweck: Die Schlammschicht, die dann den ganzen Körper bedeckt, bietet Schutz vor Insektenstichen und Zecken. Muttertiere, die ihr Junges stillen, verzichten auf Schlammbäder, vermutlich aus hygienischen Gründen. Das Junge jedoch genießt das nasse Vergnügen in vollen Zügen und nutzt jedes Wasserloch und jeden Tümpel aus, die am Weg liegen.

In den ersten beiden Jahren seines Lebens bleibt das Nashornjunge immer dicht bei seiner Mutter. Im Schutz ihres massigen Körpers und ihrer furchteinflößenden Hörner ist es vor Feinden sicher; solange ihm noch keine Hörner gewachsen sind, kann es sich gegen Raubtiere nicht zur Wehr setzen. Unter mütterlicher Führung lernt das Junge Futterpflanzen, Weideplätze, Wasserstellen, Suhlen und Wechsel kennen.

► *Das Nashorn kann ruhig schlafen, die Madenhacker halten Wache.*

Spitzmaulnashorn

Diceros bicornis

Trotz seiner stattlichen Erscheinung ist ein Nashorn recht schnell und kann beispielsweise bei Angriffen gegen Eindringlinge Geschwindigkeiten von etwa 50 km/h erreichen. Da es jedoch in einer Entfernung von über 30 m nichts mehr klar erkennt und sich nur mit dem Geruchssinn orientiert, ist ein Sprung zur Seite das sicherste Mittel, ihm im letzten Moment zu entkommen.

Das Spitzmaulnashorn ist ein reiner Vegetarier und verspeist pro Tag eine enorme Menge Trockenpflanzen, nämlich 2% seines Gewichts. Mit seiner greiffähigen Oberlippe kann es ohne Mühe Blätter und holzige Zweige pflücken. Es zermalmt sie mit den Kauflächen seiner riesigen Backenzähne, die es gegeneinander reibt. Selbst Dornen von 10 cm Länge kann es zerkleinern und schlucken. Die bakterielle Zersetzung im Darm beschleunigt die Verdauung der Pflanzenfasern, doch das Nashorn ist wie das Pferd kein Wiederkäuer.

Wie zahlreiche andere Bewohner der Savanne nimmt das Nashorn zu seiner Erfrischung Schlammbäder, die ihm jedoch auch zum Schutz gegen Parasiten dienen. Unter seiner Oberhaut befindet sich zwar eine sehr dicke Schicht, der sogar die spitzesten Stacheln nichts anhaben können, die Oberhaut selbst jedoch ist empfindlich und zieht stechende und blutsaugende Insekten in Mengen an. Die Schlammschicht schützt das Nashorn nicht nur vor Stichen, sondern erstickt beim Eintrocknen auch Zecken. Den Rest der lästigen Parasiten streift das Nashorn ab, wenn es Dorngestrüpp durchquert.

Weil sich das Nashorn gerne in der Asche von Lagerfeuern wälzt, sagt man ihm nach, es werde vom Feuer angezogen. Tatsächlich hat man Nashörner beobachtet, die mit den Hörnern glimmende Asche auseinanderwirbelten. Biologen konnten gar Tiere an den Brandflecken wiedererkennen, die diese sich beim Wälzen in heißer Asche zugezogen hatten.

Das Nashorn ist das einzige Tier, das ohne erkennbare Schwierigkeiten dichtes Gestrüpp voller Stacheln und Dornen zu durchqueren vermag. Dennoch benützt das Spitzmaulnashorn immer wieder dieselben Wechsel, beispielsweise, wenn es täglich seine Wasserstelle aufsucht. Auf diese Weise entstehen im dichtesten Dorngestrüpp tief ausgetretene Pfade, die auch anderen Tieren zugute kommen, die das unwirtliche Vegetationsdickicht sonst meiden würden.

Obwohl sich manchmal mehrere männliche Tiere um ein brünstiges Weibchen scharen, ist das Spitzmaulnashorn doch ein Einzelgänger. Die Beziehung zwischen der Nashornkuh und ihrem Kalb ist die einzige enge Verbindung von längerer Dauer, die man bei den Nashörnern beobachtet hat.

	SPITZMAULNASHORN
Art:	*Diceros bicornis*
Familie:	Nashörner
Ordnung:	Unpaarhufer
Klasse:	Säugetiere
Merkmale:	Der Gestalt nach das „schlankste" der fünf noch lebenden Nashornarten. Zwei Hörner auf der Nase, drei Zehen an jedem Fuß. Oberlippe spitz zulaufend und greiffähig, überragt die Unterlippe
Maße:	Kopf-Rumpf-Länge 3–3,75 m, Schwanzlänge 70 cm; Schulterhöhe 1,40–1,50 m (Männchen und Weibchen); vorderes Horn durchschnittlich 55 cm lang (Rekord: 1,40 m Länge in Kenia)
Gewicht:	1–1,8 t (Kühe und Bullen etwa gleich schwer)
Verbreitung:	Afrika, südlich der Sahara und außerhalb der Regenwaldgebiete. Neuerdings alarmierender Bestandsrückgang
Lebensraum:	Baumsavanne zwischen Wald- und Grassavanne
Nahrung:	Reiner Pflanzenfresser; Zweige von Sträuchern (darunter insbesondere die Akazie)
Sozialstruktur:	Einzelgänger, selten Ansammlungen von Kühen und Jungtieren; kein ausgeprägtes Territorialverhalten
Geschlechtsreife:	Mit etwa 5 Jahren
Fortpflanzung:	Zu jeder Jahreszeit möglich; häufig Paarungen zu Beginn der Regenzeit
Tragzeit:	Etwa 460 Tage
Zahl der Jungen pro Geburt:	1; Zwillingsgeburten bisher nicht beobachtet
Geburtsgewicht:	Durchschnittlich 40 kg
Lebensdauer:	40–50 Jahre
Bestand:	Nur noch einige hundert. In weniger als 10 Jahren katastrophale Verminderung des Bestandes
Bedrohung und Schutz:	Als äußerst gefährdet eingestuft (Anhang I des Washingtoner Artenschutz-Übereinkommens): Handel verboten. Wird wegen seines Horns bis zur Ausrottung gejagt. Verkauf des Horns im Jemen und in Südostasien

Augen
Klein, zwischen Hautfalten versteckt; ihre seitliche Lage behindert eine gute Sicht nach vorne.

Ohren
Tütenförmig und sehr beweglich, gewährleisten ein gutes Gehör.

Hörner
Das vordere Horn ist rund 10 cm länger als das hintere.

Füße
Mit drei Zehen versehen, hinterlassen einen kleeblattförmigen Abdruck.

Eine Nashornkuh wirft pro Geburt nur ein einziges Junges. Die Zeitspanne zwischen zwei Geburten liegt bei 2–4 Jahren. Das Junge ernährt sich von Muttermilch, die allerdings nur halb so kalorienreich wie Kuhmilch ist und damit zu den energieärmsten im Reich der Säugetiere gehört.

Bei seiner Geburt hat das Junge noch keine Hörner. Diese wachsen erst 2–3 Jahre später, lange bevor das Tier sie im Kampf mit Artgenossen einsetzt. Erwachsene Nashörner haben kaum natürliche Feinde, solange sie gesund sind. Für kranke und ungeschützte junge Tiere können Löwen und Hyänen zur Gefahr werden.

Ihr Revier markieren Nashörner mit Exkrementen und Urin. Sie legen ihren Dung an „Sammelstellen“ ab, welche von mehreren Tieren einer Gruppe benutzt werden. Anschließend zerstoßen sie den Dung mit den Hinterfüßen, wobei die Sohlen den Geruch des Kots annehmen. Sobald das Nashorn nun seinen Weg fortsetzt, gibt es diesen Duft bei jedem Schritt an Boden und Vegetation ab.

Das Geruchsorgan ist das am höchsten entwickelte Sinnesorgan des Nashorns und von einer im Tierreich selten erreichten Perfektion. Aus diesem Grund kann man sich einem Nashorn nur im Gegenwind gefahrlos nähern.

Der Gehörsinn ist ebenfalls gut ausgebildet. Die tütenförmigen Ohren des Nashorns können sich in alle Richtungen bewegen. Sie dienen dem Tier nicht nur dazu, Gefahren zu erkennen, sondern auch Laute zu vernehmen, die seine Artgenossen äußern. Ob es sich nun um Kontaktlaute zwischen der Mutter und dem Jungen oder um Schnauben oder Kreischen bei gewaltsamen Auseinandersetzungen handelt – für die Kommunikation der Tiere untereinander haben diese akustischen Ausdrucksformen zweifellos eine große Bedeutung, wenngleich sie noch kaum erforscht sind.

Der Gesichtssinn des Nashorns ist schlecht ausgeprägt. Um nach vorn schauen zu können, müssen die kurzsichtigen Tiere den Kopf wenden, da ihre Augen seitlich liegen.

Besondere Merkmale

Haut

Obwohl sehr kräftig, ist die Haut des Nashorns doch auch empfindlich. Über der Lederhaut, einer dicken Schicht, die dichtestem Dorngestrüpp standhält, liegt die Oberhaut, die zahlreiche Parasiten anzieht. Die Madenhacker, insektenfressende Vögel, helfen dem Nashorn, sich von den Blutsaugern zu befreien.

Hörner

Die beiden Hörner bestehen wie unsere Haare und Nägel durchgehend aus Keratin; sie sind massiv, enthalten keinen Knochenkern und sind nicht durch Gelenke mit dem Körper verbunden. Im Schnitt wird das vordere Horn 55 cm lang. Wenn ein Horn abbricht, wächst es in 2–3 Jahren wieder nach.

Zehen

Das Nashorn ist ein Unpaarhufer; sein Fuß besteht aus drei Zehen, und die Symmetrieachse des Fußes verläuft durch den mittleren Zeh. Die beiden äußeren Zehen sind rückgebildet; bei den Pferdeartigen ist nur der mittlere Zeh übriggeblieben.

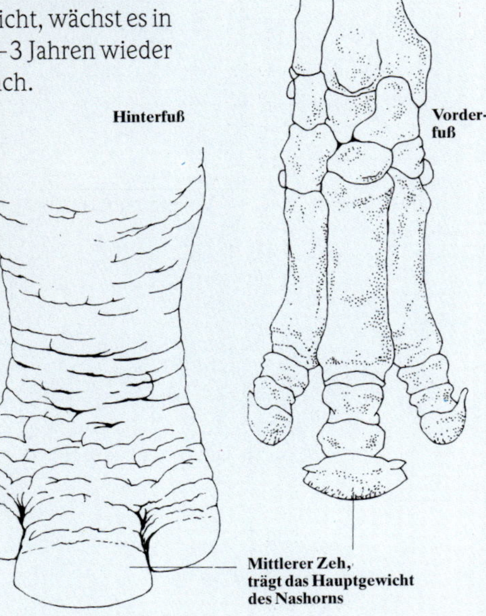

Andere Arten

Außer dem afrikanischen Spitzmaulnashorn gibt es heute noch vier weitere Arten: das Breitmaulnashorn, das ebenfalls in Afrika lebt, sowie drei asiatische Arten, deren Bestände äußerst reduziert sind. Das Sumatranashorn und die zweite afrikanische Art, das Breitmaulnashorn, besitzen zwei Hörner wie das Spitzmaulnashorn. Hingegen hat sowohl das Javanashorn als auch das Indische Panzernashorn nur ein Horn. Beim Java- und Sumatranashorn haben die Kühe sehr kleine Hörner. Beide afrikanischen Arten besitzen im Gegensatz zu den asiatischen keine Schneidezähne.

Der Gesamtbestand dieser vier Arten beträgt weniger als 8000 Tiere; wie das Spitzmaulnashorn sind auch sie vom Aussterben bedroht.

INDISCHES PANZERNASHORN

Rhinoceros unicornis

Das Indische Panzernashorn ist mit einer Schulterhöhe von 2 m ein wenig größer als das Spitzmaulnashorn; das Gewicht liegt zwischen 1,5 und 2 t.

Merkmale: Ein einziges Horn, kleiner als die Hörner der afrikanischen Verwandten. Gut zu erkennen an der Haut, die eindrucksvolle Panzerplatten bildet; diese sind durch Hautfalten deutlich voneinander abgegrenzt. Zwei hauerartige untere Schneidezähne.

Verbreitung: In Reservaten im Ganges- und Brahmaputragebiet, am Fuße des Himalaja. Der Naturpark von Kaziranga allein beherbergt mehr als die Hälfte des Weltbestandes, der sich auf etwa 2000 Tiere beläuft. Einige hundert leben in Nepal, vor allem im Chitwan-Nationalpark in der Tarai-Ebene. Um sinnlose Massaker zu verhindern und die Art zu schützen, ist die Regierung von Nepal auf die originelle und anscheinend wirksame Idee gekommen, der Bevölkerung die auf natürliche Weise gestorbenen Tiere zu überlassen.

Eine der Ursachen für den Bestandsrückgang von Panzernashörnern sind die auf den Monsun folgenden Überschwemmungen, die auf das systematische Abholzen so gut wie aller bewaldeten Himalaja-Abhänge zurückzuführen sind.

Lebensraum: Aufschüttebenen großer Flüsse, die alljährlich überflutet werden; Sumpflandschaften und Auenwälder.

Nahrung: In erster Linie Gräser, auch schilfähnliche Arten; Wasserpflanzen, Baumzweige. Doch Panzernashörner verschmähen – zum großen Schaden der Bauern – auch Reis nicht. Das Gras wird zwischen den Lippen eingeklemmt und abgerupft; die Oberlippe dient zudem als Greifwerkzeug.

Wie die Spitzmaulnashörner teilen sich auch diese Tiere ein Aufenthaltsgebiet; jedem Nashorn stehen rund 6 km^2 zur Verfügung. Unter den männlichen Tieren einer Gruppe gibt es eine Hierarchie, an deren Spitze ein dominanter Bulle steht; nur dieser vereinigt sich mit den brünstigen Weibchen. Das Paarungsritual ist auch bei dieser Nashornart geräuschvoll und lebhaft. Eine weitere Parallele zu seinem afrikanischen Verwandten besteht in dem gemeinsamen Dungplatz.

Bestand: Etwa 2000 (Schätzung).

JAVANASHORN

Rhinoceros sondaicus

Das Javanashorn ist vergleichsweise klein, es erreicht eine Schulterhöhe von höchstens 1,20 m und wiegt ca. 1,6 t.

Merkmale: Gepanzert wie das Indische Panzernashorn, kann von diesem jedoch am Verlauf der Hautfalten unterschieden werden. Es hat nur ein Horn. Das Javanashorn frißt Zweige, Früchte und Blätter von Bäumen.

Verbreitung: Asien, im Reservat auf der Halbinsel Ujung Kulon, im äußersten Westen der Insel Java. Kürzlich hat man auch in Vietnam eine Gruppe von Tieren entdeckt, die den Krieg offenbar unbeschadet überstanden hat. Früher nahm das Javanashorn auf der südostasiatischen Halbinsel dieselbe ökologische Stelle ein wie das mit ihm nahe verwandte Panzernashorn in Indien.

Lebensraum: Wälder, vom Meeresspiegel bis 2000 m Höhe.

Bestand: Etwa 50 im Reservat auf Ujung Kulon, 10–15 Tiere in Vietnam. Die Seltenheit der Javanashörner und ihr

Sumatranashorn *(Dicerorhinus sumatrensis)*

Javanashorn *(Rhinoceros sondaicus)*

Indisches Panzernashorn *(Rhinoceros unicornis)*

unzugänglicher Lebensraum erschweren die Forschung erheblich.

SUMATRANASHORN

Dicerorhinus sumatrensis

Das Sumatranashorn ist die kleinste der fünf Nashornarten: die Schulterhöhe beträgt nur 1–1,5 m, das Gewicht ca. 1 t.

Merkmale: Einzige asiatische Nashornart mit zwei Hörnern und einzige überhaupt mit – allerdings spärlicher – Behaarung. Dadurch besteht eine gewisse Ähnlichkeit mit dem Wollnashorn der Eiszeit.

Verbreitung: Verstreute Restpopulationen in Sumatra, Borneo, im kontinentalen Malaysia und in Birma.

Lebensraum: Wälder; kann verhältnismäßig steile Abhänge bis zu 2000 m Höhe erklimmen.

Bestand: 500–1000 Tiere (Schätzung).

BREITMAULNASHORN

Ceratotherium simum

Das Breitmaulnashorn ist nach dem Elefanten das zweitgrößte heute lebende Landsäugetier: Es erreicht eine Schulterhöhe von 1,5–1,85 m und wiegt 2,3–3,7 t.

Merkmale: Das vordere Horn mißt im Schnitt 65 cm (das des Spitzmaulnashorns 55 cm), aber der Rekord liegt bei 1,58 m. Im Nacken massiger Buckel, an dem die Muskeln ansetzen, die den schweren Kopf halten. Vom Spitzmaulnashorn unterscheidet es sich u. a. durch die Form des Mauls, das gerade und breit ist. Mit den Lippen greift das Breitmaulnashorn Gras und rupft es ab.

Verbreitung: Afrika, in zwei voneinander völlig unabhängigen Gebieten. Im Norden fand man das Breitmaulnashorn zwischen Tschadsee und Weißem Nil; 1980 zählte man 821 Tiere, verteilt auf fünf Länder: Tschad, Zaire, Uganda, Sudan, Zentralafrikanische Republik. Diese Zahl sank auf 17, stieg neuerdings aber wieder auf rund 20 an; die Tiere leben im Garamba-Nationalpark, in Zaire. Im Süden gab es in Natal, Südafrika, um 1920 nur ein paar Dutzend Breitmaulnashörner. Heute leben diese Tiere vor allem in den Reservaten von Umfolozi und Hluhluwe.

Lebensraum: Gras- und Baumsavanne. Da das Breitmaulnashorn Gras frißt, das sich überall in ausreichender Menge findet, ist sein Aufenthaltsgebiet nicht so weit ausgedehnt wie das des Spitzmaulnashorns. Es ist weniger Einzelgänger, zeigt dafür aber ein ausgeprägteres Territorialverhalten.

Bestand: Über 4000 Tiere, vor allem in Südafrika und Simbabwe.

Maul des Breitmaulnashorns

Breitmaulnashorn *(Ceratotherium simum)*

Nashörner in ihrem Lebensraum

Der erschreckende Bestandsrückgang der Nashörner gehört global zu den alarmierendsten Entwicklungen in der Tierwelt. Die Ausrottung ist auf die fortschreitende Zerstörung ihres natürlichen Lebensraumes und die rücksichtslose Verfolgung durch Wilderer zurückzuführen. Von wenigen Ausnahmen abgesehen – doch diesen Tieren werden kaum mehr Überlebenschancen eingeräumt –, findet man Spitzmaulnashörner nur noch in überwachten bzw. geschlossenen Reservaten. Doch selbst hier sind sie nicht sicher.

Ursprünglich muß das Spitzmaulnashorn in Afrika einen ausgedehnten Raum bewohnt haben, der sich zwischen Guinea im Westen und Somalia im Osten erstreckte und von dort nach Süden bis hinunter zum Kap der Guten Hoffnung. Ausgespart blieben nur die breiten Waldgürtel des äquatorialen Afrika.

Heute ändert sich der Bestand der verschiedenen Arten von Stunde zu Stunde. Bis dieser Text den Leser erreicht, werden wieder einige Gruppen mehr ausgerottet sein. Paradoxerweise litten gerade die zahlenmäßig stärksten Gemeinschaften am meisten. Von den 3000 Tieren in Tansania und den 500 in Kenia, die dort 1984 noch gezählt wurden, lebt so gut wie keines mehr. Anscheinend sind die wenigen Dutzend Nashörner in Kamerun und in der Zentralafrikanischen Republik für Jäger weniger attraktiv, da die Tiervölker im Osten Afrikas aufgrund ihrer größeren Bestandsdichte einen schnelleren „Profit" versprechen.

Was wir heute über die Ökologie der Tiere wissen, geht also weitgehend auf bereits abgeschlossene Studien zurück. Untersuchungen über die ökologische Bedeutung von Spitzmaulnashörnern können zur gegenwärtigen Zeit nur noch in Südafrika, Simbabwe und im Westen Namibias gemacht werden. Überall sonst ist es bereits zu spät.

Früher, als das Spitzmaulnashorn noch bis in 3000 m Höhe vorkam, lebte es in Gemeinschaft mit vielen Tierarten. Andere Pflanzenfresser etwa profitierten davon in mehrfacher Hinsicht: Sie benutzten die vom Nashorn geschaffenen Wechsel durch dichtes Gestrüpp, um in grasreiche Gegenden zu gelangen, deren Zugang ihnen sonst versperrt gewesen wäre. Außerdem hielten Nashörner das Gleichgewicht zwischen Grasflächen und bewaldeten Zonen aufrecht, indem sie regelmäßig die Baumschößlinge an Waldrändern verzehrten.

Unentbehrliche Gefährten

Nashörner werden fast immer von zwei Vogelarten begleitet: vom Kuhreiher und vom Madenhacker. Ersterer ist ein kleiner weißer Reiher *(Bubulcus ibis)*, der auf der ganzen Erde weit verbreitet ist. Er ernährt sich von grasfarbenen Heuschrekken und Grillen, die, bewegungslos im Savannengras, kaum auszumachen sind. Nähert sich ein Nashorn oder ein anderer Pflanzenfresser, werden sie aufgescheucht und sind für die Vögel leicht zu fangen. Kuhreiher begleiten das Vieh in der Camargue ebenso wie die Zebus in Madagaskar und die Nashörner in Afrika.

Madenhacker *(Buphaga africanus* und *Buphaga erythrorhynchus)* halten sich auf Nashörnern und anderen großen Huftieren auf und ernähren sich von deren Hautparasiten. Besonders häufig sind sie auf Nashörnern zu finden, denn dort scheint das Nahrungsangebot besonders reichlich zu sein. Sie sorgen außerdem für die Reinigung von Wunden, indem sie entzündetes oder totes Gewebe am Rand von Verletzungen fressen. Nashörner unterziehen sich diesen kleinen chirurgischen Eingriffen anscheinend gerne. Beide Vogelarten erfüllen noch eine zusätzliche Aufgabe: Bei Gefahr fliegen sie lärmend auf und alarmieren so ihren Gastgeber.

Eine weitere Tierart, die von der Gemeinschaft mit den Nashörnern profitiert, sind die Mistkäfer. Diese Käfer, die sich vom Kot der Grasfresser ernähren, sind die „Müllmänner" der Savanne. Sie spielen eine wichtige Rolle, indem sie den Dung verschwinden lassen und die in ihm enthaltenen Elemente wieder in den Kreislauf zurückführen. Wenn das Gras von den Kothaufen bedeckt bliebe, könnte sich die Vegetation außerdem nur zögernd erneuern. Verschiedene Käferarten haben sich auf die Verwertung von Dung spezialisiert. Nur die größten sind in der Lage, die Exkremente von Nashörnern oder Elefanten zu nutzen. Sie formen tennisballgroße Dungkugeln und bringen diese in selbstgegrabene Brutstollen ein; am Kot legen dann die Weibchen ihre Eier ab.

Das Nashorn steht also in Beziehung zu verschiedenen Tierarten der Savanne. Es unterhält das Weideland, bahnt Wege durch dorniges Gestrüpp und trägt zur Ernährung von Madenhackern, Kuhreihern und Mistkäfern bei. Sollte es aussterben, würde mit ihm ein ganzes ökologisches Beziehungsnetz unwiederbringlich verschwinden.

Früher in ganz Afrika südlich der Sahelzone vertreten, trifft man das Spitzmaulnashorn in nennenswerter Zahl heute nur noch in wenigen Staaten des Schwarzen Erdteils an. Die Verbreitung des Breitmaulnashorns ist fast völlig auf Reservate beschränkt. Das Indische Panzernashorn ist in wenige Rückzugsgebiete in Indien und Nepal zurückgedrängt worden. Das Javanashorn kommt nur noch im Reservat auf Ujung Kulon und in Vietnam natürlich vor, während isolierte Restbestände des Sumatranashorns auf Sumatra, Borneo, im kontinentalen Malaysia sowie in Birma angetroffen werden können.

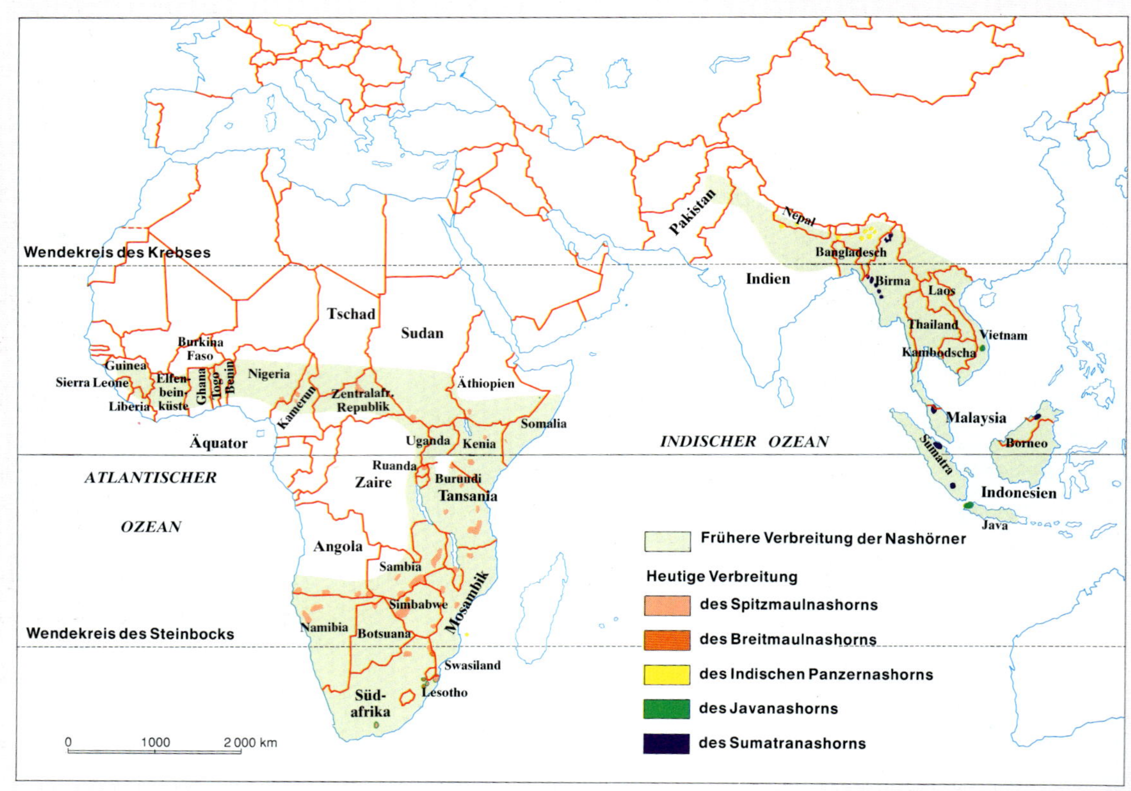

Die unerbittliche Hatz auf die Nashörner

An der Massenvernichtung der Nashörner zeigt sich unser Unvermögen und unsere Verantwortungslosigkeit im Umgang mit der Tierwelt und dem Naturraum des afrikanischen Kontinents. In manchen Ländern werden wahrscheinlich nie wieder Nashörner leben. Glücklicherweise steigt ihre Zahl zumindest in einigen Schutzgebieten leicht an. Möglicherweise begegnet man ihren Nachkommen eines Tages wieder in der Savanne Afrikas, ihrem angestammten Lebensraum – man darf darauf hoffen.

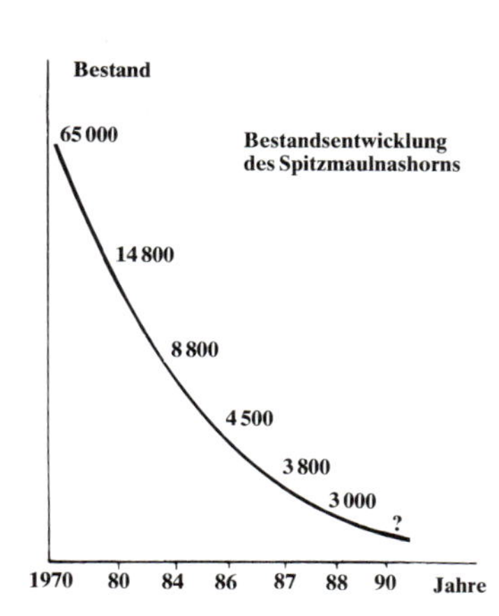

Hauptursache für die Jagd: das Horn

Es gibt, vom Elefanten abgesehen, nur wenige Beispiele für solch eine umfassende und systematische Ausrottung wie die der Nashörner. Die letzten überlebenden Tiere finden sich heute fast nur noch in bewachten und umzäunten Gebieten. Die nachfolgende Kurve verdeutlicht den dramatischen Rückgang der Spitzmaulnashornbestände in den letzten 20 Jahren.

1988 betrug die Gesamtzahl weniger als 5% des Bestandes von 1970! Es ist nur sehr schwer nachzuvollziehen, daß diese Tiere ausschließlich ihres Horns wegen getötet werden, das dann außerhalb von Afrika vermarktet wird.

Sämtliche Traditionen und Gebräuche im Zusammenhang mit dem Nashorn stammen aus Asien. Dort gelten die mächtigen Tiere als Träger magischer Kräfte. Früher, als die Schar der Interessenten geringer und die asiatischen Nashörner noch zahlreicher waren, versorgten sich Schamanen und Krankheitsheiler an Ort und Stelle mit dem begehrten Horn, etwa in der Ebene des Ganges oder in den Wäldern der Malaiischen Halbinsel. Als aber die Nashornbestände in Asien stetig zurückgingen, dehnte man die Jagd auf die Nashörner in Afrika aus, die seither stark dezimiert worden sind.

Was aber macht das Horn so begehrenswert für den Menschen? Offenbar hält sich von Indien bis China hartnäckig der Aberglaube, es besitze Schutz- und Heilkräfte. Indische Fürsten pflegten früher aus Schalen zu trinken, die aus dem Horn von Nashörnern geschnitzt waren. Der Legende nach brach dieses Gefäß entzwei, wenn ein Feind Gift hineingeschüttet hatte. Man meinte auch, eine Geburt erleichtern zu können, indem man ein Horn unter das Bett der Schwangeren legte. Einer weiteren Überlieferung zufolge sollten Schlangenbisse schneller heilen, wenn man ein Stück Horn auf die Wunde legte. In Asien werden außerdem Hufe, Haut und Knochen als Zaubermittel benutzt; mit der Einnahme von Nashornerzeugnissen möchte man sich die magische Kraft einverleiben, die dem Nashorn zugeschrieben wird. Auch dem Urin des Tieres werden Wunderkräfte nachgesagt: Ein Fläschchen über dem Hauseingang soll die Bewohner vor bösen Geistern, Erscheinungen und Krankheiten schützen. Krankheitsheiler verschaffen sich deshalb den Urin heute dort, wo er leicht zu bekommen ist, nämlich bei Tierpflegern der Zoos in Indien und Nepal. Dieser kleine Handel ist für die Beteiligten einträglich, ohne daß die Nashörner zu Schaden kommen.

All diese Bräuche boten jedoch keinen Anlaß zu Massenvernichtungen. Dies ist vorbei, seit das Horn als Aphrodisiakum verkauft wird, als Mittel also, das den Geschlechtstrieb anregen soll. Diese Eigenschaft, die es in keiner Weise besitzt, hat die Nachfrage zusätzlich angeheizt: Ende der 80er Jahre wurde das Kilo Hornpulver für rund 30 000 $ gehandelt.

Im Jemen hat sich ein Handel anderer Art entwickelt: Reich verziert, wird das Horn dort als Griff für den traditionellen Krummdolch verwendet. Wohlhabende Jemeniten wiegen ein solches Prestigeobjekt praktisch mit Gold auf und bezahlen Summen bis zu 500 000 $ pro Horn. Je seltener das Tier, desto höher der Preis. Da sich die Kundschaft von den ständig steigenden Preisen nicht abschrecken läßt, sind Wilderer in der Folge um so aktiver geworden.

Gegenwärtig scheint in Asien allerdings die Nachfrage nach Nashornprodukten zu sinken. Einerseits ist wegen der Seltenheit der Tiere der Nachschub nicht mehr gewährleistet. Anderseits sollen sich unter den Händlern Betrüger befinden, die echtes Horn mit zerstoßenem Kuhhorn vermischen, weshalb viele Kunden an der Wirksamkeit der „verfälschten" Ware zu zweifeln beginnen. Ein Gerücht, dem kräftig Nahrung verliehen werden sollte!

Ein Friedhof von Hörnern – das ist alles, was von den asiatischen und afrikanischen Nashörnern übrigbleibt. Menschlicher Aberglaube und Prestigedenken heizten die Nachfrage nach dem Horn an: Ein Zaubermittel soll es sein, wenn nicht gar ein Aphrodisiakum. Jemenitische Kunden sehen das nüchterner, ist für sie das Horn doch schlicht ein Statussymbol, allerdings eines, das sie mit Gold aufwiegen. Wird man diese Charaktertiere der Savanne wirklich retten können, indem man sie betäubt, einfängt und in Reservate transportiert, wie das Foto rechts zeigt?

Schutzmaßnahmen in Afrika

Nashörner sind in einem Ausmaß bedroht, das schnelle, wirksame, aber deshalb auch kostspielige Maßnahmen an Ort und Stelle erforderlich macht. Die im Staat Südafrika lebenden Tiere werden bereits hinreichend geschützt. Vom Breitmaulnashorn, das dort beinahe ausgestorben war, zählt man gegenwärtig bereits wieder 4000 Tiere. Dieser Bestand ist der größte von allen fünf Nashornarten.

Spitzmaulnashörner sind in Südafrika noch nicht so zahlreich, aber im Krüger-Nationalpark sowie in den Reservaten der Provinz Natal und im Addo Elephant Park in der Kapprovinz wurden ansteigende Zahlen registriert. Vielleicht wird es eines Tages möglich sein, einige dieser Tiere in anderen Schutzgebieten wieder anzusiedeln. Kürzlich hat man herausgefunden, daß sich die aus Kenia, Simbabwe und Südafrika stammenden Nashörner genetisch nahe genug stehen, um eventuell Kreuzungen zuzulassen.

In Namibia lebten im Jahr 1980 40 Tiere. Durch energische Schutzmaßnahmen ist es gelungen, ihre Zahl auf 100 zu steigern (1988). 1989 wurden jedoch 16 Tiere getötet. Um dieser ständigen Bedrohung zu entgehen, beschloß man, ihnen die Hörner abzusägen und dies bekanntzugeben, um Wilderern das Interesse an den Tieren zu nehmen. Doch Eingriffe dieser Art sind für die Wildhüter mit viel Aufwand verbunden. Überdies bergen sie Gefahren für die Tiere, weil diese die Narkose äußerst schlecht vertragen und nach dem Eingriff keine Verteidigungsmöglichkeiten mehr haben; dies trifft Muttertiere mit einem Jungen im Gefolge besonders hart. Da ein Horn in 2–3 Jahren nachwächst, müßte die Prozedur auch regelmäßig wiederholt werden. Man hat deshalb beschlossen, die Hörner an der Basis auszubrennen, damit sie nicht nachwachsen können.

In Simbabwe haben Wilderer zwischen 1984 und 1987 etwa 700 Tiere zur Strecke gebracht. Seit 1986 transportiert man nun die im Sambesital noch verbliebenen Tiere mit dem Hubschrauber in besser gesicherte Gegenden.

In Kenia schließlich wurden die Überlebenden der großen Nashorngemetzel im Lauf des Jahres 1988 in kleine Reservate gebracht, die strengstens bewacht werden. Seither hat sich ihr Bestand stabilisiert.

Die letzten Spitzmaulnashörner in freier Wildbahn leben vermutlich in Kamerun und in der Zentralafrikanischen Republik. 1989 wurden sie noch gesichtet. Befinden sie sich dort in Sicherheit? Oder muß man auch diese Tiere einfangen, bevor es zu spät ist? Die nächsten Jahre werden über das Schicksal dieser Tierart entscheiden.

Auswirkungen auf den Tourismus

Gerade hatte der Meru-Nationalpark in Kenia zur großen Freude der Touristen sechs Breitmaulnashörner erworben. Stolz ließen sich jene Seite an Seite mit den Nashörnern fotografieren. Die Tiere waren ausgesprochen zahm und konnten sogar gestreichelt werden. Jeden Abend wurden sie in ein abgeschlossenes und bewachtes Gehege gebracht, und tagsüber standen sie stets unter der Aufsicht bewaffneter Wildhüter. Doch selbst diese strengen Schutzmaßnahmen waren nicht ausreichend. In der Nacht vom 30. Oktober 1988 brach ein bewaffnetes Kommando in den Park ein und tötete alle sechs Tiere, quasi direkt unter den Fenstern der Parkverwaltung. Die Wilderer waren gut ausgerüstet, so daß es ihnen mühelos gelang, die Hörner der abgeschlachteten Nashörner zu entfernen. Ein Beispiel dafür, daß die Dreistigkeit und die Hartnäckigkeit der Wilderer in einem direkten Verhältnis zu dem Gewinn stehen, den sie aus der Nashornjagd und dem Verkauf des Horns erzielen.

Seither haben die Wärter in Kenia den Auftrag, sofort auf jede verdächtige Gestalt im Park zu schießen. Diese Eskalation von Gewalt rührt daher, daß die Ausrottung der Nashörner nicht nur ökologische, sondern auch schwere ökonomische Folgen zeitigt. Der Fremdenverkehr ist die wichtigste Einnahmequelle des Landes und die vielfältige Tierwelt eine seiner Hauptattraktionen. Wenn im Park keine wilden Tiere mehr beobachtet werden können oder, schlimmer noch, nur noch von der Sonne ausgetrocknete Kadaver zu sehen sind, werden die Besucher – und mit ihnen das Geld – zunehmend ausbleiben.

Die Wirtschaft des Landes hängt also *auch* vom Schutz der Fauna ab, von einem Reichtum, der allen gehört. Obwohl die afrikanischen Nashörner durch den Tourismus eine Aufwertung erfuhren, haben viele Länder, die vom Reichtum und der Vielfalt ihrer riesigen Naturgebiete leben, stillschweigend zugesehen, wie mit der zunehmenden Wilderei an der Großfauna und der damit einhergehenden Unsicherheit in den Parks ein beträchtlicher Teil ihrer wirtschaftlichen Lebensgrundlage verlorenging.

Wirkungsvolle Schutzmaßnahmen für die Nashörner in Afrika werden nur schwer durchzuführen sein, da sich der Handel mit den begehrten Hörnern auf einem anderen Kontinent abspielt. Möglicherweise ist es einfacher, die Indischen Panzernashörner in Nepal zu schützen, da die Bewohner der umliegenden Dörfer wissen, daß sie das Fleisch der innerhalb der Schutzgebiete auf natürliche Weise verendeten Nashörner verwerten dürfen.

Friedlich grast dieses Breitmaulnashorn im Meru-Nationalpark in Kenia neben einem Wildhüter. Am 30. Oktober 1988 wurde das Tier, ein Geschenk des Staates Südafrika, zusammen mit den fünf anderen Nashörnern des Parks von Wilderern getötet. Die Hörner riß man ihnen kurzerhand aus.

STRAUSSE

Mit bis zu 2,75 m Körperhöhe und 150 kg Gewicht sind sie die größten lebenden Vögel. Der Luftraum bleibt den flugunfähigen Straußen verschlossen, dafür jedoch können sie dank ihrer langen, muskulösen Beine schnell und ausdauernd laufen. Ihre Flügel dienen ihnen als Fächer, Sonnenschirm und Imponiermittel bei der Balz. Noch im 19. Jh. über ganz Afrika und große Teile des Vorderen Orients verbreitet, trifft man heute nur noch wenige freilebende Populationen nördlich des Äquators an.

Trotz der Vorteile, die das Fliegen bietet, haben einige Vögel das Leben in der Luft gegen ein Leben auf dem Boden oder im Wasser eingetauscht. Die größte Gruppe flugunfähiger Vögel bilden die Pinguine, die sich im Wasser sehr wohl fühlen. Andere, wie die Flachbrustvögel, leben auf dem Festland als ausdauernde Läufer. Zu diesen Vögeln gehören die afrikanischen Strauße, die südamerikanischen Nandus, die australischen Emus, die Kasuare in Nordaustralien und Neuguinea und die neuseeländischen Kiwis. Hatten alle diese flugunfähigen Vögel einen gemeinsamen Vorfahren, als sich vor mehr als 100 Mio. Jahren die einzelnen Kontinente voneinander lösten? Man vermutet es, aber Genaueres ist nicht bekannt. Fest steht zumindest, daß ihre Ahnen fliegen konnten. Sie haben im Lauf der Evolution mit zunehmender Körpergröße die Flugfähigkeit verloren und statt dessen bemerkenswerte Schnelligkeit und Ausdauer im Laufen erworben.

Nach der Untersuchung von Fossilien nimmt man an, daß der Strauß von mittelgroßen Laufvögeln abstammt, die vor 40–55 Mio. Jahren, im Eozän, die asiatischen Steppen bevölkerten. Vor 12 Mio. Jahren erreichte die Entwicklung dieser primitiven Strauße mit dem Auftauchen von Riesenformen ihren Höhepunkt. Diese Vögel waren über Afrika, Asien und große Gebiete Europas verbreitet, überall dort, wo sie eine offene Graslandschaft vorfanden. Ihr Riesenwuchs benachteiligte sie im Wettbewerb mit anderen Tieren allerdings so stark, daß sie ihre Größe zwangsläufig wieder einbüßten, bis vor etwa 2 Mio. Jahren der heutige Strauß erstmals auftauchte.

Über Jahrtausende hinweg lebten die Strauße in den Savannen und Halbwüsten Afrikas und des Nahen Ostens, doch nach und nach begann ihr Verbreitungsgebiet zu schrumpfen. Einmal konnten sie sich nicht den klimatischen Veränderungen anpassen, welche die noch vor 6000 Jahren grüne und waldbedeckte Sahara in eine Wüste zu verwandeln begannen. Zum anderen wurden sie mit Beginn der im 19. Jh. aufkommenden Straußenfedermode derart intensiv bejagt, daß sie aus Nordafrika und dem Nahen Osten endgültig verschwanden.

Mit seiner majestätischen Größe überragt der Strauß nicht nur alle anderen Vögel, sondern auch die meisten Huftiere. Sein friedliches Zusammenleben mit letzteren wird nur selten durch kleinere Differenzen, wie hier mit einem Wildesel, getrübt; Konkurrenten sind Strauße und Huftiere nicht, im Gegenteil, sie können sich sogar gegenseitig vor Raubtieren warnen.

Unermüdlich auf der Suche nach saftigen Pflanzen, Früchten und Wasser

Außerhalb der Paarungszeit verbringt der Strauß den größten Teil des Tages mit der Nahrungssuche, was in Anbetracht seiner mächtigen Erscheinung nicht weiter verwunderlich ist. Hauptsächlich ernährt er sich von Pflanzen mit niedrigem Nährwert, die er in beachtlichen Mengen vertilgen muß. Der Strauß verspeist fast alle Teile von einjährigen Pflanzen, Büschen und Bäumen, die er findet, und zwar sowohl deren Samen und Blätter als auch ihre Wurzeln, Knospen, Sprossen, Blüten und Früchte. So frißt er Feigen, Mimosensprossen, verschiedene Wüstengräser und die saftigen Blätter der Pflanze *Oxystelma bornouense,* die als Parasit auf Akazien lebt. Wegen seiner Größe ist er eines der wenigen Tiere, die diese Leckerbissen erreichen können.

Wie andere Vögel, die sich von Pflanzen ernähren – beispielsweise Tauben und Hühner –, nimmt der Strauß als Ersatz für die fehlenden Zähne regelmäßig Mahlsteinchen auf. Sie erleichtern das Zerkleinern harter Pflanzenteile im Muskelmagen und die Zersetzung der Zellulose. Täglich verschluckt er mehrere Handvoll Kies und Steinchen zu diesem Zweck.

Auch wenn Pflanzen den Hauptbestandteil seiner Nahrung bilden, ist der Strauß doch ein Allesfresser. So verzehrt er auch gern Insekten, als ausgewachsene Tiere oder als Larven. Heuschrecken und Termiten etwa stehen oft auf seinem Speiseplan; vor allem Wanderheuschrecken, die in bestimmten Zyklen in Myriaden auftreten, sind eine mühelos erreichbare, eiweißreiche Nahrung. Sofern er sich ihrer bemächtigen kann, frißt der Strauß auch Kleinsäuger (insbesondere Nagetiere), Reptilien (Eidechsen und Schildkröten) und junge Vögel.

Wasser in großen Mengen ist lebensnotwendig

Strauße haben einen hohen Wasserbedarf. Wenn sie nicht trinken können, müssen sie mit wasserspeichernden Pflanzen (Sukkulenten) und saftigen Früchten vorliebnehmen. Sobald die Tiere jedoch eine Wasserstelle entdecken, nutzen sie diese Gelegenheit, um in großen Zügen so viel Flüssigkeit wie möglich aufzunehmen. Die Jungvögel können ohne regelmäßige Versorgung mit Wasser nicht überleben.

Zum Baden nutzt der Strauß die Wasserstellen jedoch nie; er zieht Staubbäder vor, welche die Funktion der fehlenden Bürzeldrüse ersetzen. Die meisten Vögel besitzen diese Drüse, die an der Basis des Bürzels liegt und ein öliges Sekret absondert, das mit Hilfe des Schnabels über das Gefieder verteilt wird und dieses mit einem wasserabstoßenden Überzug versieht. Beim Strauß wirkt der Staub wie ein teilweiser Ersatz für dieses Sekret.

Die Aktivität der Strauße beginnt 40 Minuten vor Tagesanbruch und endet 40 Minuten nach Sonnenuntergang; während dieses Zeitraums legen sie nicht selten 40 km auf der Suche nach Nahrung und Wasser zurück. So führen sie den größten Teil des Jahres das Leben von Nomaden. Ihre Eier können sie allerdings nur an solchen Orten ausbrüten, wo sie regelmäßig ihren Flüssigkeitsbedarf zu decken imstande sind.

Wohin mit dem Hals beim Schlafen?

Strauße kauern sich zum Schlafen auf den Boden nieder und dösen die meiste Zeit mit aufgerichtetem Hals; wenn sie aber ein- bis viermal pro Nacht in Tiefschlaf verfallen, legen sie den Hals vor sich auf den Boden oder entlang dem Körper. Dieses Verhalten trug möglicherweise zu dem Märchen bei, die Vögel steckten ihren Kopf bei Gefahr in den Sand.

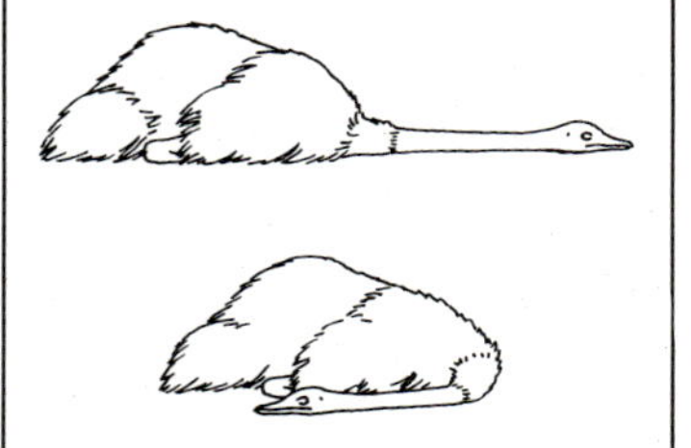

Staubbäder gehören zum täglichen Leben der Strauße und werden bevorzugt in der Gesellschaft von Artgenossen genommen. Auf diese Weise pflegen die Tiere, die keine Bürzeldrüse wie andere Vögel besitzen, ihr Gefieder und befreien sich außerdem von zahlreichen Parasiten.

Jeden Tag genügend Wasser aufzunehmen ist für Strauße lebensnotwendig, in Trockengebieten jedoch nicht immer möglich. Haben die Tiere eine Wasserstelle gefunden, trinken sie gleich literweise.

Strauße sind ständig auf Wanderschaft; bis zu 40 km legen sie am Tag auf der Suche nach Nahrung – Pflanzen, Insekten, kleine Wirbeltiere – und Wasser zurück. Fast immer ziehen sie in Gruppen umher und picken alles Freßbare am Weg auf.

Balzende Straußenhähne versuchen durch Abspreizen der Flügel auf Rivalen möglichst groß und imponierend zu wirken.

Straußenhennen sitzen in der ersten Reihe, wenn die Hähne in der Savanne ihre eindrucksvollen Balzspiele vorführen. Unter allerlei Verbeugungen und rhythmischem Flügelzittern werben sie um die Gunst der unscheinbaren Weibchen. Wenn sich ein Paar gefunden hat, verläßt es den Verband und besetzt ein Revier.

Die Hähne plustern sich auf, die Hennen wählen aus

Als gesellige Tiere leben die Strauße ganzjährig im Familien- oder Gruppenverband. Wenn aber im September die Balzzeit beginnt, lösen sich die Gruppen auf, und es bilden sich nach Geschlechtern getrennte Verbände. In Gebieten mit großen Populationen können diese zeitlich begrenzten Gruppen bis zu 50 Straußenhähne bzw. mehrere Dutzend Hennen umfassen. Die Tiere bleiben während der ganzen Paarungszeit zusammen. Nach einigen Tagen beginnen sich die Gruppen zeitweilig zu mischen, und die Vorbalz der Hähne setzt ein, wobei ihr angeschwollener, farbiger Penis deutlich zu sehen ist. Balzende Straußenhähne stellen den Schwanz auf, breiten ihre Flügel aus, strecken diese hoch und lassen sie wieder hängen, um im nächsten Moment mit gleichzeitigem oder abwechselndem Flügelschlagen die Aufmerksamkeit der Hennen auf sich zu ziehen.

Jetzt ergreifen die Weibchen die Initiative. Jede Henne nähert sich ihrem Favoriten, der nicht immer ihr Partner des Vorjahres sein muß. Um dem Auserkorenen ihre Absichten deutlich zu machen, fängt die Henne nun ihrerseits an zu balzen. Sie richtet sich hoch auf, breitet ihre Flügel aus und setzt Urin und Kot vor dem Partner ab. Nicht immer ist gleich der erste Versuch erfolgreich; in solchen Fällen kehren beide Vögel zu ihrer Gruppe zurück. Findet der Hahn die Henne attraktiv, so verfärben sich während der Balz Teile seines Körpers rot (siehe Kasten). Manchmal mischt sich ein anderer Hahn ein, und die beiden Rivalen liefern sich Scheinkämpfe. Wenn sich die Paare herausgebildet haben, treibt der Hahn die Henne zu einer abgelegenen Stelle.

Die Auserwählte sucht Nebenhennen für ihren Hahn

Sogleich beginnen die beiden, symbolisch Nahrung aufzupicken. Anschließend kauert sich der Hahn nieder und schlägt mit den Flügeln, wodurch er das Ausmulden des Nests andeutet. Gleichzeitig windet er den Hals in Kreisbewegungen und gibt laute Balztöne von sich, die wie „bu bu buh huh" klingen. Daraufhin läßt die Henne die Flügel und den Schwanz hängen und senkt ihren Kopf. Um ihre Paarungsbereitschaft zu zeigen, drückt sie sich auf den Boden.

Häufig kommt es vor, daß die Straußenhähne in Polygamie (Vielehe) mit einer Haupthenne und drei oder vier Nebenhennen leben. Der erste Rang jedoch gebührt immer der Haupthenne: Sie sucht die Nebenhennen aus und greift ein, wenn sich der Hahn um Weibchen bemüht, die ihr nicht zusagen.

Die Farben der Verführung

Bis auf die weißen Schwingen und Steuerfedern (Schwanz) ist das Gefieder der Straußenhähne einheitlich schwarz. Wenn die Männchen paarungsbereit sind, verfärben sich ihre kaum befiederten, nackt wirkenden Körperteile: Bei der nördlichen Unterart *Struthio camelus camelus* nehmen sie eine leuchtendere Farbe an, und der fleischfarbene Hals wird rot; bei der südlichen Unterart *Struthio camelus australis* verfärben sich der Kopf, die Vorderseite des Laufes und die Oberseite der Zehen von Graublau zu Rot. Die Weibchen behalten ihr Leben lang eine einheitliche graubraune Farbe.

Sind sich die beiden Partner einig geworden, signalisiert die Straußenhenne ihre Paarungsbereitschaft, indem sie sich vor dem Hahn auf den Boden kauert.

Die größten Eier der Welt

Während der Brutzeit besetzt jede Straußenfamilie ein Revier, in dem sie ihr Nest anlegt und das sie verteidigt, bis die Jungvögel 3 oder 4 Tage alt sind. Der Radius des Reviers schwankt zwischen 50 m in geschützter Umgebung und 800 m in offenem Gelände. Männchen und Weibchen behaupten ihr Territorium gegenüber Artgenossen durch Rufe, Flügelschläge und drohende Körperhaltungen; zwar dürfen andere Artgenossen dieses Gebiet betreten, aber kein Nest in ihm anlegen. Das Revier umgibt eine Pufferzone von einigen Kilometern Breite, die jedoch nicht ernsthaft verteidigt wird; ihre Ausdehnung entspricht der maximalen Reichweite der Stimme des Männchens.

Der Hahn, dem der größte Teil des Brutgeschäfts obliegt, wählt die richtige Stelle für das Nest aus, das möglichst in einer Senke wie beispielsweise einem ausgetrockneten Flußbett liegen soll. Ein Nest kann mehrere Jahre lang benutzt werden. Wenn die Position feststeht, kratzt der Vogel den Boden mit seinen Zehen auf und gräbt eine Mulde, indem er sich niederdrückt und seinen Körper hin- und herdreht. So schafft er eine weite, schüsselförmige Vertiefung, die von einem runden Erdwall umgeben ist und deren Durchmesser etwa 3 m beträgt. Ist die Nestmulde fertig, läßt sich das Männchen in ihr nieder, während das Weibchen damit beginnt, die Eier vor seinem Partner abzulegen; der Hahn befördert diese dann mit Hilfe seines Schnabels unter seinen Körper. Alle zwei Tage, meist gegen Abend, sucht die Henne das Nest auf und legt weitere Eier ab. Wenn der Straußenhahn einen Harem hat, bevorzugen die Hennen eine gemeinschaftliche Eiablage. Eine Haupthenne legt bis zu acht Eier, die Nebenhennen drei oder vier; das Nest enthält durchschnittlich also etwa 20 Eier. Man hat sogar schon Gelege von 40, ja einmal 60 Eiern gefunden, die jedoch nicht alle auskamen.

Arbeitsteilung beim Brüten

Die Eiablage findet in der Regel im Oktober und November statt, kann sich aber bis Februar ausdehnen. Das Straußenei besitzt eine sehr widerstandsfähige, fast 2 mm dicke Schale. Obwohl es bezogen auf das Gewicht der Henne eher klein ist, hält es mit seinen Maßen von 16 mal 13 cm und einem Gewicht von etwa 1500 g die Spitzenposition unter allen Eiern heute lebender Tiere. Sein Inhalt entspricht dem von 25 – 30 Hühnereiern.

Wenn die Nebenhennen ihre Eiablage beendet haben, werden sie fortgejagt, nur manchmal beteiligen sie sich zeitweise am Brutgeschäft. In seltenen Fällen sticht sogar eine von ihnen die Haupthenne aus und flieht mit dem Hahn, um woanders ein neues Nest zu bauen. Das verlassene Weibchen sucht sich daraufhin einen Junggesellen, der ihm beim Ausbrüten der Eier hilft.

Erst nachdem das Gelege vollständig ist, beginnen die Tiere mit der Bebrütung der Eier, denn die Küken genießen nur dann größtmöglichen Schutz, wenn alle zur gleichen Zeit schlüpfen und das Nest zusammen verlassen können. Die Brutdauer beträgt 39 – 42 Tage. Gewöhnlich brütet der Hahn nachts und die Henne tagsüber, da ihr unauffälligeres Gefieder sie besser vor Raubtieren schützt.

Der Ruf des Hahns

In der Paarungszeit ertönt der vierteilige gutturale Ruf des Straußenmännchens zu jeder Tageszeit. Er entsteht dadurch, daß der Vogel Luft aus der Luftröhre nach oben stößt und sie dann in die Speiseröhre drückt, wobei sich der Hals aufbläht. Der weithin hörbare Laut dient nicht nur dazu, eine Henne anzulocken, mit ihm grenzt der Strauß auch das Revier ab und hält andere Hähne auf Distanz.

Im offenen Gelände ist ein brütender Strauß der Sonneneinstrahlung besonders stark ausgesetzt. Einziger Schutz für Körper und Beine ist das isolierende Luftpolster im aufgeplusterten Gefieder.

Den Hauptteil des Brutgeschäfts übernimmt der Hahn. Nur tagsüber läßt er sich von der Henne ablösen, da sie mit ihrem braunen Gefieder gut getarnt ist; bei der Übergabe des Geleges frönen beide einem ausgiebigen Begrüßungszeremoniell.

Nach einer Brutzeit von etwa 40 Tagen schlüpfen die Küken. Noch in der Schale beginnen sie, durch Stimmfühlungsrufe Kontakt mit den Eltern aufzunehmen.

Ein Straußenküken besitzt keinen Eizahn, mit dem es das Ei aufschneiden könnte; es muß die dicke Schale sprengen. Dazu übt es mit den Beinen und dem muskulösen Nacken so lange Druck aus, bis sie bricht. 2 Tage kann dieser Vorgang dauern, so daß die Jungvögel in der ersten Zeit völlig erschöpft sind.

Durch ihr gestreiftes und geflecktes Gefieder mit den hellen „Igelstacheln" sind Straußenküken perfekt an die Umgebung angepaßt. Wenn sie sich an den Boden drücken und unbeweglich verharren, sind sie kaum zu entdecken.

Junge Strauße werden mindestens 2–3 Wochen lang von den Erwachsenen beschützt und geführt. Können die Eltern jedoch angreifende Raubtiere nicht abwehren, bleibt den Küken nur noch die verzweifelte Flucht.

Gemischte Gesellschaft

Schlüpfende Straußenküken benötigen oft Tage, um sich aus ihrer zu eng gewordenen Hülle zu befreien. Wenn sie endlich das Licht der Welt erblickt haben, müssen sie sich erst einige Tage lang von der Anstrengung erholen. Dann nehmen sie unter der Anleitung des Vaters erstmals Nahrung auf. Ihre Ausflüge, die zunächst auf die nähere Umgebung des Nests begrenzt sind, führen sie nach einigen Tagen immer weiter von der Brutstätte fort. Obwohl sie schnell selbständig werden, erreichen sie erst mit 12 Monaten ihre endgültige Größe; geschlechtsreif werden sie schließlich mit 3–4 Jahren.

Familien, Großfamilien und Jungtiergruppen

Die Gesellschaftsordnung der Strauße kann sehr stark variieren und hängt von der Populationsgröße und den örtlichen Nahrungsbedingungen ab. Normalerweise bleiben die Jungvögel etwa 12 Monate in der Obhut der Eltern. Im Norden Afrikas, wo der Bestand an Straußen nach und nach zurückgegangen ist, bleiben Eltern und Junge zusammen und sondern sich vom Rest der Population ab. Im Süden, wo die Bestandsdichte etwa konstant geblieben ist, tendieren verschiedene Familien dazu, sich bis zur nächsten Brutzeit fest zusammenzuschließen. Gibt es allerdings Nahrung im Überfluß, bestehen diese Gruppen machmal nur kurze Zeit. Dann können die Küken schon nach 2–3 Wochen von den Erwachsenen verjagt werden, weil diese sich ein zweites Mal der Paarung zuwenden. Die elternlosen Jungvögel versammeln sich daraufhin in Gruppen von zehn bis mehreren hundert Tieren, die oft von alleinstehenden Hähnen „adoptiert“ werden. Auch Erwachsene in Begleitung Halbwüchsiger nehmen sich bisweilen dieser Küken an. Es kann sogar vorkommen, daß die Adoptiveltern selbst gerade erst dem Ei entschlüpfte Jungen führen und die eigene und die fremde Kükenschar in eine Großfamilie zusammenführen.

Nach einiger Zeit werden die Jungvögel sich selbst überlassen; fortan bilden sie herumwandernde Gruppen von Jungstraußen, die bis zur Geschlechtsreife zusammenbleiben. Wird die Gruppe zu groß, teilt sie sich in kleinere Einheiten auf. Bereits nach 1 Jahr können innerhalb solcher Jungtiergruppen Bindungen zwischen Männchen und jeweils einem oder mehreren Weibchen entstehen, doch müssen die Tiere erst die Geschlechtsreife erreicht haben, ehe eine echte Paarbildung erfolgen kann.

Ob es sich nun um Familien, Gruppen, einen Familienverband, Großfamilien oder aber einen Zusammenschluß von Jungstraußen handelt – in jedem Fall ist der Strauß ein sehr sozial lebender Vogel. Die Verbände erwachsener Vögel besitzen eine ausgeprägte Struktur. Dominierenden Hähnen und Hennen gebührt aufgrund ihres Alters und ihrer Erfahrung stets eine hohe soziale Rangstellung; sie übernehmen die Führung bei der Nahrungssuche, geben das Zeichen zum Staubbad und ergreifen die Initiative bei der Balz. Eine Rangordnung entwickelt sich bereits innerhalb der Jungtiergruppen, und zwar um so ausgeprägter, je mehr sich die Vögel dem Erwachsenenalter nähern. Kräftigere und unternehmungslustigere Jungvögel setzen sich gegenüber anderen durch.

Im Schatten des Vaters finden die Küken Schutz vor der gleißenden Mittagssonne. Täglich wachsen sie etwa 1 cm, so daß sie mit einem halben Jahr schon fast ihre volle Größe erreicht haben werden.

► *Auch dieser Straußenfamilie setzt die große Hitze zu; Mutter und Küken hecheln, um sich Kühlung zu verschaffen.*

Ablenkungsmanöver

Um ihre Jungen zu schützen, wenden Strauße eine List an: das sogenannte „Verleiten“. Dabei läuft der Vogel vor einem Räuber, etwa einer Hyäne, mit hängenden Flügeln in Zickzacklinien auf und ab. In der Annahme, es mit einem verletzten Tier zu tun zu haben, nimmt der Räuber die Verfolgung dieser „leichten“ Beute auf. Dann aber verhält sich der Vogel urplötzlich wieder normal, und meist gibt der verwirrte Angreifer seine Verfolgung auf.

Strauß

Struthio camelus

STRAUSS	
Name:	*Struthio camelus*
Familie:	Strauße
Ordnung:	Flachbrustvögel
Klasse:	Vögel
Merkmale:	Großer Laufvogel mit langen Beinen und buschigem Schwanz; langer Hals
Maße:	Weibchen 1,70–1,90 m, Männchen 2,10–2,75 m
Gewicht:	63–150 kg
Verbreitung:	Afrika
Lebensraum:	Wüsten und Halbwüsten, offene Savanne
Nahrung:	Überwiegend Pflanzen; Insekten, kleine Wirbeltiere
Sozialstruktur:	In Gruppen lebend; meist polygam
Geschlechtsreife:	Mit 3–4 Jahren
Fortpflanzung:	Ende September bis Februar
Bebrütung:	39–42 Tage
Ei:	755–1618 g; Durchmesser: 13 mal 16 cm
Anzahl der Eier pro Gelege:	Durchschnittlich 15–20
Lebensdauer:	Im Mittel 30 Jahre; in Gefangenschaft bis 70 Jahre
Bestand:	In freier Wildbahn nicht bekannt; in den 80er Jahren wurden 90 000 Strauße in Gefangenschaft gehalten

Der Strauß erreicht eine Scheitelhöhe von 2,75 m und ein Gewicht von 150 kg; damit ist er der größte heute lebende Vogel.

Alle Organe, die anderen Vögeln das Fliegen ermöglichen, haben sich beim Strauß wie bei allen Flachbrustvögeln um- bzw. rückgebildet: Die Federn weisen eine veränderte Struktur auf (siehe Kasten „Besondere Merkmale“), und der knochige Brustbeinkamm, an dem die Flugmuskulatur ansetzt, ist verhältnismäßig schwach ausgebildet; daher leitet sich der Name der Ordnung: „Flachbrustvögel“. Flügelskelett und -muskulatur sind reduziert, Schlüsselbeine fehlen dem Strauß ganz. Im Gegensatz zu flugfähigen Vögeln, deren Knochen zur Verminderung ihres Gewichts nicht mit Knochenmark gefüllt, sondern hohl sind, ist dies beim Strauß nur in geringem Maße der Fall.

Wie alle Vögel mausert auch der Strauß, doch über die Zeit und die Einzelheiten dieses Federwechsels im Freiland ist nur wenig bekannt.

Der Strauß besitzt nur zwei Zehen, eine in der Vogelwelt einmalige Erscheinung. Die mächtige innere Zehe ist mit einem kräftigen Nagel bewehrt, der bei Fußtritten wirkungsvoll gegen Raubtiere eingesetzt werden kann.

Seine langen, kräftigen Beine befähigen ihn zum schnellen, ausdauernden Laufen. Problemlos erreicht er Geschwindigkeiten von 50 km/h und kann diese eine Viertel-, ja eine halbe Stunde lang halten; bei Gefahr beträgt seine Spitzengeschwindigkeit bis zu 70 km/h. Selbst wenige Wochen alte Jungstrauße können bereits 50 km/h schnell laufen. Dafür benötigen die Tiere allerdings ein sehr leistungsfähiges Herz. Auch den Hochsprung beherrschen Strauße meisterhaft: Mit Anlauf können sie Hindernisse von bis zu 1,50 m Höhe überspringen.

Unter den Sinnen des Straußes sind Augen und Gehör am weitesten entwickelt. Dank seiner Größe stellen die Augen ein ausgezeichnetes Ortungssystem dar, mit dessen Hilfe er sowohl Nahrung als auch Artgenossen und Gefahren frühzeitig erkennen kann. Die weite Ohröffnung am Hinterkopf empfängt selbst die leisesten Geräusche.

Der Strauß ernährt sich hauptsächlich von Pflanzen, und da er große Nahrungsmengen aufnehmen

muß, weisen seine Verdauungsorgane anatomische Besonderheiten auf. Der Magen besteht aus drei Abschnitten, wodurch die Oberfläche und damit die Produktion von Verdauungssäften erhöht wird, ohne das Gesamtvolumen des Organs zu vergrößern. Der Darm erreicht die beachtliche Länge von 14 m.

In der Ausbildung der männlichen Geschlechtsorgane, die bei Vögeln gewöhnlich von außen nicht sichtbar sind, verfügt der Strauß ebenso wie die anderen Flachbrustvögel und die Enten über eine Besonderheit: einen ausstülpbaren Penis. Dieser befindet sich in der Kloake, dem gemeinsamen Endabschnitt des Darms, der Harn- und der Samenleiter; wird der Penis ausgestülpt, wendet er sich wie ein Handschuhfinger um.

Im Gegensatz zu den meisten Vögeln, insbesondere zu den flugfähigen, gibt der Strauß Kot und Harn getrennt ab. Dies ist sicher auf die enormen Wassermengen zurückzuführen, die er während des Tages aufnimmt.

Die Unterarten

Vier Unterarten des Straußes werden unterschieden:

Nordafrikanischer Strauß, *Struthio camelus camelus*. Stark gefährdet, lebt in der südlichen Sahara und der Sahelzone.

Somalischer Strauß, *Struthio camelus molybdophanes*. Am Horn von Afrika und im Nordosten des Kontinents verbreitet.

Massaistrauß, *Struthio camelus massaicus*. Ist in Ostafrika beheimatet.

Südafrikanischer Strauß, *Struthio camelus australis*. Kommt im Süden des Kontinents, südlich des Sambesi, vor.

Die Unterarten unterscheiden sich durch die Färbung der schwach oder nicht befiederten Körperteile, besonders des Halses.

Eine weitere Unterart, der Arabische Strauß, *Struthio camelus syriacus*, die bis zum Beginn unseres Jahrhunderts weit verbreitet war, gilt seit 1941 als ausgestorben.

Besondere Merkmale

Nickhaut

Um das Auge vor Sand schützen zu können, verfügt der Strauß über eine durchsichtige Nickhaut, die sich vom inneren zum äußeren Augenrand hin schließt.

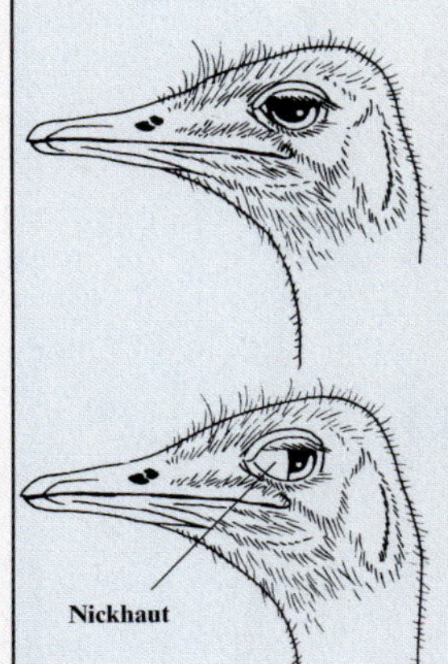

Federn

Die Federn flugfähiger Vögel besitzen einen ganz bestimmten Feinbau: Beiderseits des Schaftes sitzen Federäste mit Strahlen, die durch kleine Häkchen mit den Strahlen des Nachbarastes verbunden sind. Diese Struktur verbindet alle Federäste zur sogenannten Fahne und macht diese zu einer luftundurchlässigen Fläche, wie sie zum Fliegen notwendig ist.
Beim Strauß weisen die Federäste ein solches Hakensystem nicht auf; die Strahlen fallen weich und verleihen den Federn ihr buschiges, daunenartiges Aussehen.

Kopf und Hals

Der Strauß hat den längsten Hals von allen Vögeln. Er ist mit kleinen Federn besetzt, die die Farbe der Haut durchschimmern lassen. Dank seiner Scheitelhöhe von nahezu 3 m kann der Vogel nicht nur hochgelegene Pflanzen erreichen, die zahlreichen kleineren Pflanzenfressern versagt bleiben (eine solche Anpassung vermindert die Konkurrenz zwischen den Arten), sondern er verfügt auch über ein weites Blickfeld, das ihn potentielle Gefahren schon von weitem erkennen läßt. Seine großen Augen sind an das Leben in Wüsten gut angepaßt: Lange, dichte Wimpern schützen sie bei Sandstürmen. Im Gang des nackten Außenohrs, das am Hinterkopf liegt, stehen haarartige Federn zur Abschirmung des Gehörgangs gegen Sand und Staub. Die Wahrnehmung von Geräuschen behindern sie aber nicht.

Andere Flachbrustvögel

Wissenschaftler haben lange Zeit angenommen, daß die anatomischen Ähnlichkeiten aller Flachbrustvögel eine Konvergenz darstellen; darunter versteht man die Erscheinung, daß sich Tiere aus verschiedenen Verwandtschaftskreisen unter vergleichbaren Lebensbedingungen unabhängig voneinander ähnlich entwickeln. Doch wie in den letzten drei Jahrzehnten wiederholt nachgewiesen werden konnte, trifft die Konvergenztheorie auf Flachbrustvögel nicht zu. Wissenschaftliche Arbeiten auf den Gebieten Morphologie, Biochemie, Verhalten und Parasitologie haben gezeigt, daß alle Flachbrustvögel einen gemeinsamen Vorfahren haben und von flugfähigen Formen abstammen müssen. Weil bis heute noch keine Fossilien dieses Urahnen gefunden wurden, harrt die Wissenschaft bislang noch der letzten eindeutigen Beweise.

Die Klassifizierung der großen flugunfähigen Landvögel, die in der Ordnung Flachbrustvögel zusammengefaßt werden, ist Gegenstand zahlreicher Kontroversen. Die systematische Einteilung, die wir hier vorgenommen haben, geht von einer Gliederung der Vögel in vier verschiedene Unterordnungen aus. Die erste zählt nur eine Familie, die der Strauße, und nur eine Art, den Strauß; die zweite Unterordnung enthält ebenfalls nur eine Familie, die Nandus, mit zwei Arten; die dritte Unterordnung umfaßt zwei Familien, die Kasuare mit drei Arten und die Emus mit einer Art; die letzte Unterordnung schließlich besteht aus der Familie der Kiwis mit zwei Arten.

Weitere Familien der Flachbrustvögel sind erst in unserem Jahrtausend ausgestorben, etwa die Madagaskarstrauße oder Elefantenvögel, die die nächsten Verwandten der Strauße waren. Sie wogen fast 450 kg und waren somit die schwersten bekannten Vögel. Ihre 30 cm langen Eier besaßen ein Gewicht von 9 kg.

Bekannter dürften die Moas sein, die bis 3,70 m groß wurden und wie ihre nächsten Verwandten, die Kiwis, mit 10–20 Arten in Neuseeland lebten. Für die Maori, die Ureinwohner dieser Inseln, stellten sie eine leichte, schmackhafte und sehr ergiebige Beute dar.

Beide Familien konnten deshalb Riesenformen entwickeln, weil sie auf den Inseln, auf denen sie verbreitet waren, weder Nahrungskonkurrenten noch große Raubtiere zu fürchten hatten. Um so nachhaltiger setzte ihnen der Mensch zu, ihr einziger Feind; die letzten Vertreter beider Familien wurden vermutlich vor etwa 200 Jahren ausgerottet.

Nandus

Rein äußerlich unterscheiden sich die Nandus von den Straußen hauptsächlich durch ihre geringere Größe, einen befiederten Hals und befiederte „Schenkel" sowie drei Zehen an jedem Fuß. Ihren Schwanz können sie nicht aufstellen. Das Gefieder beider Geschlechter ist grau bis grauschwarz. Sie sind wie die Strauße Allesfresser mit dem Schwerpunkt auf Pflanzen, insbesondere Gräsern, und einer Zukost von Insekten und kleinen Wirbeltieren. Wenn ein Nandu ausreichend saftige Pflanzen verzehrt, ist er kaum auf Wasser angewiesen.

Die Nandus leben in Südamerika. Ihre Gruppen bestehen aus mehreren Hennen und einem Hahn, dem die Aufgabe des Brutgeschäfts und der Kükenbetreuung alleine zufällt. Ein Gelege umfaßt in der Regel 15–20 Eier.

Nach der Paarungszeit bilden sich gelegentlich Verbände von mehreren Dutzend Vögeln, die aber nur kurze Zeit bestehen.

Nandu *(Rhea americana)*

NANDU
Rhea americana
Merkmale: Kleiner als der Strauß; 1,70 m groß und bis 25 kg schwer; Männchen größer als Weibchen. Ei: goldgelb, Maße 13,5 mal 9,5 cm; Gewicht 530–680 g.
Verbreitung: Vom Osten Brasiliens bis zur Nordhälfte Argentiniens; Paraguay; Uruguay.
Lebensraum: Steppen der unteren Höhenlagen (Pampa).

DARWIN-NANDU
Pterocnemia pennata
Merkmale: Mit 1,60 m etwas kleiner als der gewöhnliche Nandu; Gewicht unter 20 kg. Federn mit weißen Spitzen. Ei: 12,5 mal 8,5 cm; Gewicht 500–550 g.
Verbreitung: Die Unterart *Pterocnemia pennata pennata* ist in der Südhälfte Argentiniens bis nach Feuerland beheimatet, die Unterart *Pterocnemia pennata garleppi* lebt nur in einem Teil Boliviens.
Lebensraum: Grassteppen der Andenhochebenen, in Höhenlagen zwischen 3500 und 4000 m.

Goldhalskasuar *(Casuarius unappendiculatus)*

Kasuare

Die Kasuare leben in Australien. Typisches Merkmal dieser Flachbrustvögel ist ein Knochenkamm an der Schädeloberseite, der „Helm“, dessen Form je nach Art variiert. Mit seiner Hilfe bahnen sich die Kasuare ihren Weg durch das dichte Unterholz. Die kräftig gebauten Tiere mit ihrem mittellangen Hals sind nach dem Strauß die schwersten lebenden Vögel. Ihre Füße haben drei Zehen; die innere trägt einen bis zu 10 cm langen, scharfen Nagel, der als Waffe bei der Verteidigung eingesetzt wird. Die bunten Hautfalten am Kopf und oberen Halsbereich kontrastieren auffallend zum braunen bis schwärzlich dunklen Gefieder.

Alle Kasuare ernähren sich von Früchten. Außerhalb der Paarungszeit leben sie als Einzelgänger. Das Weibchen legt in eine mit Blättern ausgekleidete Bodenmulde drei bis acht runzlige, grasgrün glänzende Eier, die allein vom Männchen bebrütet werden.

HELMKASUAR
Casuarius casuarius
Merkmale: Rückenhöhe 90 cm, Gewicht bis 85 kg. Abgerundeter, hoher Helm. Zwei rote Hautlappen an der Vorderseite des Halses.
Verbreitung: Nordaustralien und Neuguinea.
Lebensraum: Regenwald mit reichem Unterwuchs.

GOLDHALSKASUAR
Casuarius unappendiculatus
Merkmale: Gewicht wie Helmkasuar; Rückenhöhe 1 m. Nach hinten abgeflachter Helm. Nur ein Lappen in der Mitte des rötlich-gelben Halses. Zwei Lappen an der Schnabelbasis.
Verbreitung: Nordaustralien und Neuguinea.
Lebensraum: Regenwald mit reichem Unterwuchs.

Streifenkiwi *(Apteryx australis)*

BENNETTKASUAR
Casuarius bennetti
Merkmale: Kleinster Kasuar: 80 cm Rückenhöhe. Niedriger, nach vorne und nach hinten abgeflachter Helm. Keine Lappen.
Verbreitung: Nordaustralien und Neuguinea.
Lebensraum: Regenwald mit reichem Unterwuchs.

Emus

Diese Laufvögel ähneln den Straußen in ihrer äußeren Erscheinung, doch sind der Hals und die „Schenkel“ dichter befiedert und die Flügel stärker zurückgebildet als bei ihren afrikanischen Vettern. Außerdem haben sie drei Zehen an jedem Fuß. Das Gefieder ist bräunlich gefärbt, der insgesamt schwarze Kopf hat an den Seiten nackte blaue Hautpartien. Der Hahn kümmert sich allein um die Bebrütung der 7–25 dunkelgrünen Eier.

Emus sind bei Viehzüchtern und Landwirten unbeliebt, da sie angeblich das Vieh um sein Futter berauben und Schäden in Getreidefeldern anrichten. Tatsächlich besteht ihre Nahrung hauptsächlich aus Früchten, Beeren und Insekten. Die feindselige Haltung der Landwirte hat zu großflächigen Vernichtungszügen geführt, die Zehntausenden von Emus den Tod brachten.

EMU
Dromaius novaehollandiae
Merkmale: Größe 1,80 m (Rückenhöhe 1 m), Gewicht 55 kg.
Verbreitung: Australien.
Lebensraum: Buschsavanne.

Kiwis

Kiwis weisen die wenigsten Ähnlichkeiten mit den anderen Vögeln ihrer Ordnung auf. Sie sind mit 30–55 cm Höhe deutlich kleiner, haben einen kurzen, dicken Hals und einen rundlichen Körper ohne erkennbaren Schwanz. Der Schnabel ist länglich und wird an der Basis von langen Federn gesäumt, die wie Borsten aussehen. An jedem Fuß besitzen sie vier Zehen. Das Gefieder ist einheitlich braun gefärbt, kann je nach Art aber auch hell- und dunkelbraun marmoriert sein.

Kiwis, die ihren Namen einem ihrer charakteristischen Rufe verdanken, sind im Gegensatz zu den anderen Flachbrustvögeln vornehmlich nachts aktiv. Entsprechend ihrer nächtlichen Lebensweise spüren sie Würmer und Larven, von denen sie sich ernähren, jedoch nicht etwa über den Gesichts-, sondern über den Geruchssinn (!) auf. Die Nasenlöcher befinden sich an der Schnabelspitze, mit der die Kiwis im Boden nach Nahrung stochern und schnüffeln. Die Augen sind klein, weshalb das Sehvermögen nur schwach ausgebildet ist.

Für die Eiablage wird eine gut versteckte Nesthöhle gebaut. Die ein bis drei Eier (je nach Art) werden nur vom Männchen bebrütet. Außerhalb der Paarungszeit leben die Kiwis überwiegend als Einzelgänger.

STREIFENKIWI
Apteryx australis
Merkmale: Länge 55 cm, Schnabel 11–20 cm. Gewicht: Männchen etwa 2 kg, Weibchen etwa 3 kg.
Verbreitung: Neuseeland.
Lebensraum: Wälder, bis in die Höhenlagen.
Unterarten: Südlicher Kiwi, *Apteryx australis australis,* Nördlicher Kiwi, *Apteryx australis mantelli,* und Stewart-Streifenkiwi, *Apteryx australis lawryi.* Alle drei stehen unter strengem Schutz.

FLECKENKIWI
Apteryx owenii
Merkmale: Länge 35–55 cm, Schnabel 7,5–10 cm. Gewicht 1–2 kg.
Verbreitung: Südinsel Neuseelands.
Lebensraum: Wälder, bis in die Höhenlagen.
Unterarten: Zwergkiwi, *Apteryx owenii owenii,* und Haast-Kiwi, *Apteryx owenii haasti.* Beide unter strengem Schutz.

Emu *(Dromaius novaehollandiae)*

Strauße in ihrem Lebensraum

Strauße leben auf dem afrikanischen Kontinent in unterschiedlichen Lebensräumen, die jedoch alle ein gemeinsames Merkmal aufweisen: Immer handelt es sich um offene Landschaften, die den Vögeln einen guten Überblick über das Gelände gestatten. Dies können Grassavannen sein, Sandflächen mit spärlichem Pflanzenbewuchs, aber auch halbwüstenartige Gebiete wie die Sahelzone im Süden der Sahara oder steinige Hochebenen. Landstriche mit ausgeprägter Buschvegetation meiden die Tiere. Schreiten Strauße zur Fortpflanzung, schätzen sie Geländeabschnitte mit einem ausgetrockneten Flußbett, in dem sie ihre Nestmulde anlegen können. In Südafrika begegnet man den Vögeln im „Veld"; dieses Wort aus dem Afrikaans bezeichnet eine Grasfläche, auf der vereinzelt Büsche stehen. Gewöhnlich liegt ihr Lebensraum unterhalb von 100 m Höhe, stellenweise jedoch passen sie sich den örtlichen Verhältnissen an und besiedeln höher gelegene Regionen. In jedem Fall aber fliehen Strauße die Nähe des Menschen und scheuen selbst dünnbesiedelte Landschaften. Stark angezogen werden die Tiere dagegen von Wasserstellen, ganz gleich, ob es sich um nur zeitweise mit Wasser gefüllte Tümpel oder winzige, versteckt liegende Reservoirs in Felsspalten handelt.

Halbwüste bevorzugt: große Hitze, wenig Nahrung

Die halbwüstenartigen Gebiete, in denen Strauße bevorzugt leben, sind durch extreme tageszeitliche Temperaturschwankungen gekennzeichnet: Während die Tagestemperatur auf über 40 °C klettert, kann das Thermometer in der Nacht unter den Gefrierpunkt sinken. Es gibt kaum schattenspendende Bäume, unter denen die Tiere tagsüber Schutz vor der sengenden Sonne finden könnten. Unter derart widrigen Bedingungen leistet dem Strauß das dichte, buschige Gefieder gute Dienste, denn es wirkt wie eine Isolierung. Tagsüber verhindert es, daß die Sonnenstrahlung die empfindliche, unpigmentierte Haut zu stark aufheizt, nachts hält das von ihm eingefangene Luftpolster die Körperwärme konstant und schützt so gegen Auskühlung.

In der größten Hitze des Tages fächelt sich der Strauß mit Hilfe seiner Flügel Luft zu und kühlt damit das Blut, das durch die Adern dicht unter der Haut der nackten Beine fließt. Weitere Kühlung verschafft er sich durch Hecheln, rhythmische Bewegungen der Haut im oberen Halsbereich. Auch hierbei entsteht eine Luftbewegung, das Blut kühlt sich ab und verhindert so ein Ansteigen der Körpertemperatur.

Das geringe Nahrungsangebot in seinem Lebensraum und die ständige Suche nach Wasser zwingen den Strauß zu großen Wanderungen. Häufig legt er dabei 40 km am Tag zurück. Je extremer die äußeren Bedingungen für ihn sind, desto stärker führt er das Leben eines Nomaden. Unter ungünstigen Wetterverhältnissen und bei Nahrungsmangel, z. B. in extremen Trockenzeiten, verzichten die Tiere darauf, zur Fortpflanzung zu schreiten, und lassen die Brut ausfallen. Lang anhaltende Dürre führt nicht selten zu spürbaren Bestandsrückgängen.

„Safeknacker" Schmutzgeier

Mit Ausnahme des Menschen hat ein ausgewachsener Strauß kaum Feinde zu fürchten. Dank seiner Wachsamkeit und seines Laufvermögens kann er sich den Nachstellungen größerer Raubtiere in der Regel erfolgreich entziehen. Jungvögel aber fallen oft Hyänen, Schakalen und manchmal sogar Löwen zum Opfer – trotz der Vorsicht der Erwachsenen.

Die Eier hingegen sind durch die dicke, robuste Schale sehr gut geschützt. Zum Durchbrechen dieser Schale hat nur ein einziges Tier eine ausgefeilte Technik entwickelt: der Schmutzgeier. Dieser auffällig weiß-schwarz gefärbte Greif ist einer der wenigen Vögel, die mit „Werkzeugen" umgehen können, und genau diese Fähigkeit wendet er bei Straußeneiern an. Mit dem Schnabel pickt der Schmutzgeier einen Stein auf, schleudert ihn kräftig gegen das Ei und wiederholt diesen Vorgang so lange, bis die Schale zerbricht. Sobald er ein Loch hineingeschlagen hat, taucht er seinen länglichen Schnabel in das Ei und verschlingt den äußerst nahrhaften Inhalt.

Neuen Forschungserkenntnissen zufolge machen sich gelegentlich auch Schakale, Hyänen und sogar die Südafrikanische Oryxantilope erfolgreich über Straußeneier her; auf welche Weise die Antilope die Schale öffnet, ist bislang noch unbekannt, doch vermutlich zerbricht sie diese mit ihren Hufen.

Wächter mit Ausguck

Strauße unterhalten mit anderen Tieren – hauptsächlich Huftieren wie Zebras, verschiedenen Gazellen und Antilopen – Beziehungen zu beiderseitigem Vorteil. Dank ihrer Größe und ihres ausgezeichneten Sehvermögens übernehmen sie die Rolle von Wächtern, die bei Gefahr sofort Alarm schlagen. Andererseits profitiert der Strauß von der Gesellschaft der Pflanzenfresser, da letztere versteckt in der Deckung lauernde Raubtiere wittern können.

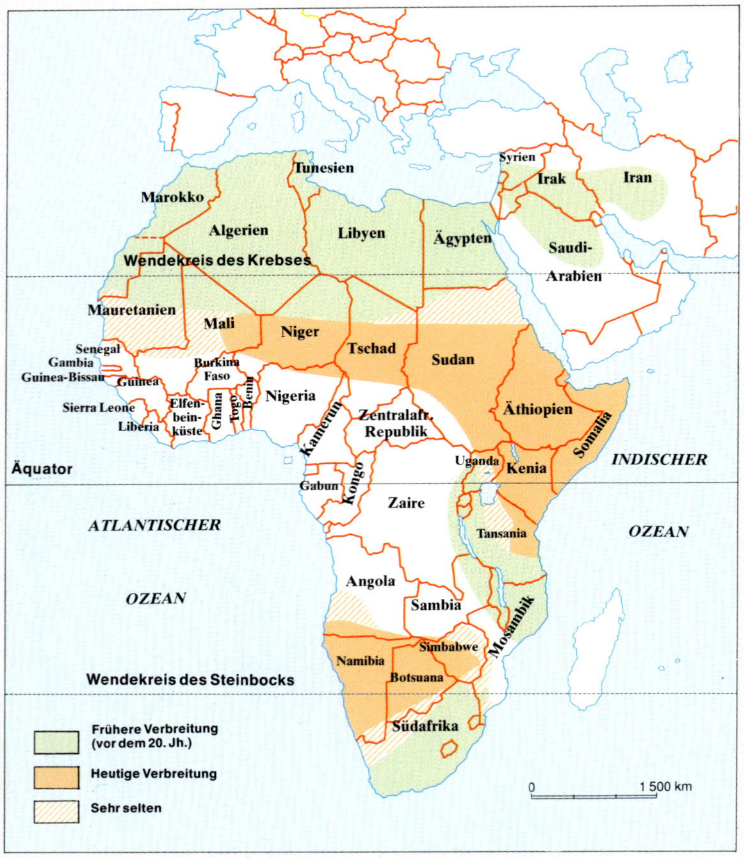

Früher war der Strauß in den Savannen und Halbwüsten des gesamten afrikanischen Kontinents verbreitet, doch in den letzten 100 Jahren ist sein Verbreitungsgebiet drastisch geschrumpft. Aus Nordafrika ist er wegen der starken Bejagung seit Ende des vorigen Jahrhunderts verschwunden. Die letzten Restpopulationen der nördlichsten Unterart Struthio camelus camelus *im Westen der Sahara laufen ebenfalls Gefahr, über kurz oder lang auszusterben, da sich die Wüste immer weiter ausdehnt.*

Federn lassen für die Mode

Die eindrucksvollen Strauße haben von jeher die Phantasie des Menschen beschäftigt und sein Interesse auf sich zu ziehen vermocht. Schon im Altertum schmückte man sich mit den Federn des Riesenvogels, stellte ihm aber auch wegen seiner Eier, seiner Haut und seines Fleisches nach.

Das verzerrte Bild vom Vogel Strauß

Niemand hat je gesehen, daß ein Strauß bei Gefahr den Kopf in den Sand gesteckt hätte. Aber im Volksmund wurde der Laufvogel mit der Redewendung „eine Vogel-Strauß-Politik betreiben" zu einem Sinnbild für Entscheidungsangst und Handlungsunfähigkeit in schwierigen Situationen. Wahr ist, daß das Tier in kritischen Augenblicken ein raffiniertes Verhalten an den Tag legt: Wird es bedroht, drückt es sich zu Boden und streckt den Hals nach vorne, um sich zu tarnen. Dank der in Wüstengebieten häufig auftretenden Luftspiegelungen kann so tatsächlich der Eindruck entstehen, der Vogel sei aus der Landschaft verschwunden. Auch beim Brüten kann dieses Verhalten nicht selten beobachtet werden.

Oft wird behauptet, ein Strauß könne alle möglichen Gegenstände verschlucken. In Frankreich gibt es sogar die sprichwörtliche Wendung „einen Straußenmagen besitzen". In diesem Fall hat der Volksmund recht. Bei der Autopsie eines in Gefangenschaft gehaltenen Straußes fand man Nadeln, Münzen, Drahtstücke, Gürtelschnallen, ja sogar den verloren geglaubten Schlüssel seines Geheges! Wie die Elster wird der Strauß von allen glänzenden Gegenständen angezogen. Weil er einen recht großen Schlund hat, kann er auch sperrige Stücke problemlos schlucken. Die nimmersatten Strauße laufen dabei jedoch Gefahr, sich eine Darmperforation zuzuziehen und zu sterben.

Wirtschaftsfaktor Straußenzucht

Für die alten Ägypter symbolisierten die riesigen, buschigen Straußenfedern das Gericht und die Gerechtigkeit, denn die Federäste ihrer Handschwingen und Schwanzfedern sind im Gegensatz zu denen flugfähiger Vögel gleich lang. Eine Straußenfeder schmückte deshalb den Kopf der Göttin Maat, die das Abwiegen der Seelen überwachte. Die Fliegenwedel der Pharaonen und der höheren Würdenträger bestanden ebenfalls aus Straußenfedern; auf diese Weise sollten sie immer daran erinnert werden, daß es ihre Pflicht war, Gerechtigkeit zu üben.

Außerdem versahen die Ägypter die Stirn der Pferde, welche die Kampf- und Prunkwagen zogen, mit Straußenfedern, und im Mittelalter zierten diese oft Ritterhelme. Später schmückten sie u. a. den breiten Filzhut der Musketiere.

Ab dem 17. Jh. verschönerten sie die extravaganten Frisuren adliger Damen und die breitkrempigen Hüte der Galane. Im Lauf des 19. Jh. erreichte die Nachfrage nach Straußenfedern schließlich ihren Höhepunkt. Putzmacher verbrauchten gewaltige Mengen, und auf beiden Seiten des Atlantiks konnte sich niemand mehr eine große Revueshow ohne die verschwenderische Verwendung dieser buschigen Federn vorstellen.

Die Haut der Strauße wiederum wurde zu Leder verarbeitet, aus dem man Brief- und Handtaschen

Auf den Zuchtfarmen in Südafrika werden gelegentlich Straußenrennen veranstaltet, bei denen die Vögel von Jockeys geritten werden. Wegen ihrer Größe und der kräftigen Muskulatur lassen sich Strauße leicht reiten.

Schon die Kulturen des Altertums wußten die Schmuckfedern der Strauße zu schätzen. Als sie Anfang des 19. Jh. zum unentbehrlichen Modeaccessoire avancierten und die Nachfrage nicht mehr durch Jagd auf freilebende Tiere gedeckt werden konnte, richtete man 1838 in Südafrika die erste Straußenfarm ein. Die Zucht der Vögel auf riesigen Luzernefeldern entwickelte sich zu einem bedeutenden Wirtschaftsfaktor des Landes. Mit Ausbruch des Ersten Weltkriegs begann die Modewelle abzuebben, nur Revueshows und Varietétheater meldeten weiterhin Bedarf an Federboas an.

herstellte. Um den großen Bedarf zu decken, reichte die Jagd nach freilebenden Straußen nicht mehr aus. Außerdem befürchtete man, die natürliche Quelle endgültig zum Versiegen zu bringen. Deshalb wurden Farmen eingerichtet, die sich auf die Straußenzucht spezialisierten; die erste entstand 1838 in der Kleinen Karru im Süden Südafrikas. In diesem fruchtbaren und leicht zu bewässernden Gebiet konnte man die Strauße halbwild halten. Bald vervielfachte sich die Zahl der Farmen: 1875 wurden 2159 Strauße gezüchtet, 1914 waren es schon 110000. Sogar in Hamburg gründete Carl Hagenbeck 1910 eine solche Farm. Zu dieser Zeit exportierte Südafrika die beachtliche Menge von 370000 kg Straußenfedern im Jahr. Doch mit Ausbruch des Ersten Weltkriegs änderte sich die Situation; außerdem wechselte die Mode, und die Damen trugen jetzt weniger Hut. Einzig Revueshows und Varietétheater meldeten ungeminderten Bedarf an. Seither hat sich die Situation nicht wesentlich geändert.

Heutzutage sind alle größeren, noch rentablen Farmen in der Kleinen Karru konzentriert; in den 70er Jahren beherbergten sie ungefähr 40000 Strauße. Am begehrtesten sind nach wie vor die Schmuckfedern der Männchen, die sich gut färben lassen. Alle 9 Monate, kurz nach der Mauser, werden die noch unbeschädigten Federn „geerntet". Man rupft sie den Tieren nicht aus, sondern schneidet sie ihnen über dem Hautansatz ab – eine für die Tiere schmerzlose Methode. Nur Federn von drei- bis zwölfjährigen Straußen werden genutzt.

Um die Straußenzucht noch profitabler zu machen, veranstaltet man außerdem als Attraktion für Touristen Straußenrennen, bei denen die Tiere von Jockeys geritten werden. Dank ihrer Größe und Kraft können die Strauße leicht das Gewicht eines Menschen tragen.

Der Mensch ist schuld am Rückgang der Strauße

Könnte man den Strauß nicht so einfach züchten, wäre die Art vielleicht längst ausgestorben; wie das Beispiel des Nashorns zeigt, schrecken die Menschen nicht vor der Ausrottung einer Tierart zurück, wenn handfeste wirtschaftliche Interessen im Spiel sind.

Die nordafrikanische Unterart des Straußes *(Struthio camelus camelus)* verschwand um die Jahrhundertwende aus Algerien und Marokko vollständig. Ihr Überleben im westlichen Teil der Sahara, in dem sie heute nur noch vereinzelt vorkommt, ist extrem gefährdet. Ohne strenge Schutzmaßnahmen muß befürchtet werden, daß der Nordafrikanische Strauß ganz aussterben wird und ihm dasselbe tragische Schicksal widerfährt wie dem Arabischen Strauß. Diese ehemals in der Nordhälfte der Arabischen Halbinsel, in Jordanien, Syrien, im Irak und Westen des Irans beheimatete Unterart war in ganz Vorderasien einer intensiven Jagd ausgesetzt. In einigen Gebieten konnte sie sich noch bis in die 30er Jahre dieses Jahrhunderts halten; der letzte Arabische Strauß schließlich wurde 1941 abgeschossen.

Die anderen Unterarten sind hauptsächlich durch die Einschränkung ihres Lebensraumes und die Nutztierhaltung gefährdet; immer wieder kommt es vor, daß die Vögel beim Brüten von Viehherden gestört werden und anschließend das Gelege verlassen.

Straußenfarmen werden oft als Schutzgebiete für diese Vogelart bezeichnet, allerdings sind sie nur ein schlechter Ersatz für die Freiheit. Ein von Störungen und Nachstellungen wirklich unbehelligtes Leben in freier Wildbahn können die Tiere heute lediglich in Reservaten und Nationalparks wie der Etoschapfanne in Namibia, dem Tsavo-Nationalpark in Kenia, der Serengeti in Tansania und im Krüger- und Kalahari-Gemsbock-Nationalpark in Südafrika führen.

Wichtige Eiweißquelle für Jäger und Sammler

Die Buschleute der Kalahari im Südwesten Afrikas jagen Strauße mit Pfeil und Bogen. In diesem unwirtlichen, ungefähr 1 Mio. km^2 großen Trockengebiet stellen die gut 100 kg Fleisch des erwachsenen Vogels eine äußerst wertvolle Nahrungsquelle dar.

Auch Straußeneier, aus denen sie Omeletts backen, werden von den Buschleuten gesammelt. Halbierte Schalen dienen ihnen als Becher zum Wasserschöpfen, ganze Schalen mit einem kleinen Loch lassen sich in vielfältiger Weise verwenden, beispielsweise als Gefäße, in denen man Wasser transportieren und aufbewahren kann. Schalensplitter werden zu Schmuck verarbeitet. Straußeneier sind außerdem bei manchen Völkern hochangesehene Grabbeigaben.

Für die Massai besitzt der Strauß einen anderen, symbolischen Wert. Nachdem ein junger Krieger einen männlichen Vogel erlegt hat, fertigt er aus den schwarzen Federn eine kronenartige Kopfbedeckung an, die er dann beim „Eunoto", der großen Initiationszeremonie zu Beginn seines Lebens als Krieger, trägt.

Ein Ei mit magischen Kräften

Manche Völker im Süden Äthiopiens legen auf die Gräber verstorbener Krieger genauso viele Straußeneier, wie diese Feinde getötet haben.

Die koptischen Kreuze an den christlichen Kirchen in Äthiopien tragen sieben Straußeneier, die jeweils eine Tugend symbolisieren. Durch ihre magischen Kräfte sollen sie vor Blitzeinschlag schützen.

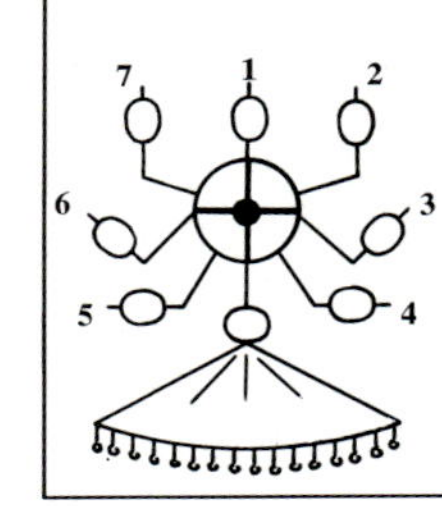

Die Buschleute im Südwesten Afrikas bereiten aus dem geschlagenen Inhalt der Straußeneier auf einem flachen heißen Stein ein nahrhaftes Omelett.

GIRAFFEN

Giraffen zählen zu den Charaktertieren der afrikanischen Savanne. Ihr auffälligstes Kennzeichen ist der lange Hals, der jedoch nur sieben Wirbel aufweist – nicht mehr als bei einer Maus oder einem „halslosen" Delphin. Er erschließt ihr die zarten Blätter der Baumkronen und läßt das schwergewichtige Tier graziös und elegant erscheinen, aber er erfordert auch akrobatisches Geschick beim Trinken, Schlafen und im Sozialleben.

Die Familie der Giraffen hat sich erst im Alt-Miozän innerhalb der Unterordnung der Wiederkäuer entwickelt. In zahlreichen verschiedenen Formen bevölkerte sie die Alte Welt bis zum Ende des Tertiärzeitalters. Vor ungefähr 20 Mio. Jahren lebte eine Urform der Giraffe aus der Gattung *Palaeotragus*, die etwa die Größe einer Antilope besaß und von gedrungener Gestalt war. Mit ihrem ziemlich kurzen Hals und den von Haut überzogenen Hörnern glich sie eher dem heutigen Okapi. Die Arten der Gattung *Giraffokeryx*, Zeitgenossen der *Palaeotragus*-Vertreter, sahen letzteren ähnlich, besaßen jedoch zwei Paar Hörner.

Vor ca. 10 Mio. Jahren entwickelten sich aus der Familie der Urgiraffen verschiedene Unterfamilien, darunter die *Sivatheriinae* oder Rindergiraffen, die jedoch vor rund 2 Mio. Jahren, im Pleistozän, ausstarben. Etwa zur selben Zeit wie die *Sivatheriinae* traten erstmals die Langhals- und Waldgiraffen auf. Unsere Giraffe und das erst 1901 entdeckte Okapi sind die einzigen noch lebenden Vertreter dieser in der Vergangenheit so artenreichen Familie.

Giraffen unterscheiden sich von allen anderen Tieren durch die außergewöhnliche Länge ihres Halses und ihrer Gliedmaßen. Was ihre Proportionen anbelangt, so sind sie an Körperhöhe die größten und, im Verhältnis zu ihrer Höhe, zugleich die kürzesten aller Säugetiere. Die Scheitelhöhe erwachsener Giraffenbullen kann 5,80 m erreichen, während sich ihre Schulterhöhe auf „nur" 3,50 m beläuft. Das Gewicht beträgt zwischen 800 und 1900 kg.

Das Okapi, das von europäischen Kolonisten zunächst als eine Pferdeart angesehen wurde, ist wesentlich kleiner als die Giraffe, hat aber wie diese einen massigen Körper, einen abfallenden Rücken und einen langen Hals.

Als sie nur von Eingeborenen gejagt wurden, bildeten Giraffen in Afrika große Herden; noch 1868 hat man Ansammlungen von 100 Tieren beobachten können. Mit der Ankunft der Weißen in Afrika jedoch, die sofort der Trophäen wegen Jagd auf die Tiere zu machen begannen, änderten sich die Verhältnisse. Stark dezimiert und mancherorts bedroht, sind Giraffen heute fast in ihrem ganzen Verbreitungsgebiet geschützt. Doch noch immer stellen ihnen Wilderer, die es auf die überaus begehrte Schwanzquaste der Tiere abgesehen haben, hemmungslos nach.

Angesichts ihrer schlanken Gestalt mag es überraschen, daß erwachsene Giraffenbullen fast 2 t wiegen; dennoch können die Tiere dank der Stelzenbeine im Galopp bis zu 56 km/h erreichen. Doch in welcher Gangart die Giraffe auch die afrikanische Savanne durchstreift, stets dient ihr der ausnehmend lange Hals dazu, die Balance zu halten.

Wenn Trinken zu einem Abenteuer wird: Der lange Hals ermöglicht es der Giraffe zwar, Baumäste in 6 m Höhe abzuweiden, doch beim Trinken stellt er ein echtes Handikap dar. Dazu nämlich muß die Giraffe die Knie beugen, die Vorderbeine spreizen und den Kopf unter hin- und herpendelnden Bewegungen immer weiter senken, bis sie das Wasser erreicht hat. Sie trinkt in einem Zug 10–15 l. In dieser Stellung sind Giraffen unbeholfen, und die Gefahr, daß sie von Raubtieren wie etwa Löwen überfallen werden, ist vergleichsweise groß. Aus diesem Grund trinken Giraffen an einer Wasserstelle im allgemeinen nicht alle zur gleichen Zeit.

Am liebsten zartes Blattwerk aus der Wipfelregion

Mehr als 12 Stunden am Tag verbringt die Giraffe mit der Nahrungsaufnahme; sie ist jedoch hauptsächlich im Morgengrauen und bei Sonnenuntergang aktiv. Zu diesen Tageszeiten sind die Blätter der Bäume eingerollt und daher leichter abzuäsen. Je nach Mondphase bzw. Helligkeit begibt sich die Giraffe auch in der Nacht auf Nahrungssuche. Weil sie wegen ihrer langen Beine Mühe hat, Gras vom Boden abzuweiden, frißt sie mit Vorliebe junge Sprosse, zartes Blattwerk, frisch ausschlagende Zweige, aber auch Rinde und Früchte. Besonders gern verzehrt sie Akazientriebe und andere Mimosengewächse, aber sehr wählerisch ist sie nicht: Im Tsavo-Nationalpark in Kenia beispielsweise tut sie sich an 66 verschiedenen Pflanzenarten gütlich.

Giraffen weiden den ertragreichsten Bereich der Savannenvegetation ab, der zwischen 2 und 6 m Höhe liegt. Außer ihr und dem Elefanten kann kein anderes Tier vom Nahrungsangebot in einer derartigen Höhe profitieren. Wenn in der Trockenperiode die Sonne das Grasland ausdörrt, bleibt das Blattwerk der Akazien zart; außerdem sitzen an den obersten Zweigen die nahrhaftesten Blätter.

Die Giraffe findet ihre Nahrung mit Hilfe der Augen und des Geruchssinnes, aber die langen Tasthaare an den Lippen leisten ihr ebenfalls wertvolle Dienste: Sie übermitteln an das Gehirn via Nerven Informationen über den Reifegrad der Blätter und Triebe.

Giraffen besitzen ein in der Tierwelt einzigartiges Maul. Sie haben eine kräftige, schwarz glänzende Zunge, die sie rund 50 cm weit vorstrecken können und an den spitzen Dornen der Akazien vorbeischlängeln, um zu den nahrhaften Trieben vorzudringen. Die Zunge ist sehr beweglich; zum Abrupfen formt sie sich zunächst zu einer Rinne, umschlingt die Zweige und führt diese an die Oberlippe. Der innere Lippenrand ist mit Papillen ausgekleidet, die es der Giraffe ermöglichen, die Zweige, die anschließend von den Schneide- und Eckzähnen des Unterkiefers abgebissen werden, festzuhalten.

Zweige, die nicht mit Dornen bewehrt sind, rupft die Giraffe ganz ab und kämmt die Blätter mit den Zähnen kurzerhand herunter; querliegende Rillen, die den Gaumen durchziehen, erleichtern das Kauen.

Trotz ihrer Größe nehmen Giraffen vergleichsweise wenig Nahrung zu sich. Erwachsene männliche Tiere verzehren pro Tag etwa 66 kg frische Pflanzen, die Weibchen etwa 58 kg. Die Nahrung wird gekaut und anschließend im Pansen, dem Vormagen, durchgeknetet und durch Bakterien teilweise abgebaut. Danach wird der Brei ins Maul zurückgeschoben, wiedergekäut und mit Speichel vermischt. Die Verdauung setzt sich im 77 m langen Darmtrakt fort, an dessen Ende der Dickdarm das Wasser resorbiert.

Das Wundernetz

Das Gehirn einer aufrecht stehenden Giraffe befindet sich etwa 1,6 m über dem Herz; dennoch wird es konstant mit Sauerstoff versorgt. Ein sogenanntes Wundernetz aus vielen Haargefäßen hält das unter großem Druck durch die Halsschlagader (rot) vom Herzen kommende Blut fest. Wenn die Giraffe hingegen den Kopf senkt, liegt ihr Gehirn plötzlich 2 m unterhalb des Herzes. Dann fängt das Wundernetz einen Teil des Blutes auf und die Gefäßklappen in den Wänden der Drosselvene (blau) verhindern, daß es ins Gehirn zurückströmt.

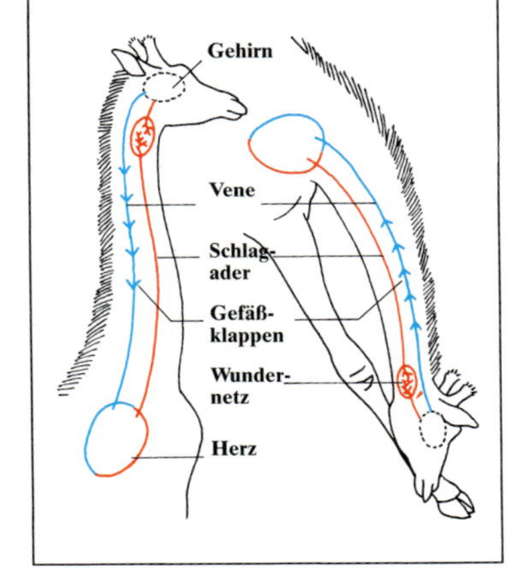

Giraffen ernähren sich von einer beachtlichen Zahl unterschiedlicher Pflanzen, wobei sie sich immer dem Nahrungsangebot der Region anpassen. Die Weibchen fressen entsprechend ihrem geringeren Gewicht weniger als die Männchen, verwerten die Nährstoffe aber besser.

Der Hals der Giraffe besteht wie der aller Säugetiere aus sieben Halswirbeln, die bei ihr jedoch auf etwa 40 cm verlängert sind. Wenn sie Blätter in 5 oder 6 m Höhe abrupfen will, leistet ihr die bewegliche Zunge, die bis zu 50 cm weit vorgestreckt werden kann, gute Dienste.

Gruppengemeinschaft bevorzugt

Giraffen leben oft einzelgängerisch, schließen sich aber auch gerne zu Gruppen zusammen (durchschnittlich fünf bis sechs Tiere), deren Struktur sich allerdings immer wieder ändert. Im Nairobi-Nationalpark in Kenia bestehen die Giraffenpopulationen zu 61 % aus Weibchen und zu 39 % aus männlichen Tieren. Im Krüger-Nationalpark in Südafrika hingegen ist das Verhältnis umgekehrt: 28 % der Tiere sind Kühe, 72 % Bullen.

Gemeinsam ist beiden Populationen, daß die Mehrzahl der Giraffen einzelgängerisch lebt – eine Tatsache, die auch auf die Giraffen in der Serengeti zutrifft. Vor allem in Gebieten mit dichteren Baumbeständen können sich die Tiere nahezu unauffällig fortbewegen, da ihre gefleckte Zeichnung fast völlig im Schattenspiel der Bäume und Äste zerfließt. In der offenen Savannenlandschaft, in der sich Gruppen vorzugsweise aufhalten, sind Giraffen jedoch nicht zu übersehen. Wie die meisten Savannentiere weiden sie oft in Gesellschaft von anderen Tierarten wie z. B. Zebras und Antilopen, wodurch ihre Sicherheit vor Raubtieren erhöht wird.

Im Waza-Park in Kamerun sind die Einzelgänger unter den Giraffen meist erwachsene Weibchen; außerdem kommen häufig Zweiergruppen vor, die sich vorwiegend aus einer Giraffenkuh und ihrem Jungen zusammensetzen. Im Serengeti-Nationalpark in Tansania dagegen bestehen Zweiergruppen zumeist aus Erwachsenen gleichen Geschlechts.

Dreiergruppen bilden sich im Waza-Park vor allem aus drei Weibchen oder zwei Weibchen und einem Männchen. Im Krüger-Nationalpark wiederum sind es meistens drei Männchen und im Nairobi-Park drei Weibchen. Handelt es sich um Gruppen, die aus vier Mitgliedern bestehen, so variiert die Zusammensetzung von Fall zu Fall.

Die Größe einer Gruppe hängt sehr stark von der Jahreszeit ab. Auf dem Höhepunkt der Trockenperiode sind die Giraffen in kleinen Gruppen zu höchstens vier oder fünf Tieren über die Savanne verstreut, doch in der Regenzeit, wenn das Nahrungsangebot reichlich ist, bilden sich nicht selten Gruppen von bis zu 15 Tieren.

Die Tiere einer Gruppe ziehen jeweils eine Zeitlang gemeinsam umher, bevor sie sich trennen, um wieder ein Einzelgängerdasein zu führen oder sich einer neuen Gruppe anzuschließen. Ein amerikanischer Zoologe stellte bei seinen Untersuchungen fest, daß die Auflösung und die Bildung einer Gruppe ohne jede erkennbare Gesetzmäßigkeit erfolgen und sich die Zusammensetzung von einem Tag auf den anderen änderte. Um seine Studien durchführen und die Giraffen auseinanderhalten zu können, machte sich der Forscher die von Tier zu Tier verschiedene Zeichnung des Fells zunutze – ein unverwechselbares Merkmal, ähnlich einem Fingerabdruck – und identifizierte zwischen 1965 und 1968 im Nationalpark von Nairobi in Kenia 241 Giraffen, indem er jeweils die linke Seite ihres Halses fotografierte. Nun konnte er ein Tier anhand dieser Aufnahmen innerhalb kürzester Zeit wiedererkennen.

Das Oberhaupt der Gruppe

Es scheint nahezuliegen, daß bei einer Tierart mit derart lockeren Bindungen wie bei den Giraffen das Oberhaupt einer Gruppe willkürlich bestimmt wird und diese nur vorübergehend leitet. Tatsächlich aber vergeht kaum ein Tag, an dem es unter Bullen nicht zu Rangordnungskämpfen kommt. Auch wenn Giraffen nicht an ein bestimmtes Revier gebunden sind und recht friedlich zusammenleben, müssen sie sich doch regelmäßig ihre Überlegenheit beweisen.

Wenn eine Gruppe ausschließlich aus weiblichen Tieren besteht, verteidigt die größte Kuh alle anderen. Ist die Gruppe hingegen gemischt oder setzt sie sich nur aus Männchen zusammen, nimmt der größte Bulle die Rolle des Beschützers wahr. In der Regel ist es schwer herauszufinden, welche Giraffe die Gruppe gerade anführt, denn oft wechseln sich verschiedene Tiere ohne ersichtlichen Grund in dieser Aufgabe ab. Wenn alle Giraffen einer Gruppe mit der Nahrungsaufnahme beschäftigt sind, hält nicht etwa ein einzelnes Tier Wache, sondern die Gruppenmitglieder richten es so ein, daß jede Giraffe einen bestimmten Abschnitt des Horizonts im Blick behält und auf diese Weise Gefahrenquellen rechtzeitig ausmachen kann. Die Nahrungssuche und Fortbewegung in kleinen, losen Gruppen erlauben es den Tieren, die Umgebung genau zu beobachten und sich besser vor Raubtieren zu schützen. Jede dieser Gruppen steht darüber hinaus oft noch in Blickkontakt mit anderen, bisweilen einige Kilometer weit entfernten Gruppen.

Verschiedene Untersuchungen haben erbracht, daß sich die Mitglieder einer gemeinsam umherziehenden Giraffengruppe nie weiter als 200 m voneinander entfernen; wenn sie in ihrem Lebensraum genügend Nahrung und Wasser finden, überschreiten die Tiere die Grenzen ihres angestammten Aufenthaltsgebietes nur in sehr seltenen Fällen.

Die Zusammensetzung einer Giraffengruppe ändert sich praktisch jeden Tag. Man vermutet, daß es sich dabei um einen lockeren Zusammenschluß von Einzelgängern handelt, die sich zueinandergesellen, um sich besser vor Raubtieren schützen zu können. Bei der Nahrungsaufnahme beäugt jede Giraffe einen bestimmten Horizontabschnitt, und verschiedene Gruppen halten ständig Blickkontakt. Nimmt eine Giraffe ein sich näherndes Raubtier wahr, wird sie unruhig und warnt auf diese Weise die anderen Tiere. Dann flüchtet die ganze Herde, wobei das größte Tier in der Regel die Nachhut bildet.

Giraffen sind nicht stumm

Man hat lange Zeit geglaubt, Giraffen seien stumm. Sie besitzen jedoch einen normalen Stimmapparat und können eine ganze Reihe verschiedener Laute von sich geben. Bei Gefahr äußern sie Schnarchtöne, indem sie die Luft durch ihre Nüstern pressen. Kämpfende Bullen stoßen ein rauhes Husten oder ein Grunzen aus, manchmal brüllen sie auch. Ängstliche Giraffenjunge geben mit geschlossenen Lippen hohe, klagende Schreie von sich.

Stimmungen verleihen Giraffen vor allem aber durch ihre Körpersprache Ausdruck. Ein dominanter Bulle, der einem Artgenossen entgegentritt, streckt, um den Gegner einzuschüchtern, den Kopf hoch in die Luft und hebt das Kinn. Wenn er einen Rivalen vertreiben möchte, geht er mit nach vorn gebogenem Hals und gesenktem Kopf auf diesen los und droht ihm mit den Hörnern. Bei weiblichen Tieren äußert sich die Rangordnung subtiler; meist weicht die untergeordnete der ranghöheren Kuh aus und überläßt ihr beispielsweise die nahrhaftesten Akazienzweige. Peitscht eine Giraffe mit dem Schwanz nervös ihre Flanken, zeigt sie an, daß Gefahr im Verzug ist.

Wenn ein Giraffenbulle seinen Kopf am Körper eines anderen reibt, tut er dies nicht immer in friedlicher Absicht; das Verhalten kann auch Ausdruck eines ernsten Kampfes sein. Dabei schlagen die Bullen ihre Köpfe gegen Körper und Beine des Gegners. Solche Kämpfe finden unter Bullen das ganze Jahr über statt, unabhängig davon, ob Kühe in der Nähe sind oder nicht. Mit dem Tod eines Gegners enden sie aber nur in äußerst seltenen Fällen. Reitet gegen Ende der Auseinandersetzung ein Bulle auf einen anderen auf – ähnlich wie bei einer Paarung –, so ordnet er sich den Gegner damit unter. Das Aneinanderreiben spielt nicht nur bei Rangkämpfen eine wichtige Rolle, es ist auch Bestandteil des Sexualverhaltens der Tiere.

Elegante, doch manchmal erbitterte Kämpfe

Kämpfe unter Giraffenbullen finden das ganze Jahr über statt, und nicht selten nehmen sie „gewalttätige" Züge an. Oft wird eine Auseinandersetzung dadurch provoziert, daß sich ein Bulle einem anderen nähert und sich vor diesem herausfordernd aufbaut. Indem der zweite Bulle die gleiche Haltung einnimmt, erklärt er sich zum Kampf bereit. Dieser verläuft in der Regel immer nach demselben Schema. Zunächst stellen sich die beiden Rivalen Seite an Seite bzw. einander gegenüber. Die Vorderbeine gespreizt, beginnen sie nun den Kopf rhythmisch hin und her zu bewegen, beugen die Hälse und schlagen diese mit Wucht gegeneinander, wobei sie sich mit der Stirn oder den Hörnern zu treffen beabsichtigen. Gleichzeitig versuchen sie, einander abzudrängen, indem sie sich mit ihrem ganzen Gewicht gegeneinander stemmen. Führt dies nicht bereits zur Aufgabe eines der beiden Rivalen, teilen die Bullen heftigere Schläge aus. Da die hin- und herpendelnden Halsbewegungen einen enormen Kraftaufwand erfordern, können die Schläge nur mit geringer Zielgenauigkeit geführt werden. Deshalb verlaufen die Kämpfe zwischen zwei Bullen im allgemeinen auch ohne ernsthafte Verletzungen, zumal sie auf Tritte mit den Hufen, ihr „schlagkräftigstes" Kampfmittel, interessanterweise verzichten. Der Streit endet meist mit der Flucht des Unterlegenen; gelegentlich reitet der siegreiche Bulle auch wie bei einer Paarung kurz auf den Gegner auf, um seiner Überlegenheit Nachdruck zu verleihen. Diese Kämpfe sieht man besonders häufig in der Paarungszeit.

Fortpflanzung

Eine Häufung von Giraffengeburten findet man in den kühleren Monaten, wenn die Akazien noch frische Blätter und Blüten haben; dann gibt es für die Jungen genügend Nahrung und ihre Lebensbedingungen sind besonders günstig. Im Waza-Nationalpark in Kamerun beispielsweise ist dies in der Zeit von November bis Januar der Fall.

Dennoch gibt es das ganze Jahr über Giraffengeburten. Alle zwei Wochen sind die Weibchen einen Tag lang brünstig, und da die Bullen sich nur in dieser Zeit mit der Kuh paaren können, müssen sie intensiv um sie werben. Unablässig kontrollieren sie die Kuh, folgen ihr, lecken ihren Schwanz oder streichen ihr mit der Nase über die Flanken. Sobald die Kuh uriniert, fängt der Bulle die Flüssigkeit mit seiner Zunge auf, hebt den Kopf und zieht die Oberlippe in typischer Weise hoch; dieses Verhalten nennt man „flehmen". Das Flehmen ermöglicht es dem Bullen, mit einem speziellen Sinnesorgan die Sexualduftstoffe, welche die Empfängnisbereitschaft des Weibchens signalisieren, wahrzunehmen. Bisweilen spuckt der Bulle den Urin der Kuh wieder aus und beginnt zu fressen oder wiederzukäuen, ohne sich weiter um das Weibchen zu kümmern. Signalisiert ihm der Urin aber die Paarungsbereitschaft der Kuh, folgt er ihr auf Schritt und Tritt und prüft ihren Zustand anhand weiterer Urinaufnahmen – eine Phase des Paarungsvorspiels, das sich über Stunden hinziehen kann.

Sollte sich jetzt ein anderer Bulle für das brünstige Weibchen interessieren und sich ihm zu nähern versuchen, würde er vom ersten Anwärter sofort verjagt werden. Wenn es zur Paarung kommt, tritt der Bulle hinter die Kuh, stellt sich auf die Hinterbeine und reitet auf sie auf, indem er ihr die Vorderbeine über die Flanken legt; nach einigen Schritten bleibt sie schließlich stehen.

Große Hohlräume machen den Schädel leichter

Unter den Schädeln der Huftiere weist derjenige der Giraffe bei weitem die größten Hohlräume auf; diese sind von faserigem Bindegewebe durchzogen und miteinander verbunden. Sie dienen vor allem dazu, das Gewicht des Kopfes zu verringern. Das Nackenband, das vom Hinterhauptsbein bis zu den Brustwirbeln reicht und eine Länge von 2 m hat, ist stark genug, um den Schädel zu halten. Weiterhin schwächen die Hohlräume die Stöße ab, die sich die Bullen bei ihren Kämpfen gegenseitig versetzen.

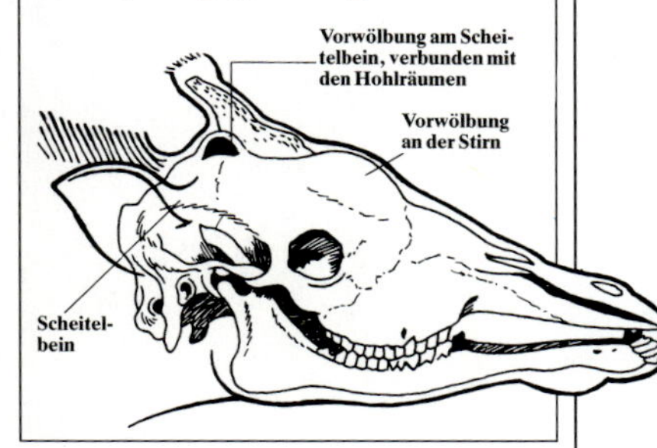

Giraffen können sich das ganze Jahr über fortpflanzen. Die Paarung, der mehrere Stunden des Werbens vorausgehen, dauert nur wenige Augenblicke.

Die Geburt – der Sturz ins Leben

Normalerweise bringt eine Giraffenkuh mit 5 Jahren ihr erstes Junges zur Welt. Unter günstigen Bedingungen wird sie bis zum Alter von 20 Jahren alle 18 Monate trächtig, wobei die Tragzeit ungefähr 15 Monate beträgt. Über Giraffengeburten in freier Wildbahn ist nur wenig bekannt, doch weiß man, daß sich Kühe in der Serengeti von ihrer Gruppe absondern, um zu gebären. Im südafrikanischen Krüger-Nationalpark hingegen haben Forscher eine Kuh beobachtet, die bei der Geburt von neun Weibchen umringt war. Diese schienen an dem Neugeborenen sehr interessiert zu sein und berührten es mit den Nüstern.

Offenbar finden die meisten Geburten frühmorgens statt; so ist das Neugeborene in der darauffolgenden Nacht, wenn die Raubtiere auf Beutezug gehen, schon kräftiger. Die Geburt dauert 1–2 Stunden. Da das Weibchen stehend und mit gespreizten Hinterbeinen gebiert, fällt das Junge ungefähr 2 m tief auf den Boden herab. Der Sturz scheint ihm jedoch nicht zu schaden, denn bereits eine halbe Stunde später macht es auf noch zittrigen Beinen die ersten Stehversuche. Das Geburtsgewicht der Jungtiere schwankt zwischen 70 und 100 kg. Von Anfang an sehen sie wie Miniaturausgaben erwachsener Giraffen mit verhältnismäßig kurzem Hals aus. Die Hufe sind bei der Geburt noch weich, werden aber sehr schnell hart. Wie bei allen neugeborenen Huftieren sind die Sinne des Giraffenjungen gut entwickelt, und kaum eine Stunde alt, kann es seiner Mutter bereits folgen. Diese säubert es und fordert es durch Belecken auf, zu trinken. Wenn das Junge die Zitzen gefunden hat, kommt es in den Genuß einer fett- und eiweißreichen Milch. Nur 10 Stunden nach der Geburt kann es schon recht gut laufen, und nach 3 Tagen bereits ist es kräftig genug, um Sprünge zu machen. Während der Wachstumsphase dunkeln seine Flecken manchmal ein wenig nach. Das Fell junger Giraffen ist wollig und weicher als das erwachsener Tiere. Wo später die Hörner wachsen, haben sie zunächst nur Büschel von schwarzem Haar; der Knorpel ihrer Hornstümpfe, der bei der Geburt flach unter der Haut liegt, richtet sich erst nach ein paar Tagen auf. Später verknöchert er und verwächst mit dem Schädelknochen.

Wie Löwen Giraffen zu Fall bringen

Löwen sind die einzigen Raubtiere, die eine erwachsene Giraffe mit einem Gewicht von mehr als 1 t erlegen können. Hierfür warten sie den Moment ab, in dem sie ihren Kopf senkt. Ein Löwe schleicht sich an, beißt ihr in die Schnauze und schlägt ihr die Krallen in den Nacken. Ist die Giraffe erst einmal aus dem Gleichgewicht gebracht, eilen alle Rudelmitglieder herbei und töten sie.

Rasantes Wachstum

Im Alter von 2 Wochen nimmt das Junge erstmals feste Nahrung zu sich, trinkt aber noch weiterhin bei der Mutter. Die Entwöhnung erfolgt mit 8–12 Monaten. Manchen Forschern zufolge beträgt sein Wachstum pro Monat durchschnittlich 8 cm, so daß sich seine Größe innerhalb von 2 Jahren fast verdoppelt, wobei männliche Jungtiere schneller wachsen. Im Park von Nairobi hat man festgestellt, daß die Giraffenjungen in den ersten 6 Wochen sehr engen Kontakt mit der Mutter halten. Dies bedeutet zwar nicht, daß sie ihr nie von der Seite weichen, doch entfernen sie sich nie weiter als 150 m von ihr. In der Serengeti hat man beobachtet, daß die 1 oder 2 Wochen alten Jungen tagsüber zusammen auf eine Anhöhe geführt werden, wo sie vor Raubtieren sicher sind. Solche „Kinderkrippen“ für Giraffenjunge ermöglichen es den Müttern, in der Nähe in Ruhe zu weiden. Ältere Junge tun sich zunächst zusammen, um gemeinsam zu fressen; später mischen sie sich dann unter die Erwachsenen. Mit etwa 16 Monaten verlassen die Jungen die Mutter.

Vor wenigen Augenblikken ist dieses Giraffenbaby zur Welt gekommen, und Reste der Fruchtblase bedecken noch seinen Körper. Wenn das schlaksige Junge stehen kann, wird es von der Mutter gesäubert und zum Trinken aufgefordert. Die Sterblichkeitsrate junger Giraffen ist ausgesprochen hoch; etwa die Hälfte der Jungen fällt bereits in den ersten 6 Lebensmonaten Raubtieren wie Löwen, Geparden, Leoparden und Hyänen zum Opfer.

Folgende Doppelseite: Giraffenjunges. Die Fellzeichnung eines jeden Tiers ist anders – so unverwechselbar wie ein Fingerabdruck.

Giraffe

Giraffa camelopardalis

In der Regel schreiten Giraffen bedächtig durch die Savanne; sie gehen im Paßgang, einer Fortbewegungsweise, bei der für jeden Schritt die Beine derselben Seite eingesetzt werden. Diese besondere Bewegungsart erlaubt größere Schritte, verringert die Arbeit der Muskeln und verhindert, daß die Hufe gegeneinanderstoßen. Auf gerader Strekke legt die Giraffe in einer Stunde 6–7 km zurück, im Galopp erreicht sie jedoch bis zu 56 km/h. Der lange Hals dient ihr bei allen Bewegungen dazu, die Balance zu halten. Hebt sie im Galopp die Vorderbeine, so muß sie den Hals zurückwerfen; um die Hinterbeine vom Boden lösen zu können, streckt sie ihn vor.

An heißen Tagen sind Giraffen nur wenig aktiv; vor allem Jungtiere und ältere Giraffen dösen um die Mittagszeit im Schatten hoher Akazien – zumeist im Stehen; sie legen sich nur hin, wenn sie sich in völliger Sicherheit wähnen. Gelegentlich fallen die Tiere auch in Tiefschlaf, wobei sie den Hals nach hinten biegen und das Kinn nahe der Hüfte seitwärts auf den Boden legen. Diese Haltung nehmen Giraffen jedoch nie lange ein, wie denn auch die Phasen des Tiefschlafs nachts meist nur 3–4 Minuten andauern. Wegen ihrer langen Gliedmaßen bereitet es den Tieren große Umstände, sich hinzulegen oder aufzustehen. Dazu müssen sie mit Hilfe des Halses eine Reihe komplizierter Bewegungen ausführen.

Hitze vertragen alle Giraffen sehr gut. Sie trinken zwar regelmäßig, können jedoch sogar während der Trockenzeit mehrere Tage ohne Wasser auskommen. Den Tieren genügt es, wenn sie ihre Aktivitäten in die kühleren Stunden des Tages verlegen. Im Park von Waza, Kamerun, enthalten zwei Drittel der von Giraffen verzehrten Vegetation mindestens 50% Wasser, und die Hälfte der Pflanzen bleibt auch in der Trokkenzeit belaubt. Manche Pflanzen, etwa *Crataeva religiosa*, besitzen sogar einen Flüssigkeitsgehalt von 75%. Giraffen finden demzufolge in Blättern, Blüten und Früchten fast die gesamte für ihren Stoffwechsel notwendige Wassermenge, zumal ihr täglicher Bedarf, gemessen an ihrer Größe, eher gering ist: Pro 100 kg Lebendgewicht benötigt sie nur 3,35 l.

Schließlich weiß die Giraffe mit dem Wasser hauszuhalten. Ihr Körper kann dank seiner großen Oberfläche die Körperwärme gut ableiten. Anstatt Wasser durch Schwitzen zu verschwenden, läßt sie ihre Körpertemperatur während des Tages, wenn die Sonne alles aufheizt, auf 39 °C ansteigen. In der Nacht fällt sie dann wieder auf 35 °C. Diese Anpassungsfähigkeit an die Temperaturunterschiede zwischen Tag und Nacht ermöglicht es den Tieren, pro Tag ungefähr 10 l Wasser zu sparen.

Giraffen besitzen ein ausgezeichnetes Sehvermögen und können selbst kleinere Bewegungen von weit entfernten Lebewesen sehr gut erkennen. So sind sie etwa in der Lage, einen Menschen aus einer Distanz von 2 km auszumachen. Manche Wissenschaftler sind sogar der

	GIRAFFE
Art:	*Giraffa camelopardalis*
Familie:	Giraffen
Ordnung:	Paarhufer
Klasse:	Säugetiere
Merkmale:	Langgestreckter Körper, insbesondere langer Hals und lange, dünne Beine. Größte Körperhöhe der Säugetiere; geflecktes Fell
Maße:	Männchen im Schnitt 5,30 m hoch, Schulterhöhe 3,30 m; Weibchen etwa 4,30 m hoch, Schulterhöhe 2,70 m
Gewicht:	800–1900 kg
Verbreitung:	Afrika, südlich der Sahara, ausgenommen die Wüsten
Lebensraum:	Busch- und Baumsavannen
Nahrung:	Rein pflanzlich
Sozialstruktur:	Grundeinheit: Mutter mit Jungtier; Gruppen von Bullen, allein lebende Bullen, Herden von Kühen und Bullen mit wechselnder Struktur
Geschlechtsreife:	Männchen ab 3–3,5 Jahren; Weibchen ab 2–2,5 Jahren
Fortpflanzung:	An keine Jahreszeit gebunden
Tragzeit:	15 Monate
Anzahl der Jungen pro Geburt:	1
Geburtsgewicht:	70–100 kg
Lebensdauer:	26 Jahre
Bestand:	Abnehmend
Bedrohung und Schutz:	In vielen Ländern geschützt; im Washingtoner Artenschutz-Übereinkommen bislang nicht verzeichnet

Kopf
Schlank, mit Hörnern; starrer Gesichtsausdruck.

Augen
Schmal und schräg, mit langen Wimpern.

Fell
Jede Giraffe ist anders gezeichnet; anhand der Musterung in Schulterhöhe können die Tiere leicht voneinander unterschieden werden.

Körper
Schlanke Erscheinung mit hohen Stelzenbeinen; abfallender Rükken. Jeder der sieben Halswirbel ist ungefähr 40 cm lang.

Meinung, daß sie die Farben Rot, Orange, Gelb und Violett unterscheiden können. Wenn Bäume ihre Sicht behindern, steigen Giraffen gern auf Anhöhen. Nehmen die Tiere Menschen wahr, bleiben sie unbeweglich hinter Bäumen und Büschen stehen und schlagen nur erregt mit dem Schwanz; entdecken sie aber Löwen, verlassen sie sofort die Deckung und recken den Hals, um die Raubtiere nicht aus den Augen zu verlieren.

Die Unterarten

Je nach Region weisen die Felle der Giraffen Unterschiede in Färbung und Musterung auf; auch sind die Gliedmaßen der Tiere mehr oder weniger gefleckt. Im Westen und in der Mitte des afrikanischen Kontinents sind die Flecken im allgemeinen heller, regelmäßiger und kleiner als bei den mit Netzmuster gezeichneten Giraffen. Durch diese große Vielfalt erklärt sich die Überzeugung mancher Zoologen, daß es acht Unterarten von Giraffen gibt. Andere Wissenschaftler sprechen von nur zwei Unterarten – der Netzgiraffe und der Gefleckten Giraffe –, denen sie alle anderen zuordnen. Nach der ersten Einteilung ergibt sich folgende Aufstellung:

Netzgiraffe, *Giraffa camelopardalis reticulata*, die am weitesten verbreitete Giraffe. Ihr mahagonibraunes Fell ist in große, regelmäßige Vielecke unterteilt. Sie lebt in Äthiopien, Somalia und Nordkenia.

Nubische Giraffe, *Giraffa c. camelopardalis*

Sudangiraffe, *Giraffa c. antiquorum*

Tschadgiraffe, *Giraffa c. peralta*

Ugandagiraffe, *Giraffa c. rothschildi*

Massaigiraffe, *Giraffa c. tippelskirchi*

Rhodesiengiraffe, *Giraffa c. thornicrofti*

Angolagiraffe, *Giraffa c. angolensis*

Kapgiraffe, *Giraffa c. giraffa*

Besondere Merkmale

Hörner
Giraffen besitzen zwei mit Haut überzogene, an der Spitze gerundete Hörner, die bis 25 cm lang werden können. Manche Bullen haben zwei weitere knochige Hornzapfen hinter diesen beiden Hörnern und überdies eine zusätzliche Vorwölbung auf der Stirn (vgl. Abbildung links). So gibt es Giraffen mit zwei, vier oder fünf Hörnern. Kühe besitzen dünnere und stärker geschwungene Hörner als Bullen.

Skelett und Muskulatur
Wie bei allen Säugetieren besteht auch der Hals der Giraffe aus nur sieben Wirbeln, die jedoch stark verlängert sind. Zusammen machen sie fast die Hälfte der gesamten Wirbelsäule aus. Die Wirbelsäule ist vor allem in Halshöhe sehr beweglich. Der Halsbereich wird von mehreren Muskelbündeln bewegt, die an verschiedenen Stellen ansetzen; je nach der auszuführenden Bewegung ziehen sich diese Muskelmassen gemeinsam oder nacheinander zusammen.

Gebiß
Die langen, schmalen Kiefer sind mit 32 Zähnen ausgestattet. Schneide- und Eckzähne, die in einem Halbkreis angeordnet sind, besitzt nur der Unterkiefer.

Hufe
Giraffen sind Huftiere: Sie stehen mit den Kanten der Hufplatten auf dem Boden. Die Hornplatte des Hufs schützt das Gewebe des Hufballens und das nur aus zwei Zehen bestehende Fußskelett. Die Hufe der Hinterfüße sind flacher.

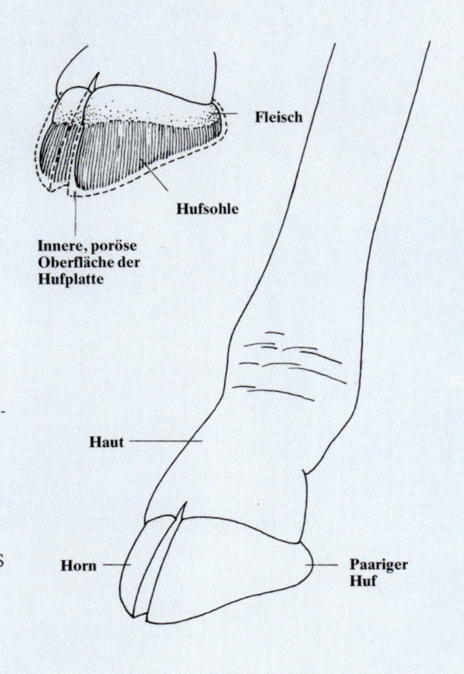

Okapi

Okapia johnstoni

Das Okapi ist das einzige weitere lebende Mitglied der Giraffenfamilie; es sieht aus wie eine kleine braune Giraffe mit weißen Wangen und verkürztem Hals, deren Beine eine auffallende Streifenzeichnung besitzen. Sein Körper ist ungefähr 2 m lang und kann eine Schulterhöhe von 1,80 m erreichen. Die Schultern und der Hals sind sehr kräftig; letzterer trägt auf einer Länge von rund 1,5 m eine kurze Mähne.

Bis zum Ende des 19. Jh. war dieses seltsame, zurückgezogen in den großen Regenwäldern von Zaire lebende Tier den Naturforschern unbekannt. Okapis sind Einzelgänger; manchmal trifft man sie jedoch auch paarweise an – einen Bullen mit einer Kuh oder eine Kuh mit einem Jungen. Das Revier des Männchens kann 10 km² umfassen und ist größer als das des Weibchens, das durchschnittlich 3–5 km² mißt. Im Schutzgebiet für Okapis in Zaire beläuft sich die Bestandsdichte auf 0,3–0,6 Tiere pro km², kann aber ein Maximum von 1,25 erreichen.

Okapis sind äußerst scheue und mißtrauische Tiere. Ständig auf der Hut und sehr wachsam, registrieren sie mit ihren großen, beweglichen Ohren jedes noch so kleine verdächtige Blätterrascheln. Beim geringsten Anzeichen einer Gefahr springen sie davon; ihre Vorsicht und ihre Schnelligkeit auf der Flucht sind die einzigen Mittel, die ihnen zur Verfügung stehen, um Raubtieren zu entkommen.

Am aktivsten sind Okapis in den Abendstunden; dann ruhen sie, bevor sie sich am nächsten Morgen wieder auf Nahrungssuche begeben. Als Vegetarier und Wiederkäuer ist die Waldgiraffe, wie das Okapi auch genannt wird, mit dem gleichen Gebiß ausgestattet wie seine größeren Vettern. Es frißt über 100 verschiedene Pflanzenarten. Mit seiner sehr beweglichen Zunge ergreift es zarte, nahrhafte Zweigenden, junge Blätter und Sprosse. Ergänzt wird die Nahrung durch Gräser, Farne und Früchte.

Über die Fortpflanzung der Okapis in der Natur weiß man noch sehr wenig. Paarungen scheinen das ganze Jahr über möglich zu sein, sie häufen sich allerdings in den Regenzeiten von Mai bis Juni und von November bis Dezember. Der Bulle benutzt immer dieselben Pfade und markiert bestimmte Stellen mit dem Sekret seiner Zwischenzehendrüsen und mit seinem Urin. Die brünstige Kuh macht das Männchen durch sonore Laute auf sich aufmerksam. Sie ist mehrere Tage empfängnisbereit, verhält sich ihrem Partner gegenüber jedoch zunächst abweisend. Dieser wahrt anfangs diskret Abstand, streckt demonstrativ den Kopf hoch, zeigt seinen hellen Hals und teilt mit dem Huf leichte Schläge aus. Danach treiben sich die Tiere eine Weile spielerisch umher; währenddessen schnüffelt das Männchen geräuschvoll mit erhobenem Kopf. Taucht jetzt ein Rivale auf, kämpfen die Bullen, indem sie einander Schläge mit dem Kopf versetzen. Wenn die Werbung und das Vorspiel beendet sind, finden meist

Ohren
Die großen Ohrmuscheln erlauben die Wahrnehmung kleinster verdächtiger Geräusche.

Augen
Schrägliegend, von langen Wimpern geschützt.

Kopf
Schlank und spitz zulaufend, aber kräftig, ähnlich wie bei der Giraffe. Die Wangen sind weißlich gefärbt.

Körper
Gedrungen und kurz, Rücken abfallend.

Streifen
Das Erkennungsmerkmal eines jeden Okapis; Zeichnung von Tier zu Tier verschieden.

	OKAPI
Art:	*Okapia johnstoni*
Familie:	Giraffen
Ordnung:	Paarhufer
Klasse:	Säugetiere
Merkmale:	Sieht wie eine kleine Giraffe mit kürzerem Hals aus. Schokoladenbraunes Fell, helle Wangen; Gliedmaßen im oberen Bereich gestreift. Bullen mit zwei kurzen Hörnern
Maße:	Schulterhöhe 1,50–1,70 m; Schwanz 30–40 cm
Gewicht:	200–280 kg; Weibchen vermutlich schwerer als Männchen
Verbreitung:	Im Nordosten von Zaire
Lebensraum:	Äquatorialer Regenwald
Nahrung:	Rein pflanzlich
Sozialstruktur:	Einzelgänger
Geschlechtsreife:	Beim Weibchen mit 3 Jahren, beim Männchen mit 4 Jahren
Fortpflanzung:	Jahreszeitlich nicht gebunden, doch Häufung im Mai/Juni und November/Dezember
Tragzeit:	427–457 Tage
Anzahl der Jungen pro Geburt:	1
Geburtsgewicht:	20–24 kg
Lebensdauer:	20 Jahre in freier Wildbahn, 30 Jahre in Gefangenschaft
Bestand:	5000 im Okapi-Schutzgebiet in Zaire, sinkende Zahlen
Bedrohung und Schutz:	Seit 1933 in Zaire geschützt

mehrere Paarungen statt. Ungefähr 14 Monate später bringt die Kuh an einer geschützten Stelle im Wald ein einziges Junges zur Welt; es hat eine Schulterhöhe von 72–83 cm. Die weißen Querstreifen am Hinterteil der Mutter sind für das Neugeborene offenbar ein wichtiger optischer Reiz. Nach der Geburt bleibt das Junge einige Augenblicke liegen, während die Kuh es beschnuppert und leckt. Dann versetzt ihm die Mutter mit der Nase einen leichten Stoß, um es zum Aufstehen zu bewegen. 2 oder 3 Stunden nach der Geburt trinkt das noch auf zittrigen Beinen stehende Junge zum ersten Mal bei ihr. In den ersten beiden Lebenswochen bleibt es im Dickicht verborgen, dann folgt es der Mutter auf ihren Streifzügen. Das Junge wird 8–10 Monate gesäugt. In freier Wildbahn bringt eine Kuh alle 15–17 Monate ein Junges zur Welt.

Einziger natürlicher Feind der Okapis ist der Leopard *(Panthera pardus)*. Die größte Bedrohung geht jedoch vom Menschen aus, und zwar nicht von den Pygmäen, die das Okapi zu ihrer Ernährung jagen, sondern auch hier wieder in erster Linie von Wilderern; weiterhin gefährden Umweltzerstörungen wie die Abholzung der Regenwälder und sich ausdehnende Landwirtschaftszonen das Überleben der Art.

In Zaire steht das Okapi seit 1933 unter gesetzlichem Schutz. Im Jahr 1952 wurde am Ituri-Fluß das Forschungszentrum von Epulu eingerichtet; die Station befindet sich in einem dichten Wald mit einer Fläche von ca. 13 000 km², der zum Okapi-Schutzgebiet erklärt wurde und in dessen Zentrum demnächst ein Nationalpark entstehen soll.

Im Jahr 1990 hielten zwölf europäische und sechs amerikanische Zoos Okapis. Insgesamt lebten 70 Tiere in Gefangenschaft, von denen nur noch zwei in freier Wildbahn geboren waren. Auch in Frankfurt, Basel und Stuttgart sind schon Okapis zur Welt gekommen. Ziel der Bemühungen dieser Zoos ist es, einen Okapibestand in Gefangenschaft aufzubauen, der sich selbst erhält, damit in Zukunft keine Tiere mehr aus freier Wildbahn eingeführt werden müssen.

Besondere Merkmale

Zunge
Sie ist sehr lang, blauschwarz, äußerst beweglich und kann weit ausgestreckt werden, um zarte Triebe zu erfassen und heranzuziehen. Mit ihr kann das Okapi nahezu alle Körperstellen erreichen – Augen, Ohren und Hufe eingeschlossen.

Gebiß
Wie die Giraffe besitzt auch das Okapi nur im Unterkiefer Schneide- und Eckzähne; im Oberkiefer befinden sich lediglich Vorbakken- und Backenzähne.

Fell
Das Haar ist kurz, samtig und von schokoladenbrauner Farbe. Das Fell ist mit einer stark riechenden, braunen Hautdrüsenabsonderung überzogen. Anhand der Querstreifen an den Gliedmaßen kann man die Tiere voneinander unterscheiden; im Durchschnitt weisen die Vorderbeine 5–8, die Hinterbeine 7–20 Streifen auf. Charakteristisch sind auch die weißen „Gamaschen" der unteren Gliedmaßen.

Hörner
Nur der Bulle besitzt zwei Hörner, die etwa 15 cm lang und behaart sind. Durch Scheuern werden die Haare an den Spitzen abgewetzt, die Haut jedoch bleibt ein Leben lang erhalten. Manchmal finden sich an den Enden rudimentäre Hornreste, die in der Regel abfallen.

Hufe
Wie bei der Giraffe mit zwei Zehen, aber zierlicher. Die Zwischenzehendrüsen sondern ein Sekret ab, das zur Markierung des Reviers dient.

Giraffen in ihrem Lebensraum

Mit Ausnahme der äquatorialen Regenwälder lebte die Giraffe früher in ganz Afrika, von der Mittelmeerküste bis Südafrika. Im nördlichen Afrika erstreckt sich ihr Verbreitungsgebiet heute nur noch auf die Baum- und Buschsavannen südlich der Sahara, wo man sie in verstreuten kleinen Gruppen in Senegal, Mauretanien, Niger sowie in Kamerun antrifft. Größer sind die Giraffenpopulationen der Nationalparks und Reservate Zentral- und Ostafrikas, besonders im Sudan, in Kenia, Tansania und Botsuana. Auch im Nordosten Südafrikas sind Giraffen noch heimisch. Die Tiere stehen in fast allen Ländern, in denen sie vorkommen, unter Schutz.

Giraffenpopulationen und ihre Auswirkungen auf die Vegetation

Untersuchungen in der Serengeti haben erbracht, daß ein mit natürlicher Pflanzendecke bewachsenes Weideland selten mehr als 3000 kg Trockenmasse pro Jahr und Hektar abwirft, während eine mit *Acacia xanthophloea* bestandene Savanne in Ostafrika bis zu 4975 kg Trockenmasse hervorbringt. Das Blattwerk dieser Akazie zeichnet sich das ganze Jahr über, also selbst während der Trockenzeit, durch einen hohen Eiweiß- und Zuckergehalt aus. Die Giraffe kann sich dieses reiche Nahrungsangebot bis in luftige Höhen zunutze machen.

Mit der Zeit wachsen die Akazien stärker in die Breite als in die Höhe; wegen dieser Wuchsform werden sie auch als „Schirmakazien" bezeichnet. Sie prägen das Bild der Savanne und spielen außerdem eine zentrale Rolle im Stoffkreislauf der Natur, da sie zu den Pflanzen gehören, die dem Boden Stickstoff zuführen können. Dazu befähigt sie eine Symbiose mit Bakterien, welche die Akazien in Wurzelknöllchen beherbergen. Selbstverständlich profitieren auch die Bäume selbst von dieser natürlichen „Düngung", weshalb ihre Blätter so nahrhaft und beliebt bei den Giraffen sind.

Auch in der Serengeti bilden Akazien die Hauptnahrung der Giraffen – aber diese Huftiere stellen dort eine Gefahr für die Bäume dar, denn in diesem Gebiet jagen Löwen fast nie Giraffen, so daß diese sich ungehindert vermehren und die Akazien überweiden; als Folge davon werden die Bäume durch Austrocknung stärker in Mitleidenschaft gezogen. Die Fachleute sind sich darin einig, daß die Vegetation bei einer Dichte von höchstens 1–2 Giraffen pro km^2 keinen Schaden nimmt.

Giraffen, Ziegen und Schafe

Nach einer Studie der FAO (Fachorganisation der UN für Ernährung, Landwirtschaft, Forsten, Fischerei) benötigt eine Hirtenfamilie für die Sicherung ihres Lebensunterhalts mindestens 2 km^2 akazienbestandene Savanne. Flächen dieser Größenordnung bieten Weideland für eine Herde von 30–35 Rindern und etwa 100 Ziegen und Schafe. Diese Haustiere ernähren sich immer von denselben Pflanzen und überweiden diese, während sich andere Arten ungehindert ausbreiten, etwa Buschwerk, das dann von Giraffen gefressen wird. Die Erhaltung der Giraffen liegt also im Interesse der Hirten, denn jene verhindern die Verbuschung ihrer Weiden.

Wie die obige Karte veranschaulicht, waren Giraffen früher fast überall in Afrika verbreitet; heute hingegen kommen sie nur noch in den Baum- und Buschsavannen südlich der Sahara vor. Wüsten und tropische Regenwälder meiden die Tiere gänzlich.

Da sie sich auf unterschiedliche pflanzliche Kost spezialisiert haben, können sich wildlebende Huftiere wie Zebras und Giraffen ein Weidegebiet teilen, ohne als Nahrungskonkurrenten aufzutreten.

Giraffen – Träger begehrter Trophäen

Lange Zeit haben Afrikaner und Araber Giraffen gejagt, ohne daß die Art dadurch gefährdet gewesen wäre. Mit der Ankunft der Weißen im 19. Jh. jedoch begann sofort eine Trophäenjagd einzusetzen, die zu einer starken Dezimierung der Giraffenbestände führte.

Die ersten Giraffen in Europa

Über Ägypten, wo Giraffen noch um die Mitte des 3. Jt. v. Chr. verbreitet waren, fanden die ersten Vertreter der Art den Weg nach Europa. Jene Giraffe, die auf Geheiß Julius Cäsars im Jahr 46 v. Chr. nach Rom gebracht wurde, stammte aus einem Tiergehege in Alexandria. Man nannte das seltsame Tier damals Kameleopard, weil man annahm, es sei aus einer Kreuzung von Kamel und Leopard hervorgegangen; die Bezeichnung hat sich im lateinischen Namen der Giraffe, *Giraffa camelopardalis*, bis heute gehalten. Im Jahr 1215 tauschte der Sultan von Ägypten mit dem Hohenstaufenkaiser Friedrich II. eine Giraffe gegen einen Eisbär, und 1826 beschloß Mehmet Ali, der osmanische Statthalter von Ägypten, dem französischen König Karl X. eine Giraffe zum Geschenk zu machen.

Von dieser Idee waren besonders die Wissenschaftler des Pariser Museums begeistert. Nach langen diplomatischen Verhandlungen wurde die Giraffe in Alexandria auf ein eigens für sie hergerichtetes Schiff gebracht: In die Brücke hatte man ein Loch gesägt, durch welches das Tier den Kopf strecken konnte. Zur Begleitung der Giraffe gehörten ein Delegationschef, ein Stallbursche, drei Diener aus dem Sudan, drei Kühe für frische Milch und zwei seltene Antilopen.

Die Giraffe wurde in Marseille an Land gebracht, wo sie den Winter verbringen sollte – zur sichtlichen Genugtuung der Gattin des Präfekten, die ihr zu Ehren Empfänge gab. Anschließend wurde die Giraffe „zu Huf" nach Paris geführt, begleitet von dem berühmten Naturforscher Geoffroy Saint-Hilaire. Ein wasserdichtes, mit Knöpfen verschließbares Cape mitsamt einer Kapuze, die Kopf und Hals bedeckte, schützte das Tier vor Regen. Ledersandalen, die man schnüren konnte, sollten eine Abnutzung der Hufe verhindern; sie wurden alle 50 km gewechselt. Die Giraffe fand auf der Reise großen Anklang: Zahlreiche Herbergen und Geschäfte schmückten den Eingang mit ihrem Bild.

Am 30. Juni 1827 kam sie in Paris an, wo sie sogleich dem König und dem Hof vorgeführt und anschließend in den Jardin des Plantes gebracht wurde, der ihr als neue Heimstätte dienen sollte. Hier bewunderten sie innerhalb eines halben Jahres rund 600 000 Pariser. Sie wurde mit Pflanzen, Heu, Blättern, Getreide, Milch und Salz gefüttert und gut gepflegt. Während der 18 Jahre, die sie dort lebte, führte Atir, ihr schwarzer Diener, sie jeden Tag an einem einfachen Seil spazieren. Die Leute waren so vernarrt in ihren außergewöhnlichen Gast, daß sich sogar die Mode nach ihm richtete: Die Giraffe war auf allen möglichen Gegenständen und Kleidungsstükken abgebildet, und sogar eine modische Hochfrisur, „à la girafe", wurde nach ihr benannt.

Eine gute Zielscheibe für „Großwildjäger"

Schon seit Jahrtausenden lebt die Giraffe in Gemeinschaft mit dem Menschen, der sie als Jagdwild betrachtet. Anhand von Höhlenmalereien und Knochen, die bei Ausgrabungen in einer bestimmten Gegend der Sahara zum Vorschein kamen, weiß man, daß die Bewohner des afrikanischen Kontinents Giraffen schon in vorgeschichtlicher Zeit nachstellten. Die Araber beispielsweise machten jahrhundertelang Jagd auf sie. Da die Reittiere, deren sie sich bei einem solchen Unterfangen bedienten – Kamele und Pferde –, schnell ermüdeten, mußten die Reiter sie wiederholt wechseln. Dies war nicht ungefährlich, weil die Giraffen ihren Verfolgern beim Galopp ganze Ladungen von Steinen entgegenschleuderten. Ab und zu kam es auch vor, daß ein Tier unvermittelt stehenblieb, sich den Jägern stellte und mit den Vorderhufen auf Pferd und Reiter eintrat.

Um die Giraffe erlegen zu können, bedienten sich die Araber verschiedener Techniken: Sie durchtrennten beispielsweise die Sehne des hinteren Beines, um das Tier außer Gefecht zu setzen, oder trieben es gegen ein Dickicht, sprangen vom Pferd und durchbohrten die Giraffe mit der Lanze. In Äthiopien und im Sudan pflegte man die Savanne in Brand zu stecken, um die Giraffen an den Rand eines Abgrunds zu treiben, wo sie problemlos getötet werden konnten.

Das Fleisch junger Giraffen gilt in Afrika als Leckerbissen. Ein großes Männchen ergibt mehrere hundert Kilogramm Frischfleisch – eine Menge, von der sich ein ganzes Dorf wochenlang ernähren kann. Zu

Von Wilderern getötet, wurde diese Giraffe einfach an Ort und Stelle liegengelassen. Nur der Schwanz ist ihr abgetrennt worden – ein begehrtes Objekt für die Herstellung von Fliegenklatschen und Armbändern. In den Reservaten wird der Wilderei mittlerweile entschlossen entgegengetreten: Patrouillen kontrollieren das Land regelmäßig vom Auto und vom Flugzeug aus.

Konservierungszwecken muß das Fleisch geräuchert werden; in feine Streifen geschnitten, wird es in der Sonne getrocknet und dann in den Rauch gehängt. Die Knochen der Giraffe werden als Dünger verwendet. Das Fell läßt sich zu einem hochwertigen Leder verarbeiten, aus dem dann Trinkschläuche, Tamtams, Gurtriemen, Reitpeitschen, Geißeln, Sandalen und Amulette zur Abwehr von Löwen hergestellt werden. Schilde aus Giraffenleder sind bei den Kriegern deshalb besonders begehrt, weil sie leichter sind als jene aus Büffel- und Nashornhaut, gegen Lanzen und Speerhiebe aber dennoch guten Schutz bieten. Die Sehnen der Giraffenbeine schließlich geben Gitarrensaiten, Bogensehnen und auch Nähfaden ab.

Solange nur mit Netzen, Lanzen oder vergifteten Pfeilen bewaffnete Afrikaner Giraffen jagten – sei es, um sich zu ernähren, sei es, um Gebrauchsgegenstände herzustellen –, war die Tierart nicht gefährdet. Dies änderte sich mit der Ankunft weißer Einwanderer, die, mit Gewehren ausgestattet, die großen Huftiere sowie viele andere Tierarten abzuschlachten begannen. In Südafrika vernichteten die Buren ganze Herden; in Ostafrika wurde den Giraffen von Jägern, die diese Bezeichnung nicht im geringsten verdienen, um einer besonderen Trophäe willen zugesetzt: der 25 cm langen Hörner. Heutzutage überlassen die Wilderer das Fleisch der toten Giraffen ganz einfach den Aasfressern und trennen nur den Schwanz ab, der in einer Quaste aus schwarzen Haaren endet. Der Schwanz gilt als Glücksbringer und findet Verwendung bei der Herstellung von Armbändern, die an Touristen verkauft werden sowie an Frauen einiger ostafrikanischer Stämme, die das Band als Zaubermittel gegen Unfruchtbarkeit tragen. Der Schwanz ist überdies als Fliegenpatsche oder Dekorationsstück begehrt; außerdem stellt man aus den Haaren Fäden her, an denen die Frauen der Massai Perlen aufreihen. Im Tschad schließlich wächst die Macht eines Stammesführers mit der Zahl der Giraffenschwänze, die sich in seinem Besitz befinden.

Insbesondere „Trophäen-" bzw. sogenannte „Großwildjäger" waren für den massiven Bestandsrückgang der Giraffe verantwortlich. Zwischen 1800 und 1865 verminderte sich die Anzahl der Tiere erheblich, und um 1900 gab es in freier Wildbahn nur noch wenige Giraffen. 1898 lebten im Krüger-Nationalpark in Südafrika etwa gerade noch 30 Giraffen; als die tödlich verlaufende Rinderpest ausbrach, gingen weitere Tiere ein. Diese ansteckende Krankheit raffte zu Beginn des Jahrhunderts auch zahlreiche andere Huftiere dahin. Zudem wurden im Norden von Botsuana zwischen 1942 und 1955 Giraffen und andere Tiere im Rahmen einer Kampagne gegen die Tsetsefliege systematisch umgebracht.

Heute ist die Giraffe in den meisten Ländern geschützt, in denen sie heimisch ist. Tansania hat dieses Charaktertier der Savanne sogar als Nationalsymbol gewählt. Daß sein Verbreitungsgebiet dennoch stetig schrumpft, ist einerseits der Ausbreitung der Wüsten in Afrika zuzuschreiben, infolge deren seine Futterpflanzen zugrunde gehen, anderseits aber dem Menschen, der den Lebensraum der Giraffe unaufhaltsam vernichtet.

Giraffen als Forschungsobjekte

Ihre ungewöhnliche Gestalt und vor allem der lange Hals weckten bei Naturforschern von jeher Interesse. Der französische Gelehrte Lamarck (1744–1829) sah in der Giraffe eine Bestätigung seiner Überlegungen zur Evolution der Organismen: Er nahm an, daß sich ihr Hals immer weiter verlängert habe, weil sie ihn nach hohem Blattwerk reckte. Heute sind die Experten überzeugt, daß Giraffen mit längeren Hälsen bessere Lebensbedingungen vorfanden und sich deshalb immer stärker vermehren konnten.

Über die Lebensweise der Giraffe gaben erst Untersuchungen der letzten drei Jahrzehnte Aufschluß.

Wiederholt beobachteten Forscher das Verhalten der Tiere in freier Natur, um Aufschluß über ihre Ernährungsgewohnheiten zu erlangen. Im Zuge dieser Bestrebungen analysierten sie Kotproben und untersuchten den Verdauungsapparat toter Giraffen. Um die Wanderungen der Tiere verfolgen zu können, versehen manche Wissenschaftler die Giraffen mit kleinen Sendern. Auf diese Weise ist es ihnen möglich, selbst nachts über deren Aktivitäten informiert zu sein. Wenn ein Tier einen Sender erhalten soll, wird es zunächst mit Hilfe eines Narkosegewehrs betäubt. Sofort eilen mehrere Wildhüter zu der Giraffe, um einer Verletzungsgefahr beim Niedersinken vorzubeugen – ein gefährliches Unternehmen, denn ein nicht vollständig betäubtes Tier kann leicht ein Dutzend Männer umwerfen. Liegt das Tier am Boden, fesseln ihm die Männer die Beine mit einem langen Seil, nehmen seine Maße ab, untersuchen seine Zähne und legen ihm das Halsband mit dem Sender um. Daraufhin wird ein Gegenmittel des Narkotikums verabreicht. Kaum eine Stunde später ist die Giraffe wieder auf den Beinen, wird aber von den Wildhütern weiterhin beobachtet, da ihr Wahrnehmungsvermögen noch einige Zeit beeinträchtigt ist und sie jetzt ein leichtes Opfer für durch die Savanne streifende Raubtiere wäre.

Schon der alte Brehm würdigte das friedfertige Wesen der Giraffe, dieses „teilnahmswerten Geschöpfs". Das Leben in Menschenobhut mag erträglich sein, die Freiheit kann es nicht ersetzen.

SCHAKALE

Im alten Ägypten wurde der Schakal wie der Löwe oder das Krokodil als Gott verehrt. Schlau und fintenreich wie unser Fuchs, ist er ein Meister der Anpassung an neue Lebenslagen, der sich neben größeren Raubtieren listig behaupten kann und sogar Teile ihrer Beute ergattert. Der Mensch sieht in ihm eine Gefahr für sein Geflügel und Vieh und stellt ihm deshalb nach.

Vier Arten von Schakalen kennt man, die sich in ihrem Verhalten und in ihrer Lebensweise stark ähneln. Den Schabrackenschakal *(Canis mesomelas)*, der im folgenden als ihr Vertreter vorgestellt wird, entdeckten und beschrieben Wissenschaftler erstmals im Jahr 1775. Er gehört zur Familie der Hundeartigen und zur Ordnung der Raubtiere. Seine Herkunft – dieselbe wie die der Hyänen oder Löwen – ist bis heute weitgehend ungeklärt. Die spärlichen Fossilien dieser Ordnung, die vor allem in Ostafrika gefunden wurden, tragen nur wenig zur Erhellung bei. Die Lebensräume jener ersten Raubtiere entsprechen jedoch noch weitgehend denen der gegenwärtig lebenden Beutegreifer, weshalb man von diesen Rückschlüsse auf die Eigenschaften ihrer Ahnen zu ziehen versucht.

Alle heute auf der Erde existierenden Raubtiere haben ein kleingewachsenes Tier der Gattung *Miacis* zum Ahnen, das vor 40 Mio. Jahren, im Eozän, Nordamerika bevölkerte. Es besaß Reißzähne wie die heutigen Raubtiere, war aber vermutlich auf Insektennahrung spezialisiert und lebte auf Bäumen.

Die Entwicklung der Hundeartigen vollzog sich fast ausschließlich in Nordamerika. Vor 30 Mio. Jahren, im Oligozän, ging ein Vertreter der Gattung *Hesperocyon*, ein der Ginsterkatze ähnelndes Tier, vom Baumleben zur Jagd am Boden über. Im Jungtertiär schließlich entwickelten sich die ersten wirklichen Hundeartigen, unter ihnen die Gattung *Tomarctus*. Da man von ihren Arten nur Schädel und Zähne gefunden hat, ist ihr Körperbau bislang noch ein Geheimnis.

Die älteste Spur des Schabrakkenschakals datiert aus dem Unteren Pleistozän; man hat sein Skelett nach 1,7 Mio. Jahre alten Funden in den Ablagerungen der Olduwaischlucht in Ostafrika rekonstruiert. Dieses Raubtier ist einer der ersten bekannten Vertreter der Gattung *Canis;* der Schabrackenschakal scheint eine sehr alte Form zu sein, die die Zeiten erstaunlich unverändert durchlaufen hat.

Schakale spielen im ökologischen Gleichgewicht der Savanne eine wichtige Rolle: Sie beseitigen Kadaver und töten kranke Tiere, wodurch sie die Verbreitung vieler Krankheiten in der afrikanischen Tierwelt verhindern. Dennoch werden Schakale von den einheimischen Viehhirten gejagt und dezimiert, weil sie gelegentlich Tiere aus deren Herden reißen.

Das Wort „Schabracke" entstammt dem Türkischen und bezeichnet eine reich verzierte Satteldecke. Der Schabrackenschakal unterscheidet sich von den anderen Schakalarten durch einen grauschwarzen, silbern schimmernden Fellstreifen auf dem Rücken, der vom Nacken bis zur Schwanzwurzel reicht und sich kontrastreich von den rötlichen Flanken abhebt.

Wasserstellen ziehen die unterschiedlichsten Tierarten an, manchmal aber werden sie von Schabrackenschakalen belegt, die sich dort versammeln und ihren Durst löschen. Meist treffen sie bei Sonnenuntergang – wie auf diesem Foto – oder bei Einbruch der Nacht in Paaren oder Gruppen junger Rüden am Ufer ein. Droht Gefahr an der Wasserstelle oder durchstreifen sie Trockengebiete und Wüsten, können Schakale mehrere Tage überleben, ohne zu trinken.

Partner für ein ganzes Leben

Schabrackenschakale legen auf der Suche nach Nahrung weite Strecken zurück. Ihre langen Streifzüge werden immer wieder durch Ruhepausen unterbrochen, die sie im Schutz von selbstgegrabenen bzw. von anderen Tieren angelegten Höhlen verbringen. Sie nutzen diese Unterbrechungen zu ausgiebigen Sozialkontakten mit Familienmitgliedern.

Schabrackenschakale sind sehr mobil und unternehmen ihre Wanderungen meist in der Dämmerung. Wenn sie gestört werden, machen sie sich nachts auf den Weg. In vielen Nationalparks kann man Schakale allerdings auch am Tag beobachten, besonders in der Regenzeit.

Die Familie ist die kleinste soziale Einheit unter Schakalen. Männchen und Weibchen gehen zeitlebens eine feste Verbindung ein und verbringen normalerweise das ganze Leben in ein und demselben Revier. Nach der Jungenaufzucht trennt sich das Paar gewöhnlich für eine gewisse Zeit. Männchen und Weibchen treffen sich jedoch regelmäßig an bestimmten Orten, und spätestens nach 6 Monaten, wenn die neue Paarungszeit beginnt, finden sie wieder zusammen.

Eine Familie besteht aus den Eltern und den Welpen eines Wurfs. Wie Untersuchungen im Serengeti-Nationalpark jedoch gezeigt haben, können manchmal auch erwachsene Junge eines vorangegangenen Wurfs noch weiter in der Gemeinschaft mit den Eltern leben, obwohl schon neue Welpen geboren sind.

In den Ebenen der Serengeti leben Schakale oft in der Nähe von Tierherden. Neben Paaren mit festem Revier gibt es auch junge Erwachsene beiderlei Geschlechts, die noch kein eigenes Territorium gefunden haben. Sie streifen als Nomaden umher und folgen den Gnus, Zebras und Thomsongazellen auf ihren Wanderungen.

Die Nomaden bilden in der Regel Gruppen von durchschnittlich sechs Einzeltieren, die gemeinsam jagen, sich um Kadaver einfinden oder auch nur spielen, wobei sie einem langen Begrüßungszeremoniell frönen, das der Stellung jedes einzelnen in der Rangordnung Rechnung trägt.

Zur Kommunikation mit Artgenossen bedienen sich Schabrackenschakale Duftmarken und differenzierter optischer Signale wie z. B. Körperhaltungen; darüber hinaus verfügen die Tiere über ein umfangreiches Lautrepertoire, dank dessen sie sich über weite Entfernungen verständigen können.

Ein energisch verteidigtes Revier

Wenn ein Schakalmännchen um ein -weibchen wirbt, nähert es sich diesem mit nach hinten gestrecktem Schwanz, gesträubtem Fell und nach vorne gerichteten Ohren. Während dieser Phase der Paarbildung weisen die Weibchen die Annäherungsversuche von Männchen manchmal energisch zurück, indem sie ihnen kräftige Schläge mit den Vorderpfoten verpassen. Hat sich jedoch ein Paar zusammengefunden, festigt es die Bindung durch häufige Begrüßungen und langes gegenseitiges Lecken, das bis zu einer halben Stunde andauern kann. Männchen und Weibchen besetzen ihr Revier, indem sie hintereinander hertrotten und die Grenzen markieren. Dies geschieht durch Absetzen von Urin und Kot auf Grasbüscheln. Das Sekret der Analdrüsen verstärkt diese Markierung noch; wahrscheinlich können andere Schakale, die das Revier streifen, sogar einzelne Individuen anhand der Markierungen erkennen.

Die Größe der Reviere schwankt zwischen 1 und 3 km^2. Das Paar verteidigt sein Land gegen jeden fremden Artgenossen, wobei das Weibchen immer anderen weiblichen Tieren zusetzt, während das Männchen Eindringlinge seines eigenen Geschlechts bedroht. Beide schrekken nicht vor einer Auseinandersetzung zurück, wenn diese unvermeidlich sein sollte.

Sofern sie nicht vorgefundene Erdhöhlen beziehen, richtet sich der Ort, an dem das Paar seinen Bau anlegt, nach der Beschaffenheit des Geländes und der Anzahl und Verteilung der Beutetiere.

Wenn sich Schakale miteinander bekannt machen

Kreuzen sich die Wege zweier fremder Schakale, legen die Tiere interessante Verhaltensweisen an den Tag. Einer der beiden läuft schräg auf den anderen zu, der setzt sich hin, hebt eine Pfote und berührt mit ihr die Schulter des Artgenossen. Dieser wiederum dreht sich um sich selbst, drückt sein Hinterteil gegen den anderen und versetzt ihm leichte Pfotenschläge auf den Rücken.

Dann fordert einer der beiden den anderen zum gemeinsamen Spiel auf, indem er einen Zweig aufnimmt, wegschleudert und wieder zurückbringt. Die Tiere jagen sich spielerisch hin und her und streiten sich um den Zweig. An den folgenden Tagen wird das Zeremoniell wiederholt. Mit diesem Verhalten finden die beiden Schakale kampflos heraus, wer von ihnen der stärkere ist. Es trägt dazu bei, vorübergehende Rangordnungen zu schaffen und neben den Familien neue Sozialstrukturen zu bilden.

Während ihrer Ruhepausen verwenden Schabrackenschakale viel Zeit auf die gegenseitige Körperpflege. Wenn sich zwei Tiere zu einem Paar zusammengefunden haben, lecken sich Männchen und Weibchen häufig 20–30 Minuten lang ohne Unterbrechung gegenseitig das Fell. Dieses Verhalten dient jedoch nicht nur der Hygiene, sondern festigt auch die Bindung zwischen den beiden Partnern. Schakalpaare bleiben das ganze Leben zusammen.

Routinierte Jäger

Die Nahrung der Schabrackenschakale hängt zwar wesentlich von den äußeren Gegebenheiten ihres Lebensraumes ab, bei der Wahl ihrer Beute sind die Tiere jedoch nicht wählerisch. Im Serengeti-Nationalpark leben die Schakale hauptsächlich von Thomsongazellen und von Mistkäfern. Aas vertilgen sie hier selten, was man daraus schließen kann, daß nur 3% der Masse ihres Kots aus halbverdauten Teilen größerer Huftiere bestehen. In buschreichen Landstrichen ernähren sie sich weniger von Gazellen als von Nagetieren und anderen Kleinsäugern. In der Trockenzeit legen die Schabrackenschakale oft lange Wege zurück, um Nahrung zu finden. Manchmal kann man jetzt einen einsamen Schakal beobachten, der auf einer Strecke von einem Kilometer immer wieder vergeblich im Boden gräbt, schnüffelt und die Ohren spitzt. Während der Trokkenperiode müssen die Tiere mehrere Monate lang mit Insekten, Eidechsen, Ratten oder Schlangen, manchmal sogar mit Früchten, vorliebnehmen.

Im wildreichen Ngorongorokrater leben die Schabrackenschakale weniger von der Jagd als von den Kadavern großer Pflanzenfresser, die kurz zuvor von Raubkatzen oder Hyänen erlegt wurden. Die Zeit, in der Gnus ihre Jungen zur Welt bringen, bereitet den Schakalen so manches Festessen. Dank ihres feinen Geruchssinns können Schabrackenschakale die Muttertiere ausfindig machen, die gerade geworfen haben. Dann warten sie, bis die Kühe die Nachgeburt ausstoßen. Da sämtliche Geburten ungefähr zur gleichen Zeit stattfinden, können die Schakale nun von einem Gnuweibchen zum anderen laufen und sich den Bauch vollschlagen.

In Südafrika leben Schakale vor allem von Aas, in der Wüste hingegen machen Insekten und Eidechsen den Hauptteil ihrer Nahrung aus. Halten sie sich in der Nähe von Menschen auf, stellen sie Hühnern nach und tun sich an Hausabfällen gütlich. Auch die jeweilige Jahreszeit beeinflußt die Ernährung des Schakals. So hat man im Serengeti-Nationalpark beobachtet, daß die Nahrung einzeln lebender Schakale in den ersten Monaten des Jahres zu 50% aus Insekten besteht; wenn sich aber Paare zusammengefunden haben, steigt der Anteil an selbst erjagten Gazellen beträchtlich.

Erprobte Jagdtechniken

Schabrackenschakale jagen allein, zu zweit oder in Gruppen. Je mehr Tiere sich auf Beutezug begeben, desto größer sind die Erfolgschancen. Die am häufigsten angewandte Technik besteht darin, ein Opfer so lange zu verfolgen, bis es aufgibt. Wenn das Beutetier erschöpft ist, schnappt der Schakal so lange nach den Sehnen seiner Beine, bis es zusammenbricht. Dann tötet er es, indem er dem geschwächten Tier die Kehle durchbeißt.

Wenn zwei Schakale eine Antilope mit ihrem Jungen verfolgen, greift einer der beiden die Mutter an und treibt sie von ihrem Kitz weg, während der andere dieses tötet. Dann läßt der erste von der Mutter ab und teilt sich mit dem zweiten die Beute.

Nachts bedient sich der Schakal vielfach seines ausgezeichneten Geruchssinns, um zu jagen oder Kadaver aufzuspüren. Durch sein feines Gehör entdeckt er ohne Mühe Nagetiere, die er erbeutet, indem er in die Höhe springt und sich von oben auf sie stürzt. Diesen „Mäusesprung“ kann man auch bei Füchsen und Kojoten beobachten. Mit dieser Technik schnappt er auch nach Kleingetier wie Heuschrekken, Käfern und Schmetterlingen.

Eine abwechslungsreiche und ausgeglichene Ernährung

Ein Schabrackenschakal frißt fast alle Tiere, deren er sich bemächtigen kann. Den Dung der großen Pflanzenfresser sucht er nach Mistkäfern oder Larven ab. Im Sprung kann er Heuschrekken und Grillen erhaschen. Er fängt fliegende Ameisen, Spinnen, Skorpione, Krebse, Frösche, Eidechsen und sogar manche Giftschlangen; außerdem plündert er die Nester bodenbrütender Vögel wie z. B. Wachteln. Unter den Säugetieren jagt er Igel, Schleichkatzen, Ratten und Hasen; manchmal erbeutet er junge Gnus und Schwarzfersenantilopen, die einzigen erwachsenen Huftiere jedoch, die er reißen kann, sind die kleinen Dikdiks und Thomsongazellen. Früchte, Nüsse, Beeren, Gras oder Pilze ergänzen bei Bedarf die Nahrung.

Ähnlich wie den Hyänen haftete den Schakalen lange Zeit der Ruf an, ausnahmslos Aasfresser und Resteverwerter der von Löwen oder Leoparden geschlagenen Beute zu sein. Schabrackenschakale jedoch bedienen sich nicht nur vom Tisch der „echten“ Raubtiere, sondern sind selbst auch erfolgreiche Jäger, vor allem, wenn sie in größeren Gruppen jagen. Dann hetzen sie ein Beutetier so lange, bis das erschöpfte Opfer zu Boden fällt und sich damit in sein Schicksal ergibt.

Dank ihres ausgezeichneten Geruchssinns wittern Schakale Aas schon aus beträchtlicher Entfernung. Bei selbsterjagter Beute verschlingen sie möglichst viel Fleisch auf einmal, ständig in Sorge, von größeren Raubtieren um ihre Mahlzeit gebracht zu werden. Übriggebliebene Beutestücke werden von ihnen vergraben; sie dienen den Jungen in Notzeiten als Nahrung.

Der Kampf um die Beute

Um sich Nahrung zu beschaffen, unterhält der Schabrackenschakal vielschichtige Beziehungen zu anderen Tieren. Je nach Situation behandelt er sie als Verbündete, Tischgenossen, Konkurrenten oder gar Opfer. Dabei erweisen sich Schakale als ausgesprochen lernfähige Beutegreifer.
Wachsam und ständig auf der Hut, weiß der Schabrackenschakal schon von weitem die Lautsignale zu deuten, die die Jagd der großen Raubtiere begleiten. Hyänen etwa verraten sich durch lautes Heulen, Knurren und andere Laute, wenn sie an einem Beutetier fressen.
Am Himmel hält der Schakal Ausschau nach Geiern, deren Kreisen ihm verrät, daß in der Nähe Aas liegen muß. Umgekehrt begleiten die Geier auch den Schakal, der sie direkt zu verborgenen Kadavern führen kann. Der Schabrackenschakal profitiert vom Jagdglück der Löwen und Leoparden, ohne daß dies den großen Raubkatzen schadet.
Oft gelingt es ihm sogar, kleine Fleischbrocken zu ergattern, während die Katzen noch mit ihrer Mahlzeit beschäftigt sind.
Im Kampf um die Nahrung steht er in Konkurrenz zum Goldschakal, zur Hyäne, zum Geier und zum Marabu. Dabei beweist er gegenüber den anderen Räubern und Aasfressern Kühnheit und Vitalität. Er verteidigt seine Beute heftig, auch gegen die viel größeren Hyänen, vor allem dann, wenn jene in seinem Revier liegt oder von ihm selbst gerissen worden ist. Insbesondere vor Geiern muß der Schakal ständig auf der Hut sein. Obwohl diese Greifvögel nicht selbst jagen und ihm nicht gefährlich werden können, so darf er seine Beute doch keinen Moment aus den Augen lassen, damit ihm die vielschnäbelige Räuberschar nicht die Nahrung wegschnappt.
Manchmal jagt er aber auch in engster Gemeinschaft mit anderen Raubtieren. An der Küste Südafrikas tun sich Schabrackenschakale zuweilen mit Braunen Hyänen zusammen und säubern dort die Strände von den Kadavern junger Seelöwen, die durch Unachtsamkeit von den schweren Körpern der Erwachsenen erdrückt worden sind. Darüber hinaus bemächtigen sich die Jagdgenossen neugeborener Seebären und verschmähen auch nicht die Nachgeburten dieser Robben.

Spielerisch lernen die jungen Schakale, Beute zu reißen und sich gegen ihre Wurfgeschwister durchzusetzen. In den ersten Lebenswochen bleibt die Mutter ständig bei den noch völlig hilflosen Welpen in der Höhle, während der Vater auf Nahrungssuche geht. Diese Arbeitsteilung zwischen Männchen und Weibchen ist für die erfolgreiche Jungenaufzucht so wichtig, daß die Welpen keine Überlebenschancen besitzen, wenn ein Elternteil stirbt. Auch ältere Geschwister beteiligen sich manchmal an der Betreuung der Kleinen; in solchen Familien mit zusätzlicher Hilfe überleben wesentlich mehr Welpen die kritischen ersten Lebensmonate.

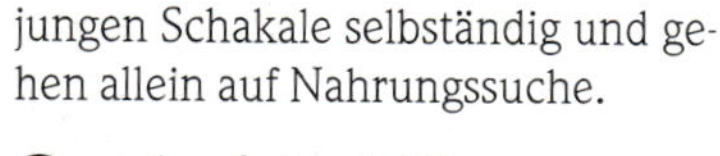

Welpenaufzucht ist Familiensache

Die Fortpflanzung der Schabrackenschakale ist an keine bestimmte Jahreszeit gebunden; da die Art über weit auseinander liegende Gebiete verbreitet ist, kann der Zeitpunkt der Paarung sehr unterschiedlich liegen. Im Krüger-Nationalpark in Südafrika etwa kommen die Jungen im November zur Welt, in Kenia, Uganda und Nordtansania zwischen Juli und Oktober. Meistens besteht der Wurf aus vier Welpen, doch Schakale können bis zu neun Junge austragen. Die Geburt findet in selbstgegrabenen oder vorgefundenen Höhlen, häufig in Termitenhügeln, statt.

Die Entwicklung der Welpen ähnelt der anderer Arten, die zur Gattung *Canis* zählen. Der holländische Naturforscher Hugo van Lawick hat festgestellt, daß Schakale stets mehrere Höhlen beziehen und mit dem Heranwachsen der Jungen des öfteren die Behausung wechseln. Diese Ortswechsel nimmt die Familie vor allem dann vor, wenn den Welpen von anderen Räubern Gefahr droht. Manchmal können zwischen dem alten und dem neuen Bau Entfernungen von bis zu 500 m liegen.

In einem Alter von etwa 3 Wochen verlassen die Jungen zum ersten Mal die Höhle. Mit 8–9 Wochen werden sie entwöhnt. Da die Schakalfamilie jetzt mehrfach ihre Behausung wechselt, ist die Gefahr, daß die Welpen Räubern zum Opfer fallen, in dieser Zeit besonders groß. Vor allem Adler, die Hauptfeinde der Welpen, nutzen deren Unerfahrenheit aus und greifen die Jungen machmal unter den Augen der Eltern weg. Diese Angriffe erfolgen blitzschnell, so daß die erwachsenen Schakale nur hilflos mit ansehen können, wie die Greife mit den Welpen in den Fängen von dannen ziehen. Gegen Angriffe von Hyänen allerdings sind sie besser gewappnet. Van Lawick beobachtete einmal ein Schakaljunges, dem sich eine Hyäne in feindlicher Absicht zu nähern versuchte; sofort attackierten die Eltern den Eindringling und bissen ihn in die Sehnen der Läufe, bis er das Weite suchte.

Gleich nach der Entwöhnung beginnen die Erwachsenen, Nahrung für die Jungen hochzuwürgen. Oft ist die Ungeduld der Jungtiere so groß, daß sie den Alten kaum Zeit lassen, den Kopf dabei zu senken. Mit 6 Monaten schließlich machen sich die jungen Schakale selbständig und gehen allein auf Nahrungssuche.

Geschwisterhilfe

In manchen Schakalfamilien leisten Jungtiere aus dem vorangegangenen Wurf Hilfe bei der Aufzucht der Welpen und bleiben auch nach der Geburt der neuen Generation bei den Eltern. Nach einer 1978 im Serengeti-Nationalpark vorgenommenen Untersuchung trugen bei zwölf von 19 Würfen die älteren Geschwister zur Verteidigung und Ernährung der Neugeborenen bei – sie brachten der Mutter Nahrung, während sie die Kleinen säugte – und verschafften den Eltern, die sich ohne die Hilfe der „Großen" ausschließlich der Jungenaufzucht hätten widmen müssen, auf diese Weise beachtliche Freiräume. Außerdem erhöht sich in solchen Familien mit zusätzlicher Hilfe die Nachkommenzahl eines Paars, da durch die „Assistenz" älterer Geschwister drei statt eines einzigen Jungen überleben können.

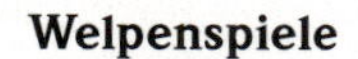

Welpenspiele

Kaum haben sie ihre Höhle verlassen, beginnen junge Schakale mit allem zu spielen, was ihnen geeignet scheint: Grashalme, Federn, Schmetterlinge, Frösche oder gar der Schwanz eines Geschwisters. Sie tollen ausgelassen umher und verfolgen sich gegenseitig in wilder Jagd durch dichtes Gestrüpp. Nach der Entwöhnung werden die Spiele fast immer von verschiedenen Heul- und Knurrlauten begleitet.

In spielerischem Kampf ermitteln die Jungen die Rangordnung und üben die Schläge auf Schultern oder Kruppe, die bei einer Begegnung erwachsener Schakale eine derart wichtige Rolle spielen.

Schakalwelpen entfernen sich bis zu einem Alter von 2–3 Monaten niemals weit von ihrer Höhle.

► *Ein einsamer Schakal auf seinem Streifzug durch einen Salzsee, in dem eine Kolonie Flamingos das Wasser nach Kleinlebewesen durchseiht.*

Schabrackenschakal

Canis mesomelas

Der Schabrackenschakal erinnert in seiner Erscheinung an den Haushund und an den Fuchs zugleich. Wegen seiner attraktiven Fellzeichnung – auf dem Rücken dunkel und silbrig glänzend, sonst überall schön rotbraun – wird er in vielen zoologischen Gärten geschätzt, wo sich die Art ziemlich problemlos fortpflanzt. Er hat schlanke, aber kräftige Pfoten mit nicht einziehbaren Krallen, mit deren Hilfe er die Erde aufgräbt, um Nahrung zu finden, eine Höhle anzulegen oder Fleischstücke als Vorrat einzugraben. Dank seiner langen, geraden Schnauze kann er in kleinen Löchern stöbern, in denen er Mäuse, Termiten oder Regenwürmer vermutet.

Ein charakteristisches Merkmal des Schabrackenschakals sind seine großen, langen Ohren; sie unterscheiden ihn wesentlich von seinen Vettern, dem Goldschakal, Streifenschakal und Abessinischen Fuchs. Drei seiner Sinnesorgane sind ausgezeichnet entwickelt. Sein Geruchssinn ermöglicht es ihm, auch in der Nacht Aas und Beutetiere aufzuspüren. Wenn zwei Schabrackenschakale aufeinander treffen, beschnuppern sie sich gegenseitig wie alle Hundeartigen. In der Nähe seines Afters hat der Schakal eine Drüse, die ein stark riechendes Sekret absondert; vermischt mit seinem Kot, dient ihm dieses dazu, sein Revier zu markieren. Der Schabrackenschakal besitzt einen derart fein entwickelten Geruchssinn, daß er den körperlichen Zustand eines unbekannten Artgenossen sogar anhand dessen Kotmarken erkennen kann. Sein ausgeprägtes Sehvermögen befähigt ihn, aus großer Entfernung Marabus und Geier auszumachen, die am Himmel über einem Aas oder einem verwundeten Tier kreisen. Des weiteren weiß er das Verhalten jagender Löwen zu deuten, deren Mahlzeit er sich dann gern anschließt. Schließlich besitzt er ein überaus feines Gehör, mit dessen Hilfe er z. B.

	SCHABRACKENSCHAKAL
Art:	*Canis mesomelas*
Familie:	Hundeartige
Ordnung:	Raubtiere
Klasse:	Säugetiere
Merkmale:	Größe zwischen Haushund und Fuchs, mit großen Ohren. Körperseiten hell rotbraun im Gegensatz zum schiefergrauen Rücken; langer, buschiger Schwanz mit schwarzer Spitze
Maße:	Kopf-Rumpf-Länge 65–74 cm, Schulterhöhe 38–48 cm; Schwanzlänge 30–38 cm
Gewicht:	7–13,5 kg. Männchen etwa 1 kg schwerer als Weibchen, die durchschnittlich 8,5 kg wiegen
Verbreitung:	Ost-, Süd- und Südwestafrika
Lebensraum:	Gebüschreiche Savanne, aber auch Wüstengebiete (vor allem in Südwestafrika)
Nahrung:	Selbstgejagte Tiere, Aas, Insekten, Früchte, Abfälle
Sozialstruktur:	Lebt in Familien; lebenslange, stabile Beziehung mit nur einem Partner
Geschlechtsreife:	Zwischen 10 und 12 Monaten
Fortpflanzung:	Jahreszeitlich nicht gebunden; hauptsächlich zwischen Juli und Oktober
Tragzeit:	Etwa 60 Tage
Zahl der Jungen pro Geburt:	Zwischen 1 und 9, im Mittel 4
Lebensdauer:	In Gefangenschaft bis zu 14 Jahren
Bedrohung und Schutz:	Relativ konstante Bestände trotz Bejagung (vor allem in Südafrika)

Ohren
Lang und breit, immer aufgerichtet.

Schnauze
Länglich und schmal, befähigt den Schakal, unterirdische Gänge von Nagern freizulegen.

Läufe
Wie bei allen Hundeartigen schlank, aber dennoch kräftig.

Schwanz
Buschig, an der Spitze schwarz.

kleine Nagetiere in ihren unterirdischen Gängen ortet.

Der Schabrackenschakal ist ein mutiger Jäger, der, einzeln jagend, nur kleinere Beutetiere überwältigen kann; in der Gruppe hingegen stellt er auch erfolgreich größeren Huftieren nach. Am liebsten begibt er sich in der Dämmerung und nachts auf Beutezug. In Reservaten jedoch, in denen er von Menschen unbehelligt bleibt, sucht er sich seine Nahrung auch tagsüber. Sein Verdauungsapparat ist an eine sehr variable Ernährung angepaßt. Der Schakal kann große Mengen Nagetiere oder Insekten fressen, aber ebensogut Beeren und andere Früchte. Im allgemeinen bevorzugt er lebende Tiere, Aas und Abfälle verschmäht er aber keineswegs. Nicht selten ist er in der Nähe menschlicher Siedlungen anzutreffen, weil er dort Geflügel und Vieh erbeuten kann.

Das Verbreitungsgebiet des Schabrackenschakals erstreckt sich über Ost-, Süd- und Südwestafrika und umfaßt auch gebüschreiche Landstriche, die an Wüsten und Meeresstrände grenzen. Als unermüdlicher Läufer legt er weite Entfernungen auf der Suche nach Nahrung zurück. Offensichtlich werden manche Tiere für einige Monate des Jahres zu Nomaden und folgen dann den wandernden Huftierherden. In der Regel leben Schabrackenschakale in kleinen Gruppen weiblicher bzw. männlicher Tiere oder aber paarweise; in letzterem Fall besetzen sie feste Reviere.

Die Tragzeit beträgt etwa 2 Monate, dann bringen die Weibchen durchschnittlich vier Welpen zur Welt. Die Jungen besitzen ein dunkleres Fell als ausgewachsene Tiere; ihre Augen öffnen sich erst nach 10 Tagen. Mit 3 Wochen verlassen sie zum ersten Mal die Höhle. Mit 8–9 Wochen werden sie entwöhnt. Die Geschlechtsreife erreichen sie in einem Alter von 10–12 Monaten.

Da der Schabrackenschakal den Anschein erweckt, ein harmloser kleiner Kläffer zu sein, erregt er nur selten das Mißtrauen anderer Tiere. Er wird vom Menschen gejagt, bleibt aber immer wachsam und versteht es, die List seiner Verfolger zu durchschauen.

Besondere Merkmale

Hinterteil
Der dunkle, flächige Streifen auf dem Rücken, von dem der Schabrackenschakal seinen Namen hat, reicht bis zur Schwanzwurzel. Der Schwanz ähnelt dem eines Fuchses; er besitzt eine dunkle Spitze und sehr lange, dichte Haare. Die Pfoten sind schlank, aber sehr kräftig gebaut. Sie haben vier Zehen und fünf Ballen. Die fünfte Zehe, die unserem Daumen bzw. unserer großen Zehe entspricht, ist rückgebildet, genauso wie beim Hund. Sie sitzt an der Innenseite der Pfote und reicht nicht auf den Boden. Die Krallen können nicht eingezogen werden und wachsen ein Leben lang nach.

Kopf
Die überproportional großen Ohren, die in einem eigenwilligen Gegensatz zur zierlichen Schnauze stehen, verleihen dem Schabrackenschakal sein charakteristisches Aussehen; sie sind beinahe so groß wie die des Fenneks (Wüstenfuchs) und sehr beweglich. Dank der riesigen Ohrmuscheln verfügt das Tier über ein äußerst feines Gehör, das ihm bei all seinen Aktivitäten dienlich ist: Es nützt ihm bei der Kommunikation mit Artgenossen, führt ihn zu Beutetieren und warnt ihn vor Angreifern.
Der Schädel ist sehr flach; das Gebiß ist typisch für die Hundeartigen, hat vier lange Eckzähne und kleine Reißzähne. Mit den eher kleinen, dunklen Augen kann der Schabrackenschakal ausgezeichnet sehen.

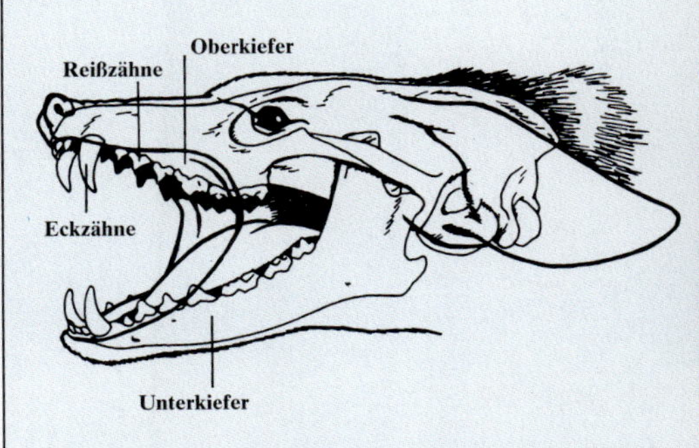

Andere Arten

Neben dem Schabrackenschakal gibt es noch drei weitere Schakalarten, die mit dem *Canis mesomelas* in Verhalten und Lebensweise weitgehend übereinstimmen und sich von diesem nur durch wenige körperliche Merkmale unterscheiden.

GOLDSCHAKAL

Canis aureus

Wirkt gedrungener als der Schabrackenschakal und wiegt zwischen 7 und 15 kg. Seine Schulterhöhe beträgt 38–50 cm, die Körperlänge 1 m und die Länge des Schwanzes 20–30 cm.

Merkmale: Sandfarbenes Fell, dessen Färbung nach der Umgebung variiert, in der er lebt; paßt sich im Farbton gewissermaßen der jeweiligen Landschaft an. In Gebirgen stärker einheitlich grau, am Mittelmeer rötlicher; Schwanzspitze schwarz. In Gebieten mit gemäßigtem Klima wächst sein Fell im Winter dichter als im Sommer.

Verhalten: Der Goldschakal ist bei der Jagd weniger kühn als der Schabrackenschakal, verteidigt aber wie dieser heftig jede Beute, die in seinem Revier liegt. Goldschakale jagen nur während der Jungenaufzucht gemeinsam – im Gegensatz zu Schabrackenschakalen, die zu jeder Jahreszeit in Gruppen auf Beutefang gehen können. Die Tragzeit dauert ein wenig länger (63 Tage). Die Jungen kommen in Ostafrika im Januar oder Februar zur Welt, im Süden der Sowjetunion später, von April bis Mai. Die Geschlechtsreife erreicht der Goldschakal erst mit 11 Monaten. Er paßt sich leicht an das Leben in Gefangenschaft an und kann dort ein Alter von 16 Jahren erreichen.

Verbreitung: Nord- und Ostafrika, Vorder- und Südasien bis Malaysia, Südosteuropa.

STREIFENSCHAKAL

Canis adustus

Besitzt kleinere Pfoten und Ohren als seine Vettern. Gewicht zwischen 6 und 14 kg, Kopf-Rumpf-Länge 65–80 cm, Schulterhöhe 41–50 cm. Sein Schwanz ist ziemlich buschig und ein wenig länger als der des Schabrackenschakals.

Merkmale: Langes, weiches Fell, mit schwarzen und weißen Streifen an den Flanken, die mehr oder weniger stark ausgeprägt sind. Durch seine weiße Schwanzspitze unterscheidet er sich deutlich von den anderen Schakalarten.

Verhalten: Der Streifenschakal jagt vorwiegend bei Nacht. Da er mehr Aas vertilgt als der Schabrackenschakal, entspricht er am ehesten dem gängigen Bild, das man sich gemeinhin von Schakalen macht. Die Fortpflanzungszeit deckt sich mit der des Schabrackenschakals, die Tragzeit variiert jedoch stärker und schwankt zwischen 57 und 70 Tagen.

An ein Leben in Gefangenschaft kann sich der Streifenschakal nur sehr schwer gewöhnen, er wird dort nicht älter als 10 Jahre. Er ist weniger lautfreudig und heult nicht wie der Goldschakal, sondern gibt Doppelbeller von sich.

Verbreitung: Nur in den Tropen Afrikas, doch hier auf der ganzen Breite des Kontinents.

ABESSINISCHER FUCHS

Canis simensis

Schakal von langgestreckterem und niedrigerem Wuchs als der *Canis mesomelas,* 60 cm hoch und fast 1 m lang; sein Schwanz ist mit 25 cm kürzer als der des Schabrackenschakals.

Merkmale: Rotbraunes Fell mit weißlichen Stellen, buschige Rute. Reißzähne nur schwach entwickelt; sieht wie ein Fuchs mit kurzem Schwanz aus (daher wahrscheinlich die mißverständliche Bezeichnung „Fuchs“ im Artnamen).

Verhalten: Der Abessinische Fuchs ist erst wenig erforscht. Offenbar besetzt er kein festes Revier, obwohl er seine Fährten durch Ablegen von Kot markiert. Er ist sowohl tagsüber als auch nachts aktiv und lebt paarweise oder, häufiger noch, allein. Manchmal veranstalten mehrere Abessinische Füchse nachts ein Gemeinschaftsheulen. Die Bestandsdichte beläuft sich auf schätzungsweise 2 Tiere pro km². Dieser Schakal frißt vor allem Nagetiere (Maulwurfs- und Ohrenratten), die er mit dem „Mäusesprung“ erbeutet. Die Paare bilden sich im Januar; im Mai oder Juni kommen die Jungen zur Welt.

Verbreitung: Vorwiegend in Gebirgen Äthiopiens.

Bestand: Schätzungsweise 40 Individuen der Unterart *Canis simensis simensis* (im Simèngebirge) und ungefähr 400 der Unterart *Canis simensis citerni* (im Balégebirge). Die IUCN (Internationale Union für Naturschutz) stuft beide Unterarten als gefährdet ein.

Goldschakal *(Canis aureus)*

Streifenschakal *(Canis adustus)*

Schakale in ihrem Lebensraum

Der Schabrackenschakal lebt vorwiegend in der Savanne und in lichten Wäldern. In den ostafrikanischen Nationalparks findet er sein Auskommen auch in trockeneren Landstrichen, doch erstreckt sich sein Verbreitungsgebiet bis an die Südwest- und Ostküste Südafrikas und in die Wüste Kalahari. Da er in Viehzuchtgebieten zuweilen Jagd auf Schafe macht, was weder der Streifenschakal noch der Abessinische Fuchs tun, stellt er eine echte Bedrohung für die Viehherden dar. Aus diesem Grund wird er von den einheimischen Hirten dieser Gebiete bejagt und manchmal sogar systematisch vergiftet.

Die häufigste Schakalart Eurasiens und Nordafrikas ist der Goldschakal, dessen Verbreitungsgebiet sich bis nach Tansania erstreckt. Diese nördlichste Schakalart ist in eher dürren und offenen Landschaften heimisch und kann selbst in der Arabischen Wüste oder der Sahara mehrere Tage ohne Wasser auskommen. Der Streifenschakal zieht feuchte Lebensräume vor: Sümpfe, Waldränder oder Kulturland. Man kann ihn bis in Höhen von 2700 m antreffen.

Mit Ausnahme des Abessinischen Fuchses kommen alle vorgenannten Schakalarten im Osten Afrikas vor, zum Teil überschneiden sich sogar ihre Verbreitungsgebiete. Dennoch stehen sie aufgrund der Landschaftsvielfalt und ihrer unterschiedlichen Ansprüche an Nahrung und Lebensraum nicht in Konkurrenz zueinander.

Goldschakale leben vornehmlich in offenem, mit hochwachsendem Gras bedecktem Gelände. Streifenschakale halten sich vorwiegend in Wäldern und in der Nähe von Wasserläufen auf, die eine Ebene durchfließen, und Schabrackenschakale ziehen Busch- und Baumsavannen vor. Der Abessinische Fuchs, dessen Verbreitung sich auf Äthiopien beschränkt, hat sich auf Weideland und Sümpfe spezialisiert. In bewaldeten Niederungen trifft man ihn nicht an; da er von Hirten und Viehzüchtern verfolgt wird, sucht er in Bergregionen Zuflucht.

Die Bedeutung der Schakale für das natürliche Gleichgewicht

Im Naturkreislauf spielen Schakale eine zweifache Rolle: Jäger und Aasfresser zugleich, bilden sie wichtige Glieder innerhalb der Nahrungskette. Indem sie die Reste von Kadavern beseitigen, tragen sie mit dazu bei, ihren Lebensraum sauberzuhalten und die Verbreitung von Krankheiten zu verhindern. Im Ngorongorokrater verschlingen sie Tausende von Nachgeburten der in großen Herden lebenden Gnus. Schakale greifen vor allem kranke und verletzte Tiere an und regulieren so die Bestände von Huftieren, insbesondere Gazellen; außerdem fressen sie Nagetiere und Insekten, welche die Vegetation vernichten und damit das ökologische Gleichgewicht einer ganzen Gegend gefährden würden, wenn sie sich übermäßig vermehren könnten.

Während Löwen Hyänen als Nahrungskonkurrenten betrachten und jede Hyäne töten, deren sie habhaft werden, scheint sie die Anwesenheit von Schakalen bei einem Festmahl nicht zu stören; die Raubkatzen dulden sogar, daß diese ihnen kleine Beutestücke wegschnappen.

Die großen Wildschutzgebiete Ostafrikas

Der Serengeti-Nationalpark, das Ngorongo-Reservat (beide Tansania) und das Masai-Mara-Reservat (Kenia) stellen die drei bedeutendsten Wildschutzgebiete Ostafrikas dar. Sie haben eine Gesamtfläche von 23 800 km² (was etwa der Größe Hessens entspricht) und bilden das sogenannte „Ökosystem von Masai-Mara-Serengeti", ein einzigartiges Beziehungsnetz von Klima, Tier- und Pflanzenwelt.

Der Serengeti-Nationalpark

Er umfaßt 14 500 km² der gleichnamigen Ebene und beherbergt eine große Vielfalt von Wildtierarten. In den letzten Jahren fanden hier zahlreiche Elefanten Zuflucht (Bestandsgröße 1986: 2000 Tiere). Der Serengeti-Nationalpark gilt als das Schutzgebiet mit der dichtesten Wildkonzentration auf der Erde. Man schätzt die Zahl der im Park lebenden Gnus auf 1,5 Mio. Tiere und die der Zebras auf 200 000; darüber hinaus wird er von Hunderttausenden von Gazellen und anderen Antilopen bevölkert. Der Park liegt zwischen dem Viktoriasee und den Hochebenen im Osten Tansanias.

Das Ngorongoro-Reservat

Schutzgebiet östlich des Serengeti-Parks, zu dem die Olduwaischlucht und der Krater des erloschenen Vulkans Ngorongoro gehören. Die steil abfallenden Wände des Vulkankraters erreichen eine Höhe von 700 m; der Krater selbst hat einen Durchmesser von 22 km und umfaßt 250 km². 1974 wurde er mit dem umliegenden Land, insgesamt 6475 km², zum Naturreservat erklärt. Es ist eine riesige natürliche Enklave, ein Paradies für Tausende von Wildtieren, die hier in Sicherheit leben können.

Das Masai-Mara-Reservat

Es liegt im Land der Massai, des berühmten Hirten- und Jägervolks, und bildet eine Fortsetzung der Serengeti. Hier finden diejenigen Tiere Schutz, die in der Trockenzeit während ihrer Wanderung entlang dem Viktoriasee die Staatsgrenze nach Kenia überschreiten.

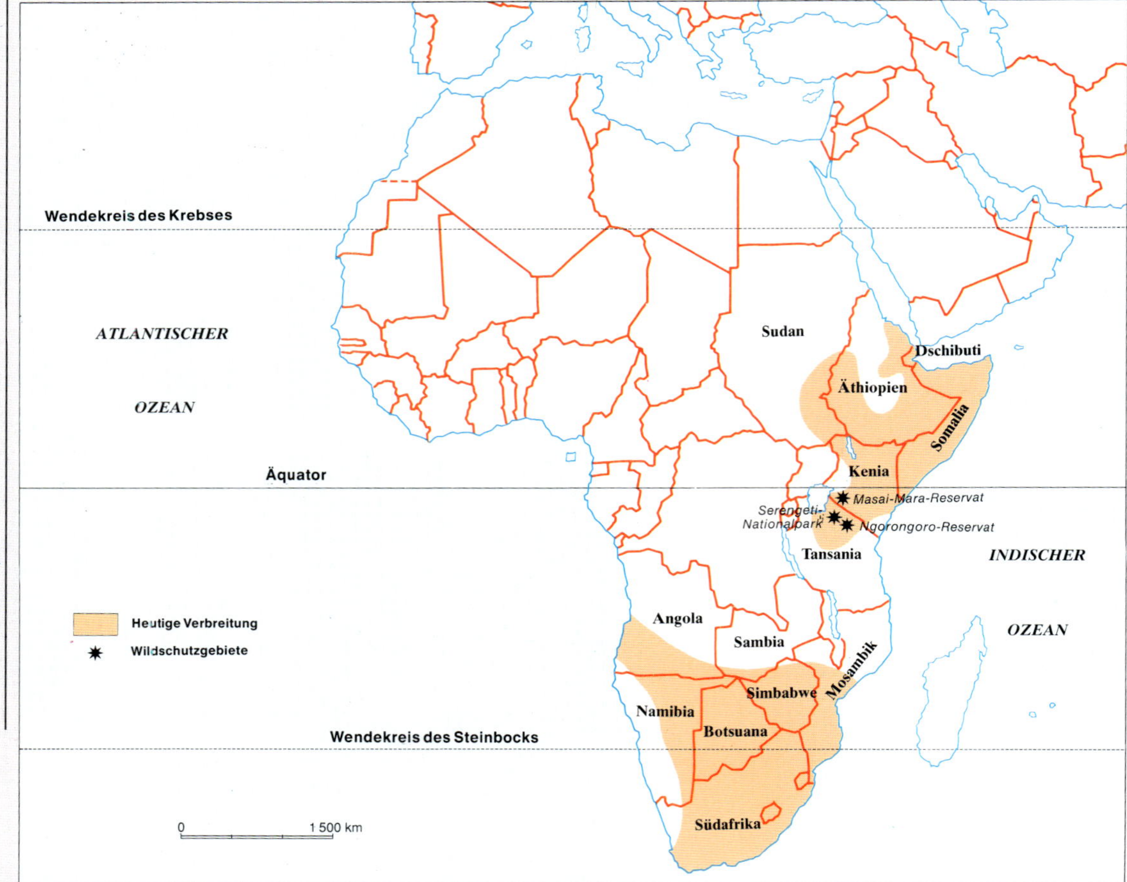

Die großen Naturschutzgebiete Afrikas sind wahre Paradiese für freilebende Tiere; nur in ihnen muß der Schakal seinen größten Feind, den Menschen, nicht fürchten.

Die Verbreitung des Schabrackenschakals ist auf Ost- und Nordostafrika (Horn von Afrika) und den Süden des Kontinents beschränkt. Obwohl er in vielen Ländern intensiv bejagt wird, scheinen sich die Grenzen seines Verbreitungsgebiets seit Jahrhunderten nicht geändert zu haben. Dank seiner Ernährungsweise und seiner Wachsamkeit in der Nähe menschlicher Siedlungen ist er noch nicht vom Aussterben bedroht, wenngleich seine Bestandsdichte großen Schwankungen unterliegt.

Gefährte des Menschen und Fabelwesen

Seit Urzeiten dem Menschen vertraut, galt und gilt der Schakal in manchen Kulturen als unheimliches Tier. Wenn er bei Einbruch der Nacht als vorbeihuschende Gestalt seiner Wege geht, erinnert er auf ganz natürliche Weise an das Geheimnis des Todes. Daher rührt auch seine Bedeutung, die ihm von alters her in den Mythen und Ritualen zahlreicher afrikanischer Völker zukommt.

Eine ägyptische Gottheit

Der Goldschakal gehört zu den Tieren, die im alten Ägypten besonders geachtet und nach ihrem Tod mumifiziert wurden. Die Ägypter verehrten in diesen Tieren alles, was zugleich bewundernswert und furchterregend war. Jeder Gottheit war ein heiliges Tier zugeordnet, dessen Eigenschaften der Funktion des jeweiligen Gottes entsprachen. Anubis wurde als Schakal dargestellt.

Anubis war der Sohn des Osiris. Nach der von Plutarch verfaßten Osirislegende ermordete der neidische Seth seinen Bruder Osiris und zerstückelte dessen Leichnam. Seine Frau Isis sammelte die Stücke ein, und Anubis half ihr, den verstorbenen Osiris einzubalsamieren. Fortan saß Anubis den Einbalsamierungszeremonien vor und begleitete die Seelen der Verstorbenen ins Jenseits. Einbalsamierer, die Leichen mumifizierten, trugen bei der Arbeit eine Hundemaske über dem Kopf. Die Kunst des Einbalsamierens kam um 3400 v. Chr. auf.

Später wurde Anubis auch zum Höllenrichter. Daß er überdies als Grabwächter dargestellt wurde, ist deshalb besonders widersprüchlich, weil der Schakal schon damals im Ruf stand, die sterblichen Überreste von Menschen auszugraben. Nach alter Sitte wurden die Gräber mit Steinen bedeckt – nicht, um sie für eine spätere Zeit kenntlich zu machen, sondern um sie vor den räuberischen Schakalen zu schützen ...

Als in der ägyptischen Religion der Anthropomorphismus aufkam, der Götter in menschlicher Gestalt erscheinen ließ, wurden auch die Gottheiten mit menschlichen Körpern versehen, behielten aber ein Merkmal ihrer vorherigen tierhaften Darstellung bei. So besaß Amun einen Widderkopf, Bastet den einer Katze, Horus den eines Falken, Sechmet einen Löwenkopf, Sobek den eines Krokodils, Thot den eines Ibisses und Toeris den eines Nilpferds. Auch Anubis erhielt einen menschlichen Körper, trug aber weiterhin seinen Schakalkopf.

Vorfahr des Hundes?

Fast alle Verhaltensweisen des Schakals erinnern an die des Hundes. Tatsächlich weisen Höhlenmalereien nach, daß die Urmenschen Hundeartige als Haustiere hielten. Bis heute sind sich die Wissenschaftler aufgrund der Untersuchungen auf dem Gebiet der Morphologie und vergleichenden Genetik einig, daß diese Hundeartigen Wölfe waren und infolgedessen der Wolf der Vorfahr des Hundes ist. Einige Forscher machen jedoch andere Argumente geltend. Sie stützen sich auf Erkenntnisse der Verhaltensforschung und geben dem Schakal als Ahnherr des Hundes den Vorzug.

Nach Ansicht dieser Wissenschaftler konnte der Wolf kein vertrauenswürdiger Genosse des Urmenschen werden, denn beide waren Jäger und somit Rivalen. Das weniger scheue und spielerische Verhalten des Schakals machte ihn für unsere Vorfahren zugänglicher. Man weiß schließlich auch, daß der Schakal bei anderen Tieren, insbesondere großen Raubtieren, die Rolle des Treibers übernehmen kann, wenn sich sein Lebensraum mit den großen Huftierherden deckt.

Warum sollte der Schakal nicht auch beim Menschen genau diese Funktion übernommen haben, zumal er oft genug in der Nähe seiner Behausungen auf Raubzug geht? Wiederholt ist sogar vorgekommen, daß er sich diesen ganz angeschlossen und die Rolle des Hundes übernommen hat. Schon 1928 beobachtete man, daß zahlreiche Schakale in der Nähe von Massaihöfen umherstreiften und daß manche von ihnen Haustiere geworden waren. In diesen Fällen ersetzten sie tatsächlich die Hunde, deren Bestand zu Beginn

Anubis, der ägyptische Gott mit dem Schakalkopf, beugt sich über einen Leichnam. Gleich wird er, der „Herr der Totenstadt", den Verstorbenen in sein Reich aufnehmen. In der ägyptischen Mythologie saß Anubis der Zeremonie der Einbalsamierung vor, weshalb er auch mit den Beinamen „Balsamierer des Leichnams" und „Der mit der Mumienbinde" bedacht wurde. Als Weggefährte und Beschützer der Verstorbenen geleitet er diese dann ins ewige Leben.

des Jahrhunderts durch die Rinderpest dezimiert worden war.

Der Verhaltensforscher Konrad Lorenz gelangte nach dem Studium des Verhaltens verschiedener Hunderassen zu der Auffassung, daß Haushunde nicht nur aus einer Wildform gezüchtet wurden. Seiner Meinung nach stammen manche Hunderassen vom Wolf, andere wiederum vom Schakal ab. Doch solange für keine dieser Thesen unumstößliche Beweise gefunden werden, steht die endgültige Entscheidung über diese Frage noch aus.

Im Herzen afrikanischer Legenden

Noch heute ist der Schakal eine zentrale Figur in vielen afrikanischen Legenden. In manchen Gegenden wird sein Ruf als Ankündigung eines bevorstehenden Todes angesehen. Aber das Tier kann auch Gutes bewirken: Sein Fell oder seine Krallen etwa sollen helfen, böse Geister abzuschrecken. Anderswo glaubt man, daß sein Herz, sofern man es gekocht verzehrt, Epilepsie heilt. Die Dogon, ein Volksstamm in Mali, der für seine religiösen Kulthandlungen berühmt ist, verwenden für ihre symbolträchtigen Zeremonien und Todestänze zahlreiche Masken, die Tiere darstellen. So darf sich ein Tänzer, der sich eine Schakalmaske aufgesetzt hat, immer nur in bestimmten Schritten bewegen, bis er seine Identität ganz zu verlieren scheint. Nach und nach ändern sich seine Bewegungen, und er verwandelt sich in einen Schakal.

Eines der Rituale, das den Schakal einbezieht, heißt „Kutamukago". Hierbei wird eine Art Freundschaftspakt zwischen Menschen und Schakalen geschlossen, damit die letzteren unheilvolle Taten böser Geister abwehren. Paradoxerweise wird dieser Pakt mit dem Blutopfer eines Schakals besiegelt. Der Schakal muß für diesen Zweck nicht extra gejagt worden sein, es kann sich auch um ein Tier handeln, das von einem Auto überfahren worden ist.

Das häufige Auftauchen des Schakals in afrikanischen Erzählungen und Märchen erklärt sich aus der weiten Verbreitung dieses Tiers in Afrika. In den Märchen wird er meist von den anderen Tieren zum Richter bestimmt, selbst wenn er dabei die Partei des Stärkeren ergreift und die anderen gerne betrügt. Sein maßloser Ehrgeiz wird manchmal mit Spott, manchmal aber auch mit dem Tod bestraft.

Eine der aufschlußreichsten Geschichten in diesem Zusammenhang ist ein Märchen der Zaghawa; dieses Volk lebt im Tschad und im Sudan. In einem Dorf, dessen Mittelpunkt ein großer Baum bildet, leben alle Tiere des Urwalds in friedlicher Eintracht, bis zu dem Tag, an dem der Löwe erklärt, daß er nicht mehr ohne frisches Fleisch leben könne. „Jeden Abend", so tut er kund, „werde ich einen von euch fressen." In der allgemeinen Bestürzung, die der Löwe mit seinen Worten auslöst, wenden sich die Betroffenen an das Tier unter ihnen, das am klügsten und geschicktesten ist: den Schakal. Sogleich wird dieser zum Schiedsrichter ernannt. Der Löwe geht darauf ein, versucht aber sofort, den Schakal auf seine Seite zu bringen. Der trachtet danach, sich durch allerlei Winkelzüge aus der Affäre zu ziehen, möchte sich mit jedermann verbünden, verschwindet unter den verschiedensten Vorwänden und bemüht sich darum, soviel Zeit wie möglich zu gewinnen, bis er einer Auseinandersetzung mit dem Löwen nicht mehr ausweichen kann. „Fürchtest du nicht", fragt klug der Schakal, „daß du, wenn du die anderen Tiere frißt, auch eines Tages selbst gefressen wirst?"

Diese Bemerkung erzürnt den Löwen, der den Schiedsrichter daraufhin mit Flüchen überhäuft. Der Schakal lacht darüber und macht sich aus dem Staub, woraufhin der Löwe hinter ihm herstürzt, ihn aber nicht fangen kann. Die anderen Tiere nutzen die Gelegenheit und suchen ihrerseits das Weite.

In der Regel versucht der Schakal in afrikanischen Märchen, gegenüber dem Löwen zu kneifen, der eigentlich immer als ein ebenso mächtiger wie träger Herrscher auftritt. Manchmal gibt er auch nur vor, sich diesem unterzuordnen; in Wirklichkeit jedoch tut der Schakal nur das, was er selbst will. Ein vertrauenswürdiger Freund jedenfalls ist er nicht, wie ein anderes Märchen der Zaghawa beweist, das den Titel *Der Schakal als Gefährte des Löwen* trägt. Hier dient der Schakal, der den Löwen mit „mein Onkel" anredet, diesem als Späher und als Koch zugleich. Er greift ein Kamel an, damit der Löwe ihm die Kehle durchbeißt. Danach soll der „Neffe" das Fleisch des Opfers zerlegen und es braten. Er wirft einen Stein ins Feuer und bestreicht ihn hinterher mit kochendheißem Fett. Dann steckt er ihn dem wenig achtsamen Gefährten ins Maul und ruft: „Das Fleisch ist gar!" Der unglückliche „Onkel" stirbt nach entsetzlichen Qualen, und sein Mörder kann in aller Ruhe das ihm bestimmte Festmahl genießen. Danach zieht er sich in seine Höhle zurück und überträgt die Rolle des Wächters ausgerechnet einem Igel.

Als einsamer Wanderer legt der Schakal viele Kilometer auf der Suche nach Nahrung zurück. Manchmal tritt er in Randzonen von Wüstengebieten auf. Seit Urzeiten haben seine durchdringenden Rufe bei Einbruch der Nacht die Phantasie des Menschen beschäftigt und aus ihm ein mystisches, zuweilen furchterregendes Tier gemacht. Dabei ist es nicht allzu schwer, ihn zu zähmen, wie die Massai bewiesen haben. Bei den Dogon, einem Volk in Mali, gelten seine Spuren als Zeichen, anhand deren Zauberer das Schicksal vorhersehen können. In afrikanischen Fabeln wird der Schakal, wie bei uns der Fuchs, als sehr listig dargestellt.

GAZELLEN

Ihre Anmut ist in vielen Kulturen sprichwörtlich. Wenn die leichtfüßigen Tiere in federnden Sprüngen die Savanne durchmessen, scheinen sie kaum den Boden zu berühren. Doch hinter ihrer zartgliedrigen, zerbrechlichen Gestalt verbirgt sich eine erstaunliche Widerstandskraft, dank deren die Gazellen selbst in extrem trockenen Landschaften leben können.

Von der Wüste Mauretaniens bis zur Mongolei, von der Steppe im Norden Indiens bis zum Horn von Afrika, in den Sandwüsten der Arabischen Halbinsel und auf den Hängen des Atlasgebirges – Gazellen können sich in den kärgsten Gebieten Afrikas und Asiens behaupten. Insgesamt gibt es 16 Arten, alle von beispielloser Eleganz: Ausnahmslos schlankgebaut, haben ihre Vertreter meist ein rötlichbraun und weiß gezeichnetes Fell, schmale, bisweilen zierliche Hufe, einen langen Hals und schön geringelte, leicht geschwungene Hörner.

Als wiederkäuende Paarhufer gehören die Gazellenartigen wie ihre Vettern, die heute in Afrika und Asien lebenden Antilopen, zur Familie der Hornträger, die auch die Rinder, Schafe und Ziegen umfaßt. Eine der ältesten bekannten Gattungen dieser Familie, *Eotragus* mit Namen, lebte vor ungefähr 20 Mio. Jahren; ihre Vertreter ähnelten einer kleinen Gazelle. Sie waren im Saharagebiet verbreitet, als diese Region noch eine Baumsavanne war.

Anhand versteinerter Knochenzapfen an Fossilien konnte man feststellen, daß die Arten der Gattung *Eotragus* schon Hörner besaßen; auf diesen Zapfen saßen Hornscheiden, wie bei den heute lebenden Hornträgern.

Zunächst hatten sich die Hornträger in tropischen Lebensräumen mit dichter Vegetation entwickelt, zu Beginn des Quartärs (vor 1 Mio. Jahren) jedoch teilte sich die Familie in rund 100 Gattungen auf, von denen dann manche in Wüsten und Halbwüsten heimisch wurden. Gegenwärtig befinden sich die Hornträger in ihrer entwicklungsgeschichtlichen Blütezeit. Die Vielzahl von Antilopenarten und Gazellen mag beispielhaft für die große Artenfülle der Tierwelt Afrikas sein.

Auch die Gazellengattungen *Gazella* und *Procapra* entstanden am Anfang des Quartärs, zu einer Zeit, als die Art *Gazella anglica* in Großbritannien lebte. Während von ihrer Existenz jedoch nur noch fossile Funde zeugen, kann man in den Tropen Afrikas, der ursprünglichen Heimat der Gazellen, bis in unsere Tage viele Arten antreffen, darunter die Rotstirngazelle *(Gazella rufifrons)*, die Thomsongazelle *(Gazella thomsoni)* und die Grantgazelle *(Gazella granti)*. Mit den beiden letztgenannten Arten, die in den wildreichen Savannen Ostafrikas verbreitet sind, wollen wir die Gazellenartigen vorstellen, die heute die artenreichste Unterfamilie der Hornträger bilden.

Eine zierliche Thomsongazelle ruht im saftigen Gras der ostafrikanischen Savanne und käut wieder. Sie weiß, daß die Ruhe trügerisch sein kann und ständige Wachsamkeit vor sich heranpirschenden Raubtieren wie Geparden, Schakalen und Hyänen geboten ist. Um diese rechtzeitig wahrnehmen zu können, ist sie mit einem feinen Gehör und scharfen Augen ausgestattet. Das beste Mittel gegen die Angriffe der Savannenjäger ist für die Gazelle die Flucht, auf der sie bis zu 70 km/h erreichen kann. Ihre hübsch geringelten Hörner setzt sie nur gelegentlich bei Auseinandersetzungen mit Artgenossen ein.

Keine Kostverächter, doch zuweilen genügsam

Die Thomsongazelle und die Grantgazelle kommen im selben Lebensraum vor, der ostafrikanischen Savanne, wo sie sich hauptsächlich von kurzen Gräsern und Blättern ernähren. Sie teilen dieses Biotop mit vielen weiteren Wiederkäuern, die jedoch andere Pflanzen bevorzugen und deshalb keine Nahrungskonkurrenten sind.

Die kleinere Thomsongazelle frißt in erster Linie niedrige, unverholzte Pflanzen, am liebsten Gräser. Ist die Grasdecke aber zu hoch oder zu dicht, kann sie die kurzen Halme nicht mehr abweiden. Aus diesem Grund schließen sich die Gazellen in der Regenzeit, wenn die Savannenpflanzen besonders schnell wachsen, den Zebra- und Gnuherden an. Diese Huftiere legen weniger Wert auf die Qualität ihrer Nahrung als auf deren Menge und fressen vor allem hohe und dichtstehende Halme. Gazellen dagegen sind wählerisch; sie folgen den größeren Tieren und rupfen dann die eiweißreichen jungen Triebe ab, die dicht am Boden wachsen.

Wenn später das Gras zu verdorren beginnt, legen die einheimischen Hirten Feuer, um der Verbuschung entgegenzuwirken. Danach können die begehrten frischen grünen Triebe wieder sprießen. Ist nahrhaftes Gras im Überfluß vorhanden, so besteht der Speisezettel der Thomsongazellen zu 90% aus Gräsern oder sogar noch mehr, den Rest machen Kräuter, junge Buschtriebe und einjährige Pflanzen aus. Am Ende der Regenzeit bilden Gräser nur noch 60% ihrer Nahrung, die sie dann mit Blättern und Früchten ergänzen.

Grantgazellen verzehren weniger Gräser und dafür mehr Zweige. Ihre ungewöhnlich großen Speicheldrüsen produzieren so viel Speichel, daß sie auch sehr trockene Pflanzen verwerten können. Dabei handelt es sich zu rund 40% um Gräser (einkeimblättrig) und zu 60% um zweikeimblättrige Pflanzen, wobei die Prozentsätze je nach Nahrungsangebot variieren. Hochwachsende Pflanzen meiden sie, ihre Lieblingsspeise sind Gräser, vor allem zu Beginn der Regenzeit.

Sobald die Trockenperiode beginnt, ziehen die Grantgazellen weiter und suchen sich Zweige von Sträuchern oder krautige Pflanzen. Sie fressen aber auch gern erfrischende Beeren. Am liebsten halten sie sich in solchen Gebieten auf, in denen Nutzviehherden weiden, die nur bestimmte Pflanzenarten abrupfen und die Gazellen-Leckerbissen stehenlassen.

Saftige Pflanzen statt Wasser

Hitze und Trockenheit setzen den Gazellen weniger als allen anderen Huftieren ihres Aufenthaltsgebiets zu. Der kleinen, lediglich 15–30 kg schweren Thomsongazelle genügen deshalb sogar während der Trockenperiode wenige junge, wasserreiche Pflanzensprosse, um ihren Flüssigkeitsbedarf zu decken. Die größere Grantgazelle, deren Gewicht zwischen 35 und 80 kg schwankt, benötigt mehr Wasser; sie frißt während der Trockenzeit weitgehend nachts, weil sie dann mit den Pflanzen die Tautropfen aufnimmt, die sich an ihnen niederschlagen. Auf diese Weise kann sie in einer Weidenacht mehr als 10 l Wasser zu sich nehmen. Wie Untersuchungen gezeigt haben, benötigen Grantgazellen diese Flüssigkeitsmenge, um in der größten Hitze des Tages durch Verdunstung des Wassers im Nasen-Rachen-Raum ihre Körpertemperatur im Kopfbereich konstant halten zu können (vgl. auch Seite 141).

Obwohl der Flüssigkeitsgehalt der Nahrungspflanzen zur Deckung ihres Wasserbedarfs eigentlich ausreicht, suchen beide Arten auch während der Regenzeit gelegentlich Wasserstellen auf.

Neben jungen Trieben von Gräsern, die ihre Hauptnahrung bilden, fressen Thomsongazellen gern niedrigwachsende Kräuter.

Gegen Ende der Trockenzeit verlassen die Thomsongazellen ihre ausgedörrten Reviere und strömen in die feuchteren Gebiete Ostafrikas. Dort ernähren sie sich von nährstoffreichen Pflanzenspitzen, von Früchten und von Beeren. Ins Gebüsch wagen sie sich aus Furcht vor in der Deckung lauernden Raubtieren nie weit hinein; sie ziehen die offene Grassavanne vor, in die sie zurückkehren, sobald die Regenzeit beginnt. Dann können die Gazellengruppen ihren Durst an zahlreichen Wasserstellen löschen.

Gazellengruppen können in Größe und Struktur stark variieren. Im Ngorongorokrater in Tansania leben die Grantgazellen (oben) meist in Gruppen von 14–18 Geißen bzw. zehn Böcken. Jede Gruppe beansprucht im Mittel 8 ha Land. Die Thomsongazellen (rechts) des Serengeti-Nationalparks hingegen bilden Gruppen von bis zu 100 Tieren und wandern weit umher; die Reviere dominanter Böcke sind wesentlich kleiner als die der Grantgazellen und liegen hier oft mehrere Kilometer auseinander.

Einzelne Böcke, Paare, Gruppen, Herden

Gazellen verfügen über keine einheitliche Sozialstruktur, vielmehr weicht diese von Art zu Art ab und ist darüber hinaus starken jahreszeitlichen Schwankungen unterworfen. So kann man bei den Thomsongazellen beispielsweise sowohl Bock- und Geißenrudel als auch Mischherden der unterschiedlichsten Größe antreffen. Wie Beobachtungen im Ngorongoro-Reservat in Tansania gezeigt haben, versammeln sich in der Regenzeit Thomsongazellen jeden Alters und jeden Geschlechts in großer Zahl auf ziemlich kleinem Raum.

Ein Revier für die Trockenzeit

In der Trockenperiode jedoch sichern sich ranghohe Thomsonböcke oft ein Revier, aus dem sie alle Rivalen vertreiben. Um es zu markieren, urinieren sie immer an denselben gut sichtbaren Stellen, legen ihre kleinen Kötel in Haufen dort ab und benetzen die umstehenden Grashalme in 30–40 cm Höhe mit einem stark riechenden Sekret, das von den in den inneren Augenwinkeln liegenden Voraugendrüsen abgesondert wird. Der Durchmesser derart festgeschriebener Reviere variiert von 20–300 m; zwischen ihren Grenzen bewegen sich Weibchen und Jungtiere in Gruppen von 5 bis 250 Tieren.

Sammeln sich zu viele Gazellen in einem Gebiet, werden sie im allgemeinen von den männlichen Revierbesitzern auseinandergetrieben. Noch nicht geschlechtsreife und allein lebende Männchen finden sich am Rand zu Gruppen zusammen. Sie dürfen so lange im Revier des dominanten Bocks weiden, wie sie sich von den Geißen fernhalten und außerdem die Zone respektieren, die er sich für seine Nahrungsaufnahme vorbehält. Nach einiger Zeit ziehen die Gruppen der Jungtiere und der Weibchen weiter. Dann bleiben die territorialen Böcke allein in ihren Revieren zurück, die zu verlassen ihnen offenbar schwerfällt.

Grantgazellen besitzen eine noch weniger ausgeprägte Sozialstruktur. Die einzige Gruppierung, die man bei ihnen regelmäßig beobachten kann, sind Mutter-Kitz-Paare. Gelegentlich aber bilden vorübergehend 10–20 Einzeltiere eine Gruppe, wenn sich etwa nach einem lokalen Regenschauer die Tiere dort zusammengesellen, wo die Pflanzen neu zu sprießen beginnen. Die Reviere, die sich die dominanten Bökke sichern, sind wesentlich größer als die der Thomsongazellen; sie erreichen nicht selten einen Durchmesser von mehreren hundert Metern bis zu einigen Kilometern. Die Weibchen wechseln mitsamt ihrem Nachwuchs von einem Revier zum anderen, allein oder in kleinen Gruppen. Jüngere Männchen, die in Gruppen umherziehen, können auch die Reviere der älteren, ranghöheren durchqueren, doch mit den Geißen paaren dürfen sich nur die Revierherren.

Als der deutsche Zoologe Fritz Walther einmal 24 Stunden lang einer Herde von Geißen und revierlosen Böcken folgte, konnte er feststellen, daß diese sich auf einer Kreisbahn mit einem Umfang von 16 km bewegten und dabei die Reviere mehrerer fortpflanzungsfähiger Männchen durchquerten. Wenn das Nahrungsangebot günstig ist, kann es vorkommen, daß sich große Herden von über 600 Grantgazellen bilden. Solche Konzentrationen sind aber ungewöhnlich und immer nur von kurzer Dauer.

Eindeutige Reviergrenzen

Forscher haben die Punkte, die eine männliche Thomsongazelle mit dem Sekret der Voraugendrüse (A) markiert hatte, in einer Karte eingezeichnet und mit Linien verbunden. Das Bild, das dabei entstand (B), zeigt regelmäßige Markierungen; an der oberen Grenze, an die die Reviere mehrerer anderer Böcke stoßen, liegen sie dichter. Das Tier markiert also nicht zufällig.

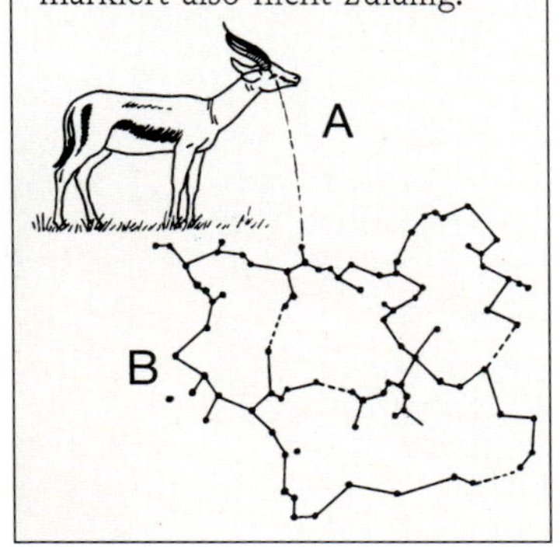

Im Unterschied zu männlichen Thomsongazellen, die ihr Revier markieren, indem sie Grasspitzen mit „Tränen" benetzen, setzen Grantböcke keine Sekretmarken.

Imponieren oder Kampf? Schlagabtausch der Böcke

An der Grenze ihrer Reviere treten männliche Thomsongazellen regelmäßig gegeneinander an. Die Präliminarien nehmen nur wenig Zeit in Anspruch, sehr schnell kommen die Kämpfer zur Sache und richten ihre Hörner gegeneinander. Den Kopf dicht am Boden, stoßen sie aufeinander ein, doch ihre Angriffe bleiben gemäßigt, weshalb es auch nur selten zu Verletzungen kommt. Bei den Grantgazellen hingegen gehen einem Kampf ritualisierte Einschüchterungsversuche voraus, die oft zur Beilegung der Konflikte ausreichen. Wenn sich der Reviereigentümer vor dem Eindringling aufpflanzt, indem er ihm seine Breitseite präsentiert, den Hals streckt und den Kopf nach hinten wirft, erkennt der Fremde dieses Verhalten als Drohgebärde und zeigt in der Regel seine Unterwerfung. Fühlt er sich jedoch dem Revierinhaber gewachsen, imponiert er in der gleichen Weise. Dann gehen beide in ein Drohkreisen mit gesenkten Köpfen über, bis sie sich frontal gegenüberstehen und schließlich voller Wucht aufeinanderprallen. Die Hörner ineinander verhakt, versuchen sie, sich gegenseitig durch Stirndrängen wegzustoßen.

Imponiergesten begleiten auch das Werbeverhalten männlicher Gazellen. Nach dem sogenannten Paarungsmarsch reitet der Bock auf der Geiß auf.

Das neugeborene Gazellenjunge, das sich noch kaum auf den Beinen halten kann, wird abseits der Gruppe im Gras versteckt, wo es unbeweglich liegenbleibt, um nicht die Aufmerksamkeit der vielen Raubtiere auf sich zu ziehen. Dort wartet das Kitz, bis seine Mutter zu ihm zurückkehrt.

Kaum auf der Welt, schon allein gelassen

Die Paarungsvorspiele der Thomson- und der Grantgazellen verlaufen nach dem gleichen Schema. Zuerst untersucht der Bock jede Geiß in seinem Revier, indem er ihr Hinterteil beschnuppert. Hierdurch stimuliert er die Abgabe einer kleinen Urinmenge, von der er einige Tropfen mit dem Maul auffängt. Dann hebt er den Kopf und verzieht das Gesicht in charakteristischer Weise: Er „flehmt". Dabei kommt der Urin mit dem über der Mundhöhle liegenden Jacobsonschen Organ in Berührung, das ihm signalisiert, ob das Weibchen empfängnisbereit ist oder nicht. Ist das Ergebnis „positiv", folgt das Männchen seiner Partnerin; immer wenn sie stehenbleibt, versetzt ihr der Bock leichte Schläge mit dem Vorderfuß, so lange, bis sie sich ihm zur Paarung präsentiert. Bei den Grantgazellen läuft der Bock längere Zeit hinter der Geiß her und imponiert mit aufgerichtetem Hals. Wenn sie paarungsbereit ist, stoppt sie und hebt den Schwanz.

Die Paarung selbst ist eine Sache von Sekunden; allerdings bleibt die Geiß dabei nicht ruhig stehen, sondern zwingt das Männchen vielmehr, ihr auf den Hinterbeinen zu folgen.

Gazellengeißen sind nur wenige Tage lang empfängnisbereit, können sich aber in dieser Zeit mit mehreren dominanten Böcken paaren, wenn sie deren Reviere durchqueren.

Eine heimliche Geburt

Bei beiden Arten dauert die Tragzeit ungefähr 6 Monate. Um ihr Kitz zur Welt zu bringen, zieht sich die Mutter von der Gruppe zurück. Thomsongazellen bekommen gewöhnlich zwei Junge pro Jahr (im Januar/Februar und im Juli), Grantgazellen nur eins, meist in der Mitte oder gegen Ende des Jahres. Unmittelbar nach der Geburt frißt die Mutter die Fruchtblase und die Nachgeburt, eine seltene Ausnahme in ihrer sonst rein pflanzlichen Ernährung. Dadurch führt sie ihrem stark beanspruchten Organismus wichtige Mineralstoffe wieder zu und entfernt alle verräterischen Spuren. Dann legt sie ihr Junges in einiger Entfernung ab und läßt es allein. Das Kitz bleibt dort 3 Wochen lang verborgen, bis es in der Lage ist, der Gruppe zu folgen.

Mehrmals am Tag kommt die Mutter, um es zu säugen. Damit ihr Junges sie wiedererkennt, stößt sie kurze Rufe aus, die wie Blöken klingen, und hebt den Kopf. Mit 2 Monaten wird die Thomsongazelle entwöhnt, mit 12 Monaten ist sie geschlechtsreif. Ihr erstes Kitz kann sie mit 18 Monaten gebären, der junge Bock paart sich in der Regel erst im Alter von 2 Jahren.

Das Geburtsgewicht der Thomsongazellen beträgt 2,2 – 3 kg; Kitze der Grantgazelle wiegen bei der Geburt zwischen 5 und 7 kg, wobei männliche Jungtiere immer schwerer als weibliche sind. Mit einem Monat beginnen junge Grantgazellen, feste Nahrung zu sich zu nehmen, werden aber erst mit 6 Monaten entwöhnt.

Neugeborene Gazellen bilden die Hauptnahrung zahlreicher Raubtiere. Wenn sich ein Schakal oder ein Pavian ihrem Kitz nähert, versucht die Geiß mit allen Mitteln, sie zu verjagen, gegenüber Hyänen oder Geparden jedoch ist sie machtlos. Die Böcke kümmern sich nicht im geringsten um die Verteidigung ihrer Nachkommen.

Die optische Verständigung zwischen Mutter und Kitz

Die Gazellengeiß besitzt mit ihren dunklen Zitzen auf hellem Grund einen optischen Auslöser für das Kitz, welches mit dieser Zeichnung bald die angenehmen Gefühle der Sättigung und Sicherheit verbindet. Ein ähnliches schwarz-weißes Muster befindet sich am Hinterteil der Mutter – bei der Grantgazelle ist dieser sogenannte Spiegel besonders deutlich gezeichnet. Sobald es dazu in der Lage ist, folgt das Kitz diesem optischen Signal.

Das Muster prägt sich den Gazellen so tief ein, daß es bei Erwachsenen dazu beiträgt, die Gruppe zusammenzuhalten. Sobald eine Gazelle den Spiegel eines flüchtenden Artgenossen sieht, folgt sie ihm instinktiv. Springt auch nur ein einziges Tier weg, laufen ihm sofort alle anderen nach.

Das Schwanzwedeln des Kitzes beim Saugen veranlaßt die Mutter dazu, ihm das Hinterteil zu lecken. Durch diese Maßnahme verhindert die Geiß, daß Raubtiere die Witterung des Jungen aufnehmen können.

Die Gazellengeiß säugt ihr Kitz mehrmals am Tag, wozu sie es jedes Mal von seinem Versteck wegführt. Solange das Junge „abliegt", säubert die Mutter beim Trinken den Analbereich des Kitzes, um zu verhindern, daß verräterische Gerüche dessen Aufenthaltsort preisgeben. Das Junge stößt erst zur Gruppe, wenn es schnell genug laufen kann, um bei Gefahr den Erwachsenen zu folgen.

► *Grantgeißen in der Savanne kurz vor Sonnenuntergang.*

Thomsongazelle

Gazella thomsoni

Grantgazelle

Gazella granti

Alle Gazellen besitzen eine elegante Gestalt, nur die Proportionen variieren von Art zu Art. Die Grantgazelle ist doppelt so groß wie die Thomsongazelle, aber beide vertreten die typische Form der Gattung *Gazella* mit ihrem schmalen Kopf, ihren beweglichen Ohren, den großen dunklen Augen und den geringelten Hörnern, die beide Geschlechter tragen. Zwar besitzt jede Gazellenart einen anders geformten Kopfschmuck, die Hörner der Männchen sind jedoch immer kräftiger und nicht so zierlich wie die der Weibchen.

Auge und Gehör sind die am besten entwickelten Sinne der Gazellen. Da sie in offener Landschaft leben, können sie dank ihres guten Sehvermögens sehr früh Artgenossen ausmachen, aber auch beizeiten Raubtiere bemerken. Schon kurz nach der Geburt prägt sich das Kitz den Kontrast zwischen dem rötlichen Braun des Rückens und dem Weiß am Bauch seiner Mutter ein, der oft noch durch das von zwei senkrechten dunklen Streifen gesäumte Weiß am Hinterteil, den Spiegel, und einen breiten schwarzen Querstreifen an den Seiten verstärkt wird. Thomsongazellen dient der schwarze Flankenstreifen als wichtiges optisches Signal bei einem charakteristischen Sprung, der als Prellsprung bezeichnet wird. Hierbei schnellt das Tier wiederholt mit gestreckten Beinen in die Höhe, um Raubtiere zu verwirren und die übrige Gruppe zu warnen.

Dominante Böcke der Thomsongazelle, die sich ein Revier gesichert haben, setzen Duftmarken, um ihr Besitzrecht zu unterstreichen: Urin, Kot und das Sekret der Voraugendrüse. Das Männchen der Grantgazelle markiert sein Revier nicht mit der Voraugendrüse, tatsächlich aber schüttelt es seinen Kopf heftig über niedrigwachsenden Pflanzen und erzielt damit eine ähnliche Wirkung. Geißen markieren ihre Jungen beim Saugen mit dem Sekret ihrer Leistendrüsen, die in den Leistenbeugen unweit der Zitzen liegen.

Den zwischen den Hufen liegenden Zwischenzehendrüsen kommt ebenfalls eine wesentliche Aufgabe beim Markieren zu. In den meisten Fällen sind Duftmarkierung und optische Signale eng aneinandergekoppelt, so etwa bei den Kothaufen, die auf große Entfernungen zu erkennen sind. Vor allem männliche Thomsongazellen bedienen sich dieses Markierungssystems, indem sie beim Urinieren und Koten eine besondere Haltung einnehmen: Wenn sie das Hinterteil senken und die Beine spreizen, wird das weiße Fell des Spiegels sichtbar; oft dient diese Haltung auch nur der optischen Signalgebung, ohne daß dabei Urin oder Kot abgegeben wird.

Wie alle Wiederkäuer besitzen auch die Gazellen im Oberkiefer kei-

	THOMSONGAZELLE	GRANTGAZELLE
Art:	*Gazella thomsoni*	*Gazella granti*
Familie:	Hornträger	Hornträger
Ordnung:	Paarhufer	Paarhufer
Klasse:	Säugetiere	Säugetiere
Merkmale:	Kleine Gazelle, rötlichbraun am Rücken, hell am Bauch; klare Zeichnung im Gesicht; schwarzer Streifen an den Flanken. Hörner des Männchens parallel, im Profil S-förmig gebogen, 25–43 cm lang; beim Weibchen 7–15 cm lang, gerade, bleistiftdünn	Große Gazelle, oben rötlichbraun, unten hell, ohne deutliche Zeichnung. Hörner kräftig, 50–80 cm lang, S-förmige Welle, laufen manchmal oben auseinander; beim Weibchen 30–43 cm lang, glatter, weniger geschwungen
Maße:	Kopf-Rumpf-Länge 80–110 cm, Schwanz 19–27 cm; Schulterhöhe 55–65 cm	Kopf-Rumpf-Länge 95–150 cm, Schwanz 25–35 cm; Schulterhöhe 80–95 cm
Gewicht:	15–30 kg; Weibchen leichter als Männchen	35–80 kg; auch hier Weibchen leichter
Verbreitung:	Kenia, Tansania	Äthiopien, Kenia, Tansania, Somalia, Uganda, Sudan
Lebensraum:	Offene Kurzgrassavanne, lichte Buschsavanne, bis zu einer Höhe von 2000 m; jahreszeitliche Wanderungen	Grassavanne und Halbwüste. Bis 2000 m Höhe
Nahrung:	Gräser und Kräuter (Wiederkäuer)	Vorwiegend Laub; Gras und Kräuter (Wiederkäuer)
Sozialstruktur:	Während der Fortpflanzungszeit besetzen die Böcke Reviere; Männchen- und Weibchengruppen, gemischte Herden, gelegentlich Ansammlungen von Tausenden	Altböcke besetzen zeitweise Reviere; Männchen- und Weibchengruppen, Haremsgruppen, gemischte Herden
Geschlechtsreife:	Weibchen 9, Männchen 18 Monate	Weibchen 9–12, Männchen 18–24 Monate
Fortpflanzung:	Zweimal im Jahr, in der Regel zu Beginn und in der Mitte des Jahres	Jahreszeitlich nicht gebunden
Tragzeit:	187–188 Tage	198–199 Tage
Anzahl der Jungen pro Geburt:	1; 1–2 Geburten pro Jahr	1; 1 Geburt pro Jahr
Geburtsgewicht:	2,2–3 kg	5–7 kg
Lebensdauer:	10–12 Jahre; im Mittel nur 1–2 Jahre	14 Jahre, im Mittel nur 1–2 Jahre
Bestand:	In den Nationalparks mehrere hunderttausend Tiere; kann jedoch bald gefährdet sein	Mehrere zehntausend Tiere in den Nationalparks, überall in der Savanne rückläufig
Bedrohung und Schutz:	Wird als Wild gejagt	Als Wild gejagt, in manchen Gebieten geschützt

Hörner
Lang, wenig gebogen; beim Bock kräftiger und länger als bei der Geiß.

Ohren
Groß und sehr beweglich.

Gesichtszeichnung
Wird von dunklen und weißen Streifen gebildet und ist deutlich ausgeprägt.

Beine
Lang, schlank und kräftig; ermöglichen der Gazelle ein Lauftempo von 70 km/h und Sprünge von fast 2 m Höhe.

ne Schneidezähne; sie haben einen Magen mit vier Kammern, deren Schleimhäute und Verdauungssäfte der Nahrung angepaßt sind. Auf diese Weise verhindern die Magensäfte bei der Thomsongazelle die Entstehung von Bezoarsteinen aus ausgefallener Kieselsäure, die vor allem in Gräsern, ihrer Hauptnahrung, reichlich enthalten ist.

Erst gegen Ende der Trockenperiode müssen Gazellen aus Wasserstellen trinken, dann nämlich sind fast alle Pflanzen von der Sonne ausgedörrt. Dank der Anpassungen ihrer Körperfunktionen an hohe Temperaturen können sie große Hitze und Trockenheit problemlos ertragen. In ihrem Nasen-Rachen-Raum verdunstet Wasser aus den Schleimhäuten und kühlt dadurch diesen Bereich. Auf Hitze reagieren Thomson- und Grantgazelle verschieden. Wenn die Außentemperatur ihren Höhepunkt erreicht, steigt die Körpertemperatur der Thomsongazelle auf höchstens 42 °C, die der Grantgazelle aber kurzfristig bis auf 46 °C; das Gehirn darf sich allerdings nicht so stark aufheizen, weil sonst das Atemzentrum ausfallen könnte und das Tier ohnmächtig würde. Dies wird durch eine starke Verdunstung in der Nasenhöhle verhindert, bei der das zum Gehirn fließende Blut gekühlt wird. Für solch eine „Klimaanlage" benötigt das Tier viel Wasser, so daß die Grantgazelle bei gleichem Gewicht ein Drittel mehr Flüssigkeit aufnehmen muß als die Thomsongazelle.

Fell
Oben rötlichbraun, unten hell, an den Seiten breite schwarze Längsstreifen.

Hinterteil
Weiß, wird „Spiegel" genannt. Schwanzende schwarz.

Besondere Merkmale

Voraugendrüsen
Sie entsprechen den Voraugendrüsen der Hirsche und liegen im inneren Augenwinkel. So kann das Tier genau erkennen, welche Stellen (Gegenstände, Gras, sogar Artgenossen) es mit dem Drüsensekret markiert. Die Drüsen sind bei den Böcken stärker entwickelt und spielen vor allem bei der Revierabgrenzung der Thomsongazellen eine wichtige Rolle.

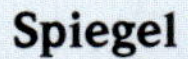

Spiegel
Alle Gazellen haben ein weißes Hinterteil, den sogenannten Spiegel, der an beiden Seiten von senkrechten schwarzen Streifen gesäumt wird. Der schwarz gefärbte Damm in der Mitte wird in Ruhestellung vom Schwanz verdeckt; ist die Gazelle aufgeregt, schlägt sie mit dem Schwanz, und der Schwarz-Weiß-Kontrast wird zum auffälligen Signal.

Hörner mit 1 Jahr

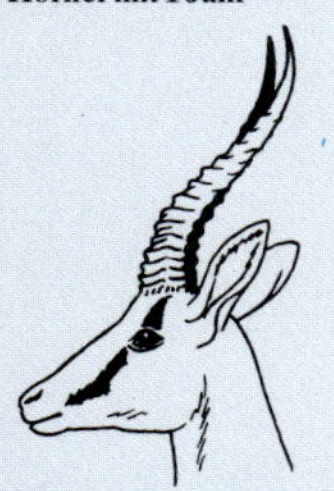

Hörner mit 10 Jahren

Hörner
Die Hörner sind aus zwei Teilen aufgebaut: den mit der Schädeldecke verwachsenen Knochen (nur sie bleiben bei Fossilien erhalten), und den aus Keratin bestehenden Hornscheiden, die auf den Zapfen sitzen und über sie hinausragen. Ihre Form und Oberfläche ist von Art zu Art verschieden. Die Hörner wachsen das ganze Leben lang weiter. Eingesetzt werden sie in erster Linie bei Auseinandersetzungen mit Artgenossen, zur Abwehr von Raubtieren taugen sie kaum.

Andere Arten

Zur Unterfamilie der Gazellenartigen gehören die „echten" Gazellen *(Gazella)* sowie verschiedene verwandte Gattungen. Diese Wiederkäuer mittlerer Größe leben in offenen Landschaften der Alten Welt und sind an besonders trockenes, heißes oder kaltes Klima angepaßt. In der Regel wandern Gazellen in kleinen nomadischen Gruppen, nur in der Fortpflanzungszeit besetzen die Böcke Reviere. Abgesehen von vier Arten tragen beide Geschlechter Hörner, die zur Austragung von Konflikten innerhalb der eigenen Art und weniger zur Verteidigung gegen Raubtiere dienen. Alle Gazellen weisen eine ähnliche Fellfärbung auf: einen rötlichbraunen Rükken, einen hellen Bauch und Streifen am Kopf, an den Seiten und am Hinterteil. Nur bei der Hirschziegenantilope sind ausgewachsene Böcke fast schwarz.

GERENUK

Litocranius walleri
Wird auch Giraffengazelle genannt.
Lebensraum: Dornbuschsavanne in Äthiopien, Somalia und Kenia.
Merkmale: Um höhere Äste zu erreichen, stellt sie sich auf die Hinterbeine. Sie frißt Strauch- und Baumlaub, Triebe und Knospen. Lebt in kleinen, sehr vereinzelten Gruppen. Gewicht: 30–50 kg. Hörner bei den Männchen 25–44 cm lang, Weibchen hornlos.

Erwachsene Böcke besetzen Reviere von 2–4 km^2 Größe.

DIBATAG

Ammodorcas clarkei
Auch Lama- oder Stelzengazelle.
Lebensraum: Horn von Afrika, Dornbuschsavanne.
Merkmale: Erinnert an die Giraffengazelle, ernährt sich ebenso und hat dieselbe Lebensweise. Hörner bei den Männchen 25–33 cm lang und sichelförmig, die Spitze zeigt nach vorn; Weibchen hornlos. Gewicht: 22–35 kg.

SPRINGBOCK

Antidorcas marsupialis
Lebensraum: Südliches Afrika, Halbwüsten Namibias und Südafrikas bis nach Botsuana und Angola.
Merkmale: Mittlere Größe. Gewicht: 20–45 kg. Hörner beim Bock leierförmig, 28–48 cm lang, bei der Geiß kleiner, dünner und glatter.

Früher legten die Springböcke in riesigen Herden große Wanderungen zurück. Heute sind die Bestände stark zurückgegangen, und durch die Anlage immer neuer Agrarflächen wird ihr Lebensraum ständig verkleinert.

Alle Gazellen sind zu hohen, senkrechten Prellsprüngen in der Lage, der Sprung des Springbocks ist aber der spektakulärste. Wenn eine Gruppe in vollem Lauf eine Staubwolke aufgewirbelt hat, wirkt ein in die Höhe springendes Tier mit seinen gesträubten weißen Rückenhaaren, die bis zum Spiegel eine leuchtende Linie bilden, wie ein Lichtblitz. Dies ist ein unübersehbares optisches Leitsignal für all die Tiere, die hinter der Herde zurückgeblieben sind.

TIBETGAZELLE

Procapra picticaudata
Wird auch Goa genannt.
Lebensraum: Hochgelegene Wüsten, Halbwüsten und Steppen Tibets mit rauhem Klima im Winter.
Merkmale: Mittlere Größe (20–30 kg schwer), etwas gedrungen, deutlich abgesetzter weißer Spiegel. Voraugen- und Leistendrüsen schwach ausgebildet oder fehlend. Hörner beim Bock 30–36 cm lang. Fell im Sommer kurz, im Winter dicht und wollig.

MONGOLEIGAZELLE

Procapra gutturosa
Auch Kropfantilope oder Zeren.
Lebensraum: Hochgelegene, halbwüstenartige Steppen der Mongolei.
Merkmale: Wie bei der Tibetgazelle, Voraugen- und Leistendrüsen aber deutlich entwickelt.

HIRSCHZIEGENANTILOPE

Antilope cervicapra
Wird auch Sasin genannt.
Lebensraum: Indischer Subkontinent, Grasland und Halbwüsten des Tieflands bis zu lichten Wäldern.
Merkmale: Besonders hübsche Art. Gewicht: 25–45 kg. Männchen und Weibchen sehr verschieden. Ein ausgewachsener Bock besitzt 35–73 cm lange, schraubig gewundene und gerillte Hörner, sein Fell ist oben schwarz und unten (an Bauch und Kinn) weiß gefärbt; die Geißen sind hornlos und haben wie die jungen Böcke ein gelbbraunes Fell. Wenn ein jüngerer Bock einen dominanten ablöst, schwärzt sein Fell schnell nach.

Dominante Männchen sammeln Harems von 10–20 Weibchen. In den letzten Jahrhunderten hat ihr Bestand stark abgenommen, große Herden können sich nicht mehr bilden. Heute leben nur noch einige tausend Tiere in Nepal, Indien und im Osten Pakistans.

KROPFGAZELLE

Gazella subgutturosa
Lebensraum: Von den Sandwüsten Arabiens bis zu den kalten Steppen Zentralasiens.
Merkmale: Böcke haben am Kehlkopf eine kropfartige Verdickung. Färbung hell, eine auffällige Zeichnung fehlt. Unterschiedliches Sommer- und Winterfell. Gewicht: 20–40 kg. Hörner beim Bock 25–43 cm lang, S-förmig und stark auseinanderstrebend, bei der Geiß sehr klein oder fehlend.

SÖMMERINGGAZELLE

Gazella soemmeringi
Lebensraum: Busch- und Grassavannen in Somalia, Äthiopien, Dschibuti und im Sudan.
Merkmale: Hell gefärbt, kontrastreiche Gesichtszeichnung, typische Flekken am Hinterteil. Hörner beim Bock bis 58 cm lang, beim Weibchen kleiner. Gewicht: 30–55 kg.

Ähnelt in Lebensweise und Verhalten der Grantgazelle.

DORKASGAZELLE

Gazella dorcas
Lebensraum: Wüsten und Halbwüsten von Mauretanien bis Indien.
Merkmale: Mittelgroße Art, 15–30 kg schwer, an den Seiten schwach gezeichnet. Hörner beim Bock 25–38 cm lang, S-förmig nach hinten geschwungen.

Die Dorkasgazelle lebt in kleinen Rudeln; in großen Teilen ihres Verbreitungsgebiet ist sie fast ausgerottet.

Gerenuk *(Litocranius walleri)*

Damagazelle *(Gazella dama)*

DAMAGAZELLE
Gazella dama
Lebensraum: Früher von Mauretanien bis zum Sudan und in der ganzen südlichen Sahara verbreitet, heute vom Aussterben bedroht.
Merkmale: Größte Gazelle, 40–85 kg schwer, kann bis 120 cm Schulterhöhe erreichen. Färbung variabel, das Fell hat fahlgelbe, rötliche und weiße Stellen. Hörner beim Männchen leierartig, 20–43 cm lang, beim Weibchen kürzer, dünner und glatter.

EDMIGAZELLE
Gazella gazella
Wird auch Berg- oder Cuviergazelle genannt.
Lebensraum: Marokko bis Tunesien, Mittlerer Osten, von Palästina bis zur Arabischen Halbinsel. In Israel und im Sultanat Oman noch zahlreich, in den übrigen Gebieten jedoch vom Aussterben bedroht.
Merkmale: Hörner bei beiden Geschlechtern 25–37cm lang, S-förmig gebogen; Fell vorwiegend grau gefärbt.

DÜNENGAZELLE
Gazella leptoceros
Lebensraum: Dünenlandschaften sowie Halbwüsten und Wüsten Nordafrikas und der Arabischen Halbinsel.
Merkmale: 20–30 kg schwer; sehr hell gefärbt. Besitzt große Ohren und vergrößerte Hufe, die das Laufen im Sand erleichtern.

ROTSTIRNGAZELLE
Gazella rufifrons
Lebensraum: Savannen und bewachsene Dünen in einem schmalen Streifen südlich der Sahara, im Senegal und im Sudan.
Merkmale: Ähnlich der Thomsongazelle.

SPEKEGAZELLE
Gazella spekei
Lebensraum: Steinwüsten in Somalia, Nordostäthiopien und Dschibuti.
Merkmale: Zeichnung im Gesicht und an den Seiten stark ausgeprägt. Die Nüstern können, vermutlich als Anpassung an große Hitze, bis zu Tennisballgröße aufgeblasen werden.

Gazellen oder Antilopen?

Gazellen sind kleine, zierliche Antilopen, aber der Begriff „Antilope" deckt eine ganze Reihe von Huftieren aus verschiedensten Unterfamilien der Hornträger ab. Die Antilopen mit spiralig gedrehten Hörnern etwa (Elenantilopen, Kudus und Buschböcke) gehören zu den Waldböcken, die Gnus zu den Kuhantilopen, die Rappenantilopen und Spießböcke zu den Pferdeböcken. Weitere Unterfamilien sind die Ried- und Wasserböcke sowie die Schwarzfersenantilopen oder Impalas.

Die artenreichste Unterfamilie bilden die Gazellenartigen, von denen hier die Rede ist, die kleinsten Antilopen findet man jedoch bei den Zwergantilopen oder Böckchen. Diese Miniaturwiederkäuer, manche sogar kleiner als Hasen, leben allesamt in Afrika und kommen in den verschiedensten Landschaften vor.

Das Kleinstböckchen *(Neotragus pygmaeus)* ist die kleinste Antilope überhaupt, es wiegt nur 1,5–2,5 kg. Im Vergleich dazu ist das Bleichböckchen oder Oribi *(Ourebia ourebi)* mit seinen 20 kg schon ein Riese. Der zierliche Klippspringer *(Oreotragus oreotragus)* schnellt behende von Fels zu Fels, und die winzigen Güntherdikdiks *(Madoqua guentheri)* haben sich dem Leben in Trockengebieten besonders gut angepaßt.

Dorkasgazelle *(Gazella dorcas)*

Gazellen in ihrem Lebensraum

Thomsongazellen leben in weniger trockenen Gebieten als andere Gazellenarten. Manchmal bilden sie relativ große Herden von mehreren hundert Tieren. Da eines ihrer Hauptverbreitungsgebiete in der Serengeti-Ebene in Tansania liegt, in der es ein wissenschaftliches Zentrum zur Erforschung tropischer Ökosysteme gibt, konnten Experten die Wechselbeziehungen zwischen den Gazellen und ihrem Lebensraum gründlich erforschen.

Man schätzt die Zahl der Thomsongazellen in der Serengeti auf 500000–800000, die der Grantgazellen auf 100000 Tiere. Ebenso wie Gnus und Zebras wandern Thomsongazellen im Wechsel der Trocken- und Regenzeiten durch die Savanne Tansanias in die Gegenden, in denen sie optimale Nahrungsbedingungen vorfinden. Die Wanderungen der Gazellen verlaufen jedoch unauffälliger und sind nicht so festgelegt wie die der Gnus, die sich jedes Jahr auf denselben Routen bewegen. Neben nomadisierenden Herden gibt es auch ortstreue Populationen, die während der Trockenzeit ihr ursprüngliches Aufenthaltsgebiet nicht verlassen. Diese Populationen findet man vor allem im feuchteren Norden der Ebene und im Westen nahe dem Viktoriasee, wo in einem Korridor die Flüsse aus der Serengeti-Ebene zusammenfließen.

Die Wanderungen der Gazellen

Während der Regenzeit von Dezember bis April bevölkern die Gazellen die Kurzgrassavanne im Osten der Serengeti-Ebene. Hier leben sie mit anderen Huftierarten zusammen und profitieren von diesen: Da Gazellen nur niedrige Pflanzen abweiden können und diese im hohen Gras schwer zugänglich sind, bevorzugen sie „vorbereitete" Flächen, an denen Gnus und Zebras bereits die hohen Pflanzen abgeweidet haben.

Zu Beginn der Trockenzeit nehmen Zebras und Gnus ihre Wanderung zum Korridor auf; die Gazellen verweilen noch in der Ebene. Von Juni bis Oktober ziehen auch sie dann in großen Herden nach Westen in Richtung des vegetationsreicheren Korridors. Manche Einzelgänger schließen sich den Herden nicht an und verbringen das ganze Jahr in den östlichen Ebenen; dort suchen sie ihre Nahrung im von der Sonne und der Trockenheit ausgedörrten Gras. In der Regel handelt es sich bei diesen Tieren um Böcke, die ihr Revier nicht aufgeben wollen. Von November an kehren die Herden wieder in die Ebenen des Ostens zurück. Ihre Wanderungen enden in Landstrichen, in denen pro Monat 50–65 mm Regen niedergehen.

Untersuchungen haben gezeigt, daß Zebras und Gnus immer eng zusammenbleiben, während Gazellen flexibel sind und sich auch abseits der festgelegten Routen bewegen können. In der Regenzeit leben alle drei Arten in der Serengeti-Ebene nebeneinander, in der Trockenperiode hingegen wählen die Gazellen ihre Weidegründe nach Ausdehnung und Ergiebigkeit der Futterplätze. Dieser Abschnitt in ihrem Wanderzyklus wird von den Migrationen der beiden anderen Huftierarten in keiner Weise beeinflußt.

Zusammenleben ohne Konkurrenz

Betrachtet man die Gesamtmasse aller im Ökosystem der Serengeti lebenden Huftiere, beträgt der Anteil der Zebras, Gnus und Thomsongazellen 60 %; im Osten der Serengeti besitzen die drei Arten allerdings

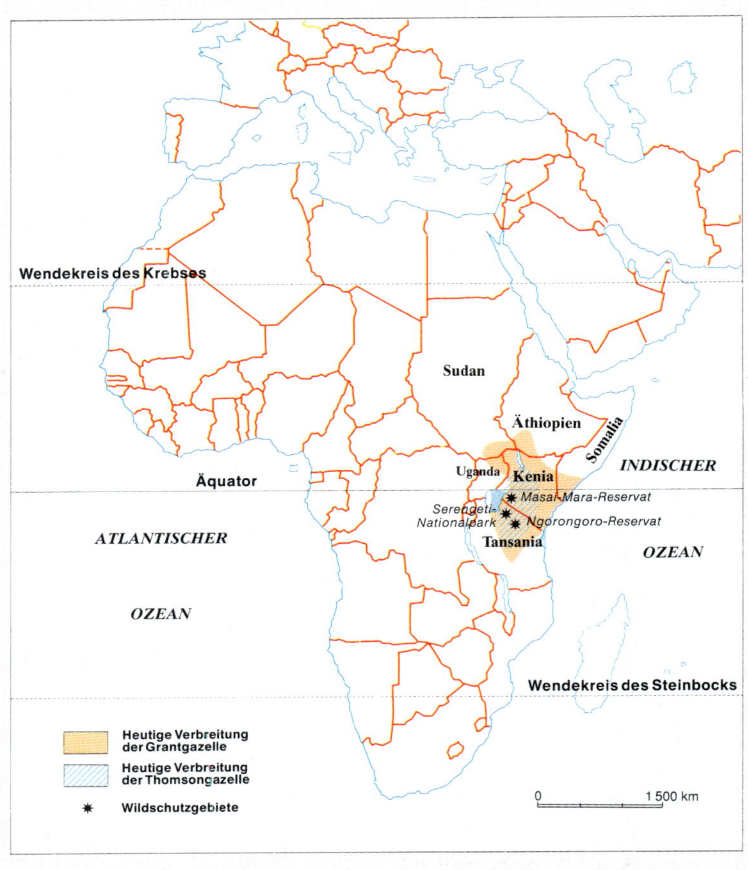

In der ostafrikanischen Baumsavanne leben Grantgazellen und Giraffen einträchtig nebeneinander; jede der beiden Arten hat ihre eigene ökologische Nische besetzt. Während Giraffen vorwiegend Blätter in 2–4 m Höhe abweiden, sind Gazellen auf niedrige Gräser und Kräuter spezialisiert. Andere Huftiere wie Gnus und Zebras wiederum fressen hohe Gräser, die die Gazellen bei der Nahrungsaufnahme behindern.

Grant- und Thomsongazellen bevölkern in großer Kopfzahl die ausgedehnten Savannen Ostafrikas. In der Serengeti-Ebene kann man die Anpassung der Tiere an die Bedingungen ihres Lebensraums gut untersuchen, ebenso die Wechselwirkungen mit den anderen Huftieren, welche die üppigen Weiden der Savanne bevölkern. Die Thomsongazellen folgen in der Trockenzeit den riesigen Gnu- und Zebraherden auf ihren Wanderungen in feuchtere Gebiete, in der Regenzeit besetzen die Böcke feste Reviere.

ein starkes Übergewicht (94%). Daß diese Tiere in einer solchen Gemeinschaft zusammenleben können, ohne sich gegenseitig Konkurrenz zu machen, erklärt sich aus ihrem unterschiedlichen Nahrungsspektrum. Zwar sind alle Pflanzenfresser, doch sie besetzen unterschiedliche ökologische Nischen. In einem Verband verschiedener Huftierarten (wiederkäuender und nicht wiederkäuender, größerer und kleinerer) kann jede Art ihre ganz spezielle Nahrung finden. Obwohl beispielsweise die Thomsongazelle in erster Linie Gras frißt, mag sie auch zweikeimblättrige Kräuter, die das Zebra und das Gnu stehenlassen.

Eine Studie der Tierpopulationen im Westen des oben erwähnten Korridors beschreibt die genauen Abläufe, die das Zusammenleben der Arten bestimmen. Während der Regenzeit halten sich alle Grasfresser gern auf Hügeln auf, wo grünes, kurzes Gras sprießt, dessen Wachstum durch das Abweiden sogar noch gefördert wird. Mit dem Beginn der Trockenzeit verlangsamen die Pflanzen dann ihr Wachstum, bis sie es schließlich ganz einstellen. Jetzt ziehen die größten Huftiere in die Talsohlen, in denen sie höherwachsende Kräuter mit allerdings mittelmäßigem Nährwert finden. Büffel und Zebras machen sich als erste auf den Weg und schaffen die Voraussetzungen dafür, daß die Gnus und Topiantilopen ihnen bald folgen können. Als letzte treffen die Thomsongazellen ein, die nun junge Grastriebe und dicht am Boden wachsende Kräuter abweiden können. Diese vergleichsweise kleinen Wanderbewegungen unterliegen den gleichen Gesetzmäßigkeiten wie die großen Huftierwanderungen zwischen den Ebenen im Osten der Serengeti und den Baumsavannen im Norden und Westen, mit dem Unterschied allerdings, daß im Korridor fünf Arten beteiligt sind; im allgemeinen ziehen Büffel und Topiantilopen nicht in die Serengeti-Ebene.

Die Lieblingsbeute der Geparden

Die Zahl der Raubtiere, die eine Gefahr für Gazellen darstellen können, ist beachtlich, selbst wenn manche sie nur gelegentlich jagen. Die Löwen der Serengeti beispielsweise reißen nur selten Gazellen, da diese als Mahlzeit für ein ganzes Rudel wohl kaum ausreichen dürften. Leoparden, die in Wäldern und Baumsavannen auf der Lauer liegen, machen vor allem Jagd auf Waldtiere, doch auch Thomsongazellen stehen auf ihrer Speisekarte. Der Afrikanische Wildhund und die Tüpfelhyäne stellen ihnen ebenfalls nach, und für Schakale sind besonders neugeborene Kitze eine wichtige Beute; schließlich reißen sogar manche Pavianarten Gazellen, ein seltenes Verhalten bei Primaten.

Der gefährlichste Feind der Gazelle ist aber zweifellos der Gepard. Sein Verbreitungsgebiet deckt sich ungefähr mit dem der Gattung *Gazella*. Während die Gazellengeißen manchmal ihre Jungen mit den Hörnern gegen Paviane oder Schakale verteidigen, können sie bei größeren Raubtieren wie den Geparden nur die Flucht ergreifen. Wenn diese Raubkatzen Gazellen jagen, erreichen sie kurzfristig Geschwindigkeiten von 100 oder sogar 110 km/h.

Die Geparden der Sahara könnten ohne Gazellen als Beutetiere nicht überleben; das Aussterben letzterer hätte somit wahrscheinlich den Verlust der dort lebenden Wüstenjäger zur Folge.

Chronologie eines Bestandsrückgangs

In der indischen Tradition werden sie mit dem Wind in Verbindung gebracht, im Tantrismus, einer religiösen Strömung des Subkontinents, mit der Luft; im Islam vergleicht Mohammed die Schönheit der Huris im Paradies mit Gazellen. Doch der Mensch erklärte sie zum Freiwild, und manche Arten sind heute schon beinahe ausgerottet.

Bereits die ersten Menschen jagten Gazellen

Wie 11 000 Jahre alte Knochenfunde im Zweistromland und in verschiedenen anderen Gegenden des Nahen Ostens bezeugen, spielten Gazellen einst eine wichtige Rolle für die Ernährung des Menschen. Bei den Knochen handelt es sich fast ausschließlich um solche der Kropfgazelle *(Gazella subgutturosa)*, einer Art, die in jenem Teil der Erde heute fast ausgestorben ist. Die Tiere wanderten regelmäßig zwischen dem Norden des heutigen Syrien, wo die Geißen ihre Kitze zur Welt brachten, und dem Süden Jordaniens, wohin die Gazellen gegen Ende des Sommers zogen, hin und her. Um ihrer habhaft zu werden, bauten die Menschen riesige Pferche aus Steinmauern wie die, deren Überreste kürzlich in Syrien freigelegt wurden. Offenbar waren die Herden riesengroß. Die Untersuchung der Knochenreste und der Zähne hat ergeben, daß die Jagd nur zu der Jahreszeit stattfand, in der die Jungen geboren wurden.

Die an der Ausgrabungsstätte gefundenen Knochen stammen zu 80 % von Gazellen. Bei Funden aus späterer Zeit beträgt der Anteil an Gazellenknochen nur noch 10 %, der Rest stammt von Schafen und Ziegen. Nachdem sie die Gazellen stark dezimiert hatten, waren die im Vorderen Orient beheimateten Völker vermutlich zur Viehzucht übergegangen und hatten damit eine neue Entwicklungsstufe in der Geschichte der Menschheit erreicht.

Doch die Jagd auf die Gazellen ging weiter. Heute stehen die Tiere insbesondere in der Sahara und auf der Arabischen Halbinsel fast durchweg vor ihrer Ausrottung. Verantwortlich hierfür sind weniger Einheimische, die sie zu ihrer Ernährung jagen, als vielmehr Angestellte von Ölgesellschaften und Angehörige des Militärs. Diese ließen sich in den 50er Jahren in von Menschen vormals unberührten Gebieten nieder und schossen vor allem in den 60er Jahren – meist zum „Sport" – alles nieder, was ihnen so in die Quere kam. Die Bilanz ist verheerend: Verschiedene Gazellenarten, Mendesantilopen und Strauße sind im Nahen Osten ausgerottet. Dieses Schicksal hätte auch die Arabische Oryx (Spießbock) ereilt, wären nicht im Jahr 1963 acht Tiere eingefangen und in Zoos gebracht worden, wo sich die Art mittlerweile wieder vermehren konnte. In Ägypten, einem Land mit ehemals großen Gazellenpopulationen, kommen die Tiere nur noch auf der Halbinsel Sinai häufig vor. Im Niger beträgt die Gesamtzahl der früher zahlreichen Damagazellen heute 150–200 Tiere. Diese Art war in der Vergangenheit über ganz Afrika südlich der Sahara verbreitet; nennenswerte Bestände gibt es gegenwärtig nur noch im Tschad und in Mali.

Trotz der ernsten Gefahr, die sie für die afrikanische Tierwelt darstellt, ist die Jagd noch immer nicht ganz verboten. Wer das nötige Kleingeld besitzt, kann sich auch weiterhin das Vorrecht auf die Ausrottung der letzten Gazellen in der Sahelzone oder der Nordsahara sichern.

Schutzprogramme für gefährdete Gazellenarten

Neben den Schutzgebieten, die zur Erhaltung der Gazellen und ihres Lebensraumes eingerichtet wurden, gibt es in Afrika auch Einrichtungen zur Aufzucht der Tiere – etwa am Rand der Sahara (Tassili-Nationalpark in Algerien, Bou-Hedma-Park in Tunesien, Reservate von Gadabedgi und von Aïr-Ténéré im Niger), im Nahen Osten und auf der Arabischen Halbinsel (Jalooni im Jiddat-al-Harasis in Oman oder im Shaumari-Reservat in Jordanien). Überall hier versuchen Wissenschaftler, die Tiere zu vermehren, um sie später in ihren Ursprungsgebieten wiederanzusiedeln. In der Versuchsstation von Almería in Spanien werden manche vom Aussterben bedrohte Arten wie die Cuviergazelle, die Damagazelle und die Dorkasgazelle gezüchtet und beobachtet. Ähnliche Projekte werden auch in den Vereinigten Staaten durchgeführt; hier gibt es Zuchtprogramme für die Dünengazelle und die vorderasiatischen Formen der Kropfgazelle. Voraussetzung für eine Wiederausbürgerung ist allerdings, daß die Tiere nicht mehr als Freiwild betrachtet werden.

Der Name Gazelle leitet sich vom arabischen Wort „ghâzal" ab, was soviel wie „elegant, schnell, rassig" bedeutet. So wurden denn auch morgenländische Dichter nicht müde, die Tiere in blumenreichen Worten zu preisen. Ihre gefällige Erscheinung trägt andererseits noch immer dazu bei, daß Gazellen auf brutale Weise gefangen und in Privatzoos auf der Arabischen Halbinsel gebracht werden. Auf engstem Raum zusammengepfercht, fristen die graziösen Tiere dort ein jämmerliches Dasein. Oft befinden sich seltene Exemplare darunter, manchmal sogar Vertreter von Unterarten, die vom Aussterben bedroht sind.

HYÄNEN

„Heimtückisch“, „feige“ und als „Leichenfledderer“ verschrien – schon im Altertum eilte den Hyänen ein schlechter Ruf voraus. Moderne Studien haben das verzerrte Bild zurechtgerückt: Hyänen sind kühne Jäger und leben in einer komplizierten Sozialordnung, in der die Weibchen den Ton angeben. Da sie als die einzigen Tiere der afrikanischen Savanne auch Knochen fressen, erfüllen sie eine wichtige Funktion als Abfallbeseitiger.

Die Geschichte der Hyänen beginnt wahrscheinlich im frühen Miozän. Ihr ältester bekannter Vorfahre gehörte zur Gattung *Ictitherium* und lebte vor 25 Mio. Jahren in Griechenland. Wahrscheinlich ähnelte er der Zibet- oder der Ginsterkatze – kleinen, nachtaktiven Säugetieren aus der Familie der Schleichkatzen, die Raubtiere mit kurzen Beinen und der Eleganz von Katzen, einer spitzen Nase und einem langen Schwanz vereint. Aus ihm haben sich die Hyänen entwikkelt. Vor etwa 6 Mio. Jahren, im Pliozän, lebten sie in Europa, Asien und sogar in Nordamerika.

Es gab auch andere Formen, die jedoch zu Beginn des Quartärs ausstarben. Hierzu gehörte das *Pachycrocuta brevirostris*, ein mächtiges Tier mit einer Schulterhöhe von 1 m und der Größe eines Löwen, das im mittleren Pleistozän, vor ungefähr 1 Mio. Jahren, in Europa lebte. Vor 120 000 Jahren war die Höhlenhyäne *(Crocuta crocuta spelaea)* noch in Europa weit verbreitet. Sie ähnelte stark der Tüpfelhyäne, war jedoch doppelt so groß und bevölkerte einen kälteren Lebensraum.

Heute ist die Familie der Hyänen nur noch auf dem afrikanischen Kontinent und in wenigen Regionen Asiens anzutreffen; sie umfaßt vier zum Teil sehr unterschiediche Arten: zunächst den Erdwolf (Gattung *Proteles*), einen reinen Insektenfresser, der der einzige Nachkomme eines Zweigs ist, welcher sich schon sehr früh vom Hauptstamm abgespalten haben muß; dann die Tüpfelhyäne, die der Gattung *Crocuta* angehört; zuletzt die Streifenhyäne und die Braune Hyäne, die beide der Gattung *Hyaena* angehören.

Die Entwicklung der Hyänen wurde in der Savanne besonders begünstigt. Ihre Verbreitung im Verlauf des Tertiärs geht einher mit der Entfaltung der Huf- und großen Raubtiere. Dank der Üppigkeit der Savannengrasfluren konnte sich die afrikanische Fauna in ihr großartiges Artenspektrum auffächern.

Wie andere Raubtiere profitieren auch die Hyänen, und unter ihnen insbesondere die Tüpfelhyänen, von der hohen Individuen- und Artenzahl ihrer Beutetiere. Aufgrund ihrer außergewöhnlichen Anpassungsfähigkeit konnten sie, abgesehen von den Wüsten und den großen äquatorialen Waldgürteln, überall in Afrika heimisch werden und sich erfolgreich gegen andere Beutegreifer behaupten.

Hyänen und Geier sind Aasfresser. Dank ihrer Fähigkeit, sich von verwesenden Kadavern zu ernähren, konnten sie bestimmte ökologische Nischen in ihrem Lebensraum besetzen. Sie wirken als natürliche Abfallbeseitiger und tragen so zu einer vollständigen Verwertung der Jagdbeute bei. Anders als Geier jedoch, die nicht in der Lage sind, lebende Tiere zu erbeuten, machen Tüpfelhyänen auch erfolgreich Jagd auf Gnus, Zebras, Gazellen, Nashornjunge und gelegentlich sogar verletzte Löwen oder Elefanten.

Zur Nahrungsgemeinschaft der Aasfresser in der Savanne gesellen sich gern die storchenähnlichen Marabus. Nach dem Mahl wird von dem Kadaver so gut wie nichts übriggeblieben sein.

Hartnäckig hielt sich über Jahrhunderte hinweg das Vorurteil, Hyänen seien lediglich Resteverwerter. Nebenstehende Abbildung – die Tiere haben einen Büffel zur Strecke gebracht – beweist das Gegenteil. Manche Tüpfelhyänenpopulationen ernähren sich zu 90 % von selbsterjagten Säugern.

Ein mächtiges Gebiß und ein robuster Magen

Tüpfelhyänen sind Allesfresser. Da sie sehr starke Kiefer besitzen, können sie sogar große Knochen zerbeißen und diese dank ihrer Verdauungssäfte auch verdauen – eine Eigenschaft, die sie mit dem Bartgeier, dem größten Geier der Alten Welt, teilen. Während sich dieser Vogel jedoch ganz auf Knochen spezialisiert hat, schlägt die Hyäne bei allem zu. Als Aasfresser macht sie selbst vor den Überresten eines Artgenossen nicht halt, der z. B. von einem Löwen getötet wurde. Doch Hyänen sind auch gefürchtete Jäger.

Keine elegante Jagd, aber erfolgreich

Man hat lange Zeit geglaubt, daß Hyänen warten, bis Löwen satt sind, um dann die Reste von deren Beute zu vertilgen. Aber die ersten Untersuchungen zur Ernährung der Hyänen in den 70er Jahren in Tansania haben genau das Gegenteil erbracht. Der holländische Forscher Hans Kruuk hatte mehrmals am Tag beobachtet, wie Hyänenrudel, offenbar voll ohnmächtiger Wut, Löwen beim Verzehren einer Beute beobachteten. Kruuk wollte wissen, warum sich die Hyänen so verhielten, und folgte ihnen auch nachts. Hierbei stellte er fest, daß Hyänen selbst jagen. Sobald sie jedoch durch gewisse Laute den Erfolg ihres Jagdzugs verrieten, näherten sich Löwen, um sich die Beute der Hyänen anzueignen. Letztere waren also nicht die verrufenen Aasfresser, sondern die „Opfer" der Löwen, die bei ihnen schmarotzten.

Trotz ihres seltsam hinkenden Gangs, der auf den stark abfallenden Rücken zurückzuführen ist, laufen Hyänen schnell und ausdauernd. Sie können kurzzeitig Geschwindigkeiten von 40–50 km/h, ja manchmal sogar bis zu 60 km/h erreichen.

Eine einzelne Hyäne kann ein Gnu von 170 kg erbeuten. Meuten von zehn oder 15 Tieren bringen ein Zebra zur Strecke; nachdem die Hyänen das Tier eingeholt haben, stürzen sie sich alle zugleich darauf. Sie verbeißen sich in den Bauch, den Hals und die Läufe, so daß das Opfer nach kurzer Zeit zusammenbricht. Wenn es zu Boden fällt, ist sein Bauch meist bereits aufgeschlitzt, und die Eingeweide hängen heraus. Dann eilt die ganze Sippe herbei und teilt sich gierig das Mahl, aus Furcht, sie könnte von Löwen um den Jagderfolg gebracht werden. So beobachtete Kruuk, daß 38 Hyänen ein erlegtes Zebra innerhalb von 15 Minuten bis aufs Skelett auffraßen.

Etwa ein Drittel der Jagdzüge von Tüpfelhyänen verläuft erfolgreich; ein hungriges Tier kann bis zu 14 kg Fleisch auf einmal verschlingen, mit 1,5–1,8 kg deckt es seinen Tagesbedarf. Ob kranke oder verletzte Löwen und Elefanten, ob Gnus oder Gazellen, kleine Nagetiere oder halbverweste Fische, Hyänen fressen alles, dessen sie sich bemächtigen können. Sie hinterlassen nichts außer Hörnern und Hufen und würgen unverdauliche Teile wie z. B. Haare als Ballen wieder aus. Ihre Ernährung ist jedoch nicht nur an Fleisch und Knochen gebunden, sie verspeisen auch Früchte, Wurzeln und Eier.

Nahrungskonkurrent Löwe

Wer von beiden jagt mehr, die Hyäne oder der Löwe? Untersuchungen haben gezeigt, daß in der Serengeti 53 % der Beutetiere von Hyänen und 33 % von Löwen erjagt werden. Im Ngorongorokrater jedoch töten Hyänen 84 % und die Löwen lediglich 6 % der Beute, die sie verzehren. Einer anderen Studie zufolge eignen sich Löwen 20 % der Jagdbeute der Hyänen an und töten Hyänen, sooft sie können. 60 % der gerissenen Hyänen im Krater gehen auf ihr Konto.

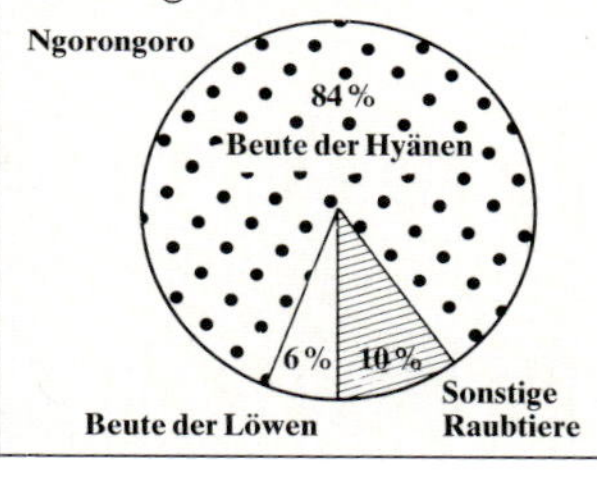

Antilopen, Gazellen, Zebras und Gnus stehen oft auf dem Speiseplan der Tiere. Aber Tüpfelhyänen sind nicht wählerisch und fressen alles, was ihnen über den Weg läuft. Je größer die Meute, desto schneller ist die Beute erlegt.

Selbst um die zähesten Stücke streiten sich Hyänen heftig. Sie verschmähen lediglich Hörner und Hufe und würgen unverdauliche Teile der Beute wie beispielsweise Haare in Ballen wieder aus.

Die matriarchalische Hyänengesellschaft

In Hyänenfamilien ordnen sich die Männchen den Weibchen unter, und wenn sich zwei Tüpfelhyänen verschiedenen Geschlechts begegnen, weicht das Männchen stets dem Weibchen aus. Steht nur wenig Nahrung zur Verfügung, tritt das Männchen zurück. Weibliche Hyänen wiegen durchschnittlich gut 6 kg mehr als männliche. Merkwürdig ist, daß die äußeren Geschlechtsorgane der Weibchen denen der Männchen täuschend ähneln – eine anatomische Besonderheit, die schon im Altertum zu der Annahme führte, Hyänen seien zwittrige Lebewesen. Hyänen erkennen das Geschlecht von Artgenossen daran, daß sie sich im Genitalbereich beriechen und lecken, wenn sie einander begegnen; dabei heben sie einen Hinterlauf. Um seine Unterwerfung zu bezeigen, präsentiert das Männchen zuerst in dieser Weise. Bei zwei Tieren ist die dominierende Rolle des Weibchens deutlich zu erkennen, innerhalb eines ganzen Rudels weniger. Weibliche Tiere sind bei der Jagd meist die Anführer, doch wenn die Beute gerissen wird, gebührt keiner Hyäne der Vortritt.

Um erfolgreich jagen und ihr Revier verteidigen zu können, sind Hyänen oft in Clans organisiert, deren Größe je nach Umgebung variiert. In den bewaldeten Gebieten Transvaals leben 60 % der Hyänen einzelgängerisch und nur 27 % zu zweit. In den Savannen Ostafrikas hingegen können zu einem Clan 30–80 Tiere gehören, deren Reviere 10–40 km^2 umfassen. Auf 1 km^2 leben in der Serengeti 0,12 und im Ngorongorokrater 0,16–0,24 Hyänen. Zu einem Clan, der offenbar keine festgefügte Ordnung und kein Oberhaupt besitzt, gehören gleich viele Männchen und Weibchen. Alle Clanmitglieder kennen einander und können sich anhand von Stimme und Geruch identifizieren. Die Rolle der dominierenden Tiere einer Gruppe wird selten in Frage gestellt. Nähert sich ein fremder Artgenosse, reagiert der ganze Clan jedoch sofort mit Angst und Aggressivität.

Alle Erwachsenen eines Clans, Männchen wie Weibchen, kennzeichnen ihr Revier mit Hilfe von zwei Analdrüsen, die in der Nähe des Afters münden und ausgestülpt werden, wenn die Tiere erregt sind. Clanmitglieder markieren immer an denselben Stellen. Dazu streifen sie die zähflüssige und stark riechende Substanz an Grasbüscheln, Steinen und Wurzeln ab; gleichzeitig scharren sie heftig am Boden, um die Erde mit dem Sekret ihrer Zwischenzehendrüsen zu versehen. Diese doppelte Kennzeichnung nehmen die Tiere überall im Revier vor, am häufigsten jedoch an den Grenzen. Manche Hyänenfamilien markieren ihr Gebiet noch zusätzlich, indem sie entlang den Territoriumsgrenzen ihren Kot ablegen.

Haben Hyänen ein Beutetier im Revier einer anderen Gruppe getötet und kommt es zu einem Streit, überlassen sie die Beute dem dort ansässigen Rudel, wenn dieses größer ist. Da Hyänen jenseits der Grenzen ihres Reviers ihr Selbstvertrauen verlieren und unsicher werden, finden diese Auseinandersetzungen meist nur im Bereich eines 100–200 m breiten Grenzstreifens statt. In solch einem Gebiet hat man einmal beobachtet, wie ein Beutetier, das den Mittelpunkt einer Ansammlung von 43 Hyänen zweier Clans bildete, innerhalb von 25 Minuten zwölfmal den „Besitzer“ wechselte. Als nichts mehr von dem Opfer übrig war, zogen sich die beiden Clans wieder in ihre jeweiligen Reviere zurück.

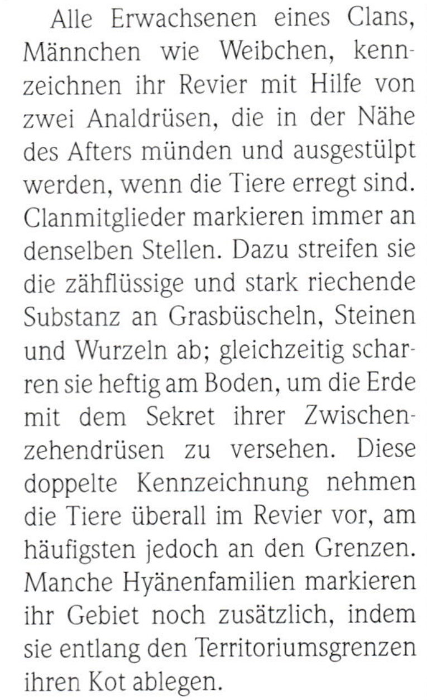

Mit Wasser- oder Schlammbädern erfrischen sich Hyänen. Manchmal dienen die Pfützen auch als Verstecke und Vorratslager für Aas.

Durch Zähnezeigen versuchen Hyänen, ihre Gegner einzuschüchtern. Blutige Kämpfe sind unter den Angehörigen einer Familie selten; die Tiere kennen einander, und an der Rangordnung wird nicht gerüttelt. Die Erwachsenen stehen über den Jungtieren und die Weibchen über den Männchen. Treten Spannungen auf, unterwirft sich der Schwächere. Auseinandersetzungen kommen nur zwischen den Mitgliedern unterschiedlicher Clans vor, namentlich an den Grenzen der Reviere.

Lautfreudige Gesellen

Das „hämische" Lachen der Tüpfelhyäne gehört zu den Charakterlauten der afrikanischen Landschaft. Meist nachts zu hören, spiegelt es den Erregungszustand der Tiere wider, vor allem wenn sie jagen, angreifen oder selbst angegriffen werden. Der häufigste Ruf der Tüpfelhyäne jedoch ist nicht dieses Lachen, sondern ein anderer Laut.

Dabei stößt die Hyäne, den gesenkten Kopf dicht am Boden, einen zunächst noch schwachen, tiefen Ruf aus, der nach und nach lauter wird, sich in immer kürzeren Abständen wiederholt und schließlich in einer Art Klagelaut endet. Die anderen Mitglieder des Clans antworten auf diesen Ruf, der mehr als 1 km weit zu hören ist. Jedes Tier besitzt eine individuelle Stimme, an der es seine Artgenossen erkennen können.

Wenn Hyänen eine Beute gerissen haben, äußern sie eine Reihe von Grunzern und Knurrlauten, welche die ganze Familie herbeirufen, aber oft auch Löwen. Letztere müssen manchmal allerdings wieder unverrichteter Dinge abziehen, denn dieselben Rufe stoßen männliche Hyänen aus, wenn sie um ein brünstiges Weibchen streiten. Die Schreie der Jungen klingen wie Stöhnen. Übrigens geben Hyänen auch Töne im hohen Frequenzbereich von sich, die für das menschliche Ohr nicht wahrnehmbar sind.

Junge Hyänen verbringen die ersten Lebensmonate in Höhlen. Bevor sie in einem Alter von 12 bis 16 Monaten entwöhnt werden, haben sie gelernt, feste Nahrung zu sich zu nehmen, die oft von den Überresten solcher Tiere stammt, die in der Nähe der Höhle erlegt wurden.

Manchmal trägt die Mutter ihre Nachkommen von einer Höhle in eine andere, um sie vor Hyänenmännchen und Löwen in Sicherheit zu bringen.

Hyänenmütter benötigen viel Geduld

Tüpfelhyänen kennen keine dauerhafte Paarbindung. Das Weibchen hat das ganze Jahr über regelmäßige Brunstzyklen von 14 Tagen. In den wenigen Stunden, in denen es empfängnisbereit ist, wird es manchmal von verschiedenen Männchen gedeckt. Ein Weibchen kann in dieser Zeit bis zu 15 Männchen anziehen, häufig gibt es im Clan aber nur ein einziges Männchen, das sich ungestört mit brünstigen Weibchen paaren darf; bei diesem handelt es sich immer um ein von außen eingewandertes Tier. Zuerst muß es versuchen, die Gunst des Weibchens zu erlangen. Es nähert sich diesem sehr vorsichtig mit allen möglichen Unterwerfungsgesten, wie etwa gesenktem Kopf und zwischen den Beinen eingeklemmtem Schwanz. Andernfalls würde es durch heftige Bisse zurückgewiesen.

Frühreif, aber noch lange nicht selbständig

Nach einer Tragzeit von ca. 110 Tagen bringt die Tüpfelhyäne durchschnittlich zwei Junge zur Welt, die bei der Geburt etwa 1,5 kg wiegen. Die körperliche Entwicklung der einheitlich dunkelbraun gefärbten Jungen ist schon ziemlich weit fortgeschritten. Die Weibchen suchen für die Geburt entweder selbstgegrabene Höhlen auf oder beziehen Baue anderer Tierarten wie die von Warzenschweinen oder Erdferkeln. Manchmal findet man in einer Höhle die Würfe verschiedener Weibchen, aber jedes Junge verläßt die Höhle nur auf den Ruf der eigenen Mutter hin, deren Stimme es genau kennt. Bei 6–8 Wochen alten Hyänen zeigen sich die ersten Tupfen auf dem Fell, das mit der Zeit immer heller wird. Mit 4 Monaten schließlich haben die Jungen das gleiche Fleckenmuster wie die Erwachsenen, nur die Pfoten bleiben noch eine Weile dunkler.

Junge Hyänen trinken recht lange bei der Mutter – mindestens 1 Jahr, manchmal sogar 2. Die Mütter säugen nur den eigenen Nachwuchs an ihren vier Zitzen. Im Unterschied zu Hunden, Wildhunden und Wölfen würgen Hyänen niemals vorverdaute Nahrung für ihre Jungen aus. Diese leben nur von Milch, die mit der Zeit durch Fleischstücke angereichert wird, welche die Hyänen in der Nähe der Höhle ablegen. Erst wenn die Jungen schon fast die Größe erwachsener Tiere erreicht haben, werden sie entwöhnt. Bis zur Geschlechtsreife dauert es dann noch einige Monate. Männchen sind mit 2 Jahren, Weibchen mit 3 Jahren geschlechtsreif.

Obwohl kein Tier auf die Jagd von Hyänen spezialisiert ist, sterben bereits im 1. Lebensjahr 30% der Jungen. Die Neugeborenen werden von den Weibchen in den ersten Lebenswochen aufmerksam bewacht, nicht zuletzt zum Schutz vor anderen erwachsenen Hyänen. Besonders männliche Tiere können den Jungen gefährlich werden, was übrigens auch bei anderen Raubtieren oft vorkommt. Die Jungen sind jedoch nicht völlig hilflos, denn sie können sich selbst neue Gänge graben und sich so vor den Erwachsenen oder umherstreifenden Räubern in Sicherheit bringen.

Hyänenbabys verlassen ihre Höhle nur auf den Ruf der Mutter hin. Das arttypische Fleckenmuster erscheint erst nach etwa 2 Monaten.

Die Zähne zeigen das Alter

Anhand der Abnutzung bestimmter Backenzähne einer Tüpfelhyäne – des zweiten oberen Prämolars und des ersten unteren Molars – kann man ihr Alter ermitteln. Diese Zähne, die dem Zermalmen von Knochen dienen, sind anfangs konisch-spitz geformt, nutzen sich aber zunehmend ab und ragen schließlich kaum mehr über das Zahnfleisch hinaus. Nach dem Forscher Hans Kruuk ist ein Tier bei Stufe II 1–3 Jahre, bei Stufe III 3–6 Jahre, bei Stufe IV 6–16 Jahre und bei Stufe V über 16 Jahre alt.

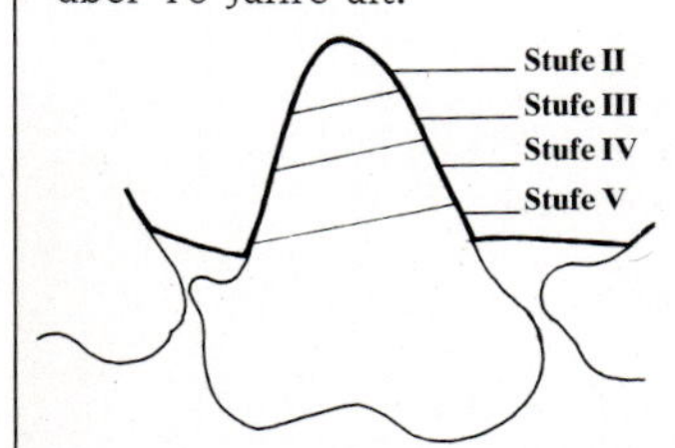

Sogar während sie säugt, bleibt die Hyänenmutter äußerst wachsam.

▶ Junge Tüpfelhyänen kommen weit entwickelt zur Welt: Ihre Augen sind offen, und Schneide- und Eckzähne sind bereits durchgebrochen.

Tüpfelhyäne

Crocuta crocuta

Hyänen sind an ihrem kräftigen Kopf und Vorderkörper, dem abfallenden Rücken und dem struppig wirkenden Fell leicht zu erkennen. Die Spitze ihrer Schnauze ist dunkel, und im Fell zeichnen sich auf gelblich-braunem Grund schwarze Flecken ab.

Das Gebiß ist ungewöhnlich kräftig; kein anderes Tier fügt seinen Beutetieren vergleichbare Bisse zu. Es enthält in jeder Ober- und Unterkieferhälfte drei Schneidezähne, einen Eckzahn, vier bzw. drei Prämolaren (Vorbackenzähne) und einen Molar (Backenzahn). Die Reißzähne – der letzte obere Prämolar und der erste untere Molar – sind besonders stark entwickelt; diese Gebißstruktur wird auch als „Brechschere" bezeichnet. Auf dem Prämolar kann ein Druck von bis zu 800 kg lasten, das sind 3 t pro cm^2! Kein Knochen, auch nicht der härteste, kann solcher Kraft standhalten.

Unter den Sinnen der Hyäne sind vor allem der Geruchs- und der Gehörsinn ausgezeichnet entwickelt. Ihre großen Ohrmuscheln fangen Laute eines breiten Frequenzspektrums auf und können sogar Ultraschall wahrnehmen.

Die Fortbewegung der Tiere wirkt wegen des abfallenden Hinterteils nicht sonderlich elegant, doch können Hyänen schnell und ausdau-

	TÜPFELHYÄNE
Art:	*Crocuta crocuta*
Familie:	Hyänen
Ordnung:	Raubtiere
Klasse:	Säugetiere
Merkmale:	Fahlgelbes, getüpfeltes Fell; wuchtiger Kopf, kräftiges Gebiß; massive Hals-Brust-Region; abfallender Rücken
Maße:	Kopf-Rumpf-Länge 95–165 cm, Schwanz 25–36 cm; Schulterhöhe 70–91 cm
Gewicht:	40–65 kg. Weibchen schwerer als Männchen
Verbreitung:	Afrika, südlich der Sahara, nicht in Wäldern
Lebensraum:	Savanne und Waldrandgebiete
Nahrung:	Selbstgejagte Tiere (Antilopen, Zebras usw.) und Aas; Früchte, Wurzeln, Eier
Sozialstruktur:	Sehr flexibel; zuweilen große Clans, in denen die Weibchen dominieren
Geschlechtsreife:	Mit 2–3 Jahren
Fortpflanzung:	Zu jeder Jahreszeit möglich, gehäuft in der Regenzeit
Tragzeit:	110 Tage
Anzahl der Jungen pro Geburt:	1–3; eine Geburt pro Jahr
Geburtsgewicht:	1,5 kg
Lebensdauer:	In freier Natur 20 Jahre; in Gefangenschaft Rekord bei 41 Jahren
Bestand:	In Afrika das am weitesten verbreitete große Raubtier; zurückgehende Bestände

Kopf
Wuchtig, erinnert ein wenig an den eines großen Hundes. Die Schnauzenspitze ist dunkel.

Fell
Erweckt immer einen struppigen Eindruck. Auf gelbem oder hellbraunem Grund zeichnen sich schwarze Tupfen ab.

Hinterteil
Der Rücken fällt nach hinten ab, wodurch das Hinterteil der Hyäne in starkem Kontrast zum kräftigen Vorderkörper steht.

Schwanz
In der Ruhestellung liegt der Schwanz zwischen den Hinterbeinen.

ernd laufen. Sie erreichen Geschwindigkeiten von 50–60 km/h und legen weite Entfernungen zurück, ohne zu ermüden.

Der nicht besonders lange, aber sehr buschige Schwanz der Hyäne dient als optisches Verständigungs- und Warnsignal. Ist er nach oben gerichtet und sind die Haare gesträubt, verrät er ein erregtes, angriffsbereites Tier; ist er gesträubt und nach vorn umgeschlagen, bezeugt er Interesse für einen Artgenossen; liegt er dagegen zwischen den Hinterläufen, bringt er Unterwerfung oder Fluchtbereitschaft zum Ausdruck.

Neben dem äußeren Genitalbereich des Weibchens, der dem des Männchens verblüffend ähnelt, ist auch der Verdauungsapparat der Tüpfelhyäne arttypisch und stellt eine Besonderheit im Tierreich dar. Ihre starken Verdauungssäfte und die Aufnahmefähigkeit der Darmschleimhaut befähigen die Tüpfelhyäne dazu, Nährstoffe nicht nur aus Knochen, sondern auch aus dem Kot anderer Raubtiere zu gewinnen. Ist das Nahrungsangebot reichhaltig, kann ihr Magen bei einer Mahlzeit außerordentliche Mengen aufnehmen. Dank dieser Anpassungsfähigkeit in ihrer Ernährung können Hyänen unter schwierigsten Bedingungen selbst in solchen Gebieten überleben, die anderen Raubtieren verschlossen bleiben.

Die beiden Analdrüsen der Hyäne, die nahe des Afters in einer umstülpbaren Hauttasche münden, dienen zur Markierung des Reviers. Diese Drüsen sondern ein stark riechendes Sekret ab, das jedem Tier einen individuellen Geruch verleiht. Nachdem es ein Grasbüschel beschnuppert hat, streift das Tier seinen Bauch an diesem entlang, wodurch die Analdrüsen angeregt werden; anschließend markiert die Tüpfelhyäne mit den ausgestülpten Drüsen.

Besondere Merkmale

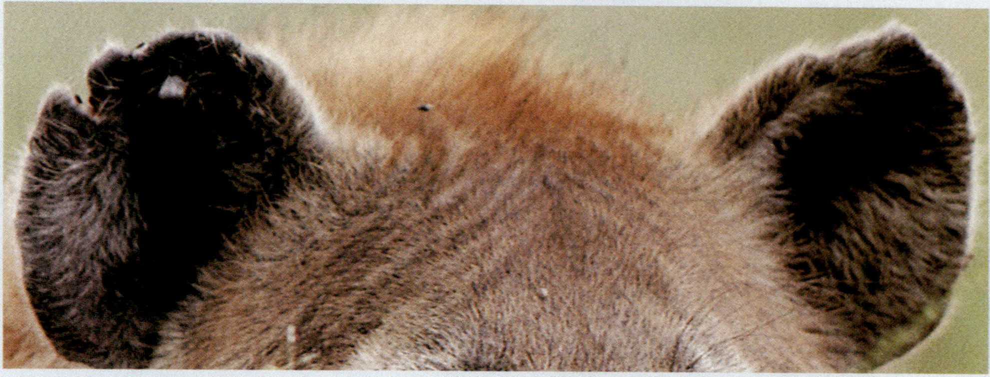

Weibliche Genitalien

Es ist fast unmöglich, weibliche Tüpfelhyänen ohne genauere Untersuchung von männlichen zu unterscheiden. Die äußeren Geschlechtsorgane der Weibchen gleichen denen der Männchen frappierend. Hinter der Klitoris, die einem Penis zum Verwechseln ähnlich sieht, liegen paarige, mit Bindegewebe gefüllte Säcke, die offensichtlich keinerlei Funktion haben. An genau dieser Stelle sitzt beim Männchen der Hodensack (Skrotum). Die Scheidenöffnung der Weibchen wird erst in der Brunst sichtbar.

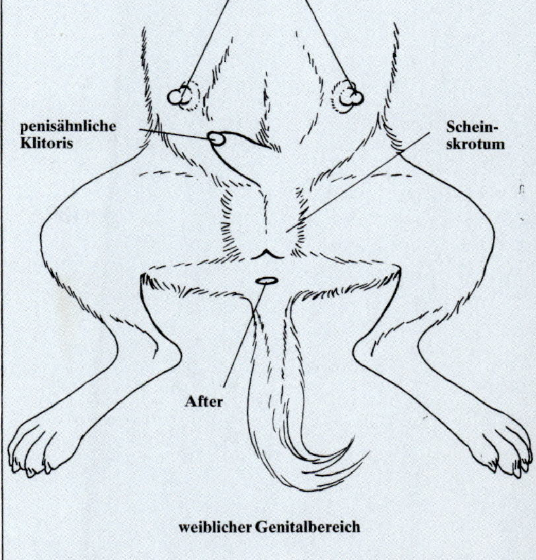

weiblicher Genitalbereich

Da die Männchen kleiner und rangniedriger sind, halten unerfahrene Zoologen sie oft für Weibchen. Die Tiere begrüßen einander durch Beriechen ihrer Geschlechtsteile. Dazu präsentieren sie sich gegenseitig das Hinterteil, indem sie einen Hinterlauf anheben. Bei einer Begegnung zwischen Weibchen und Männchen zeigt das männliche Tier seine Unterwerfung dadurch, daß es zuerst auf diese Weise präsentiert.

Ohren

Dank ihres ausgezeichneten Gehörs kann die Tüpfelhyäne Töne bis in den Ultraschallbereich hinein wahrnehmen und Artgenossen an deren Stimme erkennen. Ihre Ohren sind groß, rund und weisen am Rand oft Löcher, Kerben oder natürliche Einrisse auf, die das Hörvermögen der Tiere aber in keiner Weise beeinträchtigen; mit ihrer Hilfe kann man die einzelnen Tiere auseinanderhalten. Tüpfelhyänen ziehen sich diese Verletzungen oft bei Balgereien an gerissenen Tieren zu, wenn das Fleisch des Beutetiers in der Eile mit dem blutverschmierten Fell eines anderen Clanmitglieds verwechselt wird.

Kopf

Die Form des Kopfes erklärt sich aus dem außergewöhnlich kräftigen Gebiß mit seinen widerstandsfähigen Zähnen und der starken Unterkiefermuskulatur, dank deren Hyänen selbst die dicken Oberschenkelknochen von Rindern zerbeißen können. Die Sehleistung ihrer Augen befähigt sie dazu, auch nachts zu jagen. Ihr Geruchssinn hilft ihnen, Aas zu finden, wobei sie der Gestank in fortgeschrittene Verwesung übergegangener Stücke keineswegs abstößt.

Andere Arten

Obwohl sie äußerlich an Hunde erinnern, sind Hyänen enger mit den Katzenartigen als mit den Hundeartigen verwandt. Außer der Tüpfelhyäne gehören noch drei weitere Arten zur Familie der Hyänen: die Streifenhyäne und die Braune Hyäne, beide aus der Gattung *Hyaena*, sowie der fast ausschließlich Ameisen und Termiten fressende Erdwolf, der einzige Vertreter der Gattung *Proteles*. Beide Arten der Gattung *Hyaena* besitzen wie die Tüpfelhyäne kräftige Kiefer, im Unterschied zu ihr begnügen sie sich jedoch mit kleinen Beutetieren und verfolgen auch Insekten. Da sie sich an das unterschiedlichste Nahrungsangebot anpassen, können sie eine Vielzahl unterschiedlicher Lebensräume, von der Savanne bis zur Wüste, bevölkern.

Hyänen der Gattung *Hyaena* sind kleiner als die der Gattung *Crocuta*, haben aber größere Ohren. Auffälligstes Unterscheidungsmerkmal im Bereich der Schädel sind die Zähne. Bei der Braunen Hyäne und der Streifenhyäne ist der erste obere Backenzahn besonders ausgeprägt (sein Durchmesser ist doppelt so groß wie der des ersten Vorbackenzahns). Bei der Tüpfelhyäne ist er viel kleiner oder fehlt ganz.

STREIFENHYÄNE

Hyaena hyaena

Gewicht je nach Unterart zwischen 25 und 55 kg; Männchen schwerer als Weibchen.

Merkmale: Kopf schmaler als bei der Tüpfelhyäne, Kiefer und Zähne gleich kräftig. Ohren laufen spitz zu. Fell grau, an den Seiten und am Kopf schwarz gestreift. Spitze der Schnauze, Hals und Pfoten schwarz; Haare an Hals und Rükken lang, bilden dort eine Art Mähne.

Verbreitung: Am weitesten verbreitete Art, von Mauretanien bis Indien, von der südlichen Sowjetunion bis Ostafrika (nicht im Süden von Tansania) heimisch. Anders als die Tüpfelhyäne ist die Streifenhyäne weniger abhängig von Wasserstellen, weshalb sie auch in Trockengebieten wie dem Nordrand der Sahara, dem Mittleren Osten oder auf der Arabischen Halbinsel vorkommt. Sie lebt dort in felsigen Gebieten mit vielen Unterschlupfmöglichkeiten.

Ernährung: Wie Tüpfelhyäne Allesfresser, von Säugetieren über Reptilien und Insekten bis hin zu Früchten. Jagt kleinere Beutetiere als die Tüpfelhyäne und frißt ebenso wie diese Aas.

Verhalten: Die Streifenhyäne lebt einzelgängerisch oder in Familien (in Paaren mit Jungen). Die Weibchen besitzen gegenüber den Männchen keine dominierende Rolle, und die beiden Geschlechter unterscheiden sich deutlich voneinander. Als nachtaktiver Jäger legt die Streifenhyäne auf der Suche nach Nahrung jede Nacht viele Kilometer (weit mehr als die Tüpfelhyäne) zurück. Hierbei begegnet sie zahlreichen Artgenossen, die sie begrüßt, indem sie ihre Analdrüsen präsentiert. Streifenhyänen beanspruchen kein festes Revier.

Im Vergleich zu Tüpfelhyänen zeigen sich Streifenhyänen weniger lautfreudig.

Die bei der Geburt etwa 700 g schweren Jungen kommen nach 90 Tagen wenig entwickelt in Höhlen zur Welt und sind in den ersten Tagen taub und blind, die Färbung ihres Fells entspricht aber schon der erwachsener Tiere. Das Weibchen hat sechs Zitzen, mit denen es die ein bis sechs Jungen eines jeden Wurfs ernährt. Männchen, Weibchen und die Jungen des vorangegangenen Wurfs bringen recht früh feste Nahrung zur Höhle, so daß die Jungen bereits in einem Alter von 3–4 Monaten entwöhnt werden können.

BRAUNE HYÄNE

Hyaena brunnea

Wird auch Schabrackenhyäne bzw. Strandwolf genannt.

Wirkt durch ihr Fell größer, als sie ist; Gewicht 35–50 kg. Männchen wenig schwerer als Weibchen.

Merkmale: Dunkelbraunes Fell, an Rücken, Hals und Seiten langhaarig.

Verbreitung: Vorkommen auf Südafrika beschränkt, ersetzt hier die Streifenhyäne; vor allem in den Wüstenrandgebieten von Namibia und in der Kalahari sowie in Halbwüsten. Populationsdichte gering, gefährdete Art.

Ernährung: Wie die beiden vorgenannten Arten ein Allesfresser, doch offenbar ein schlechterer Jäger als diese. Oft versuchen Braune Hyänen, Springböcke zu reißen, was ihnen jedoch selbst bei den Kitzen dieser Antilopenart nur selten gelingt. So streift diese Hyänenart lieber über die Strände Namibias und hält nach vom Meer angespülten Kadavern von Fischen, Vögeln, Walen oder Robben Ausschau. Am Rand großer Städte wie Johannesburg oder Pretoria ernährt sie sich sogar von Haushaltsabfällen. Auch kleine Tiere wie Nager, Eidechsen und Insekten verschmäht sie nicht, mit Früchten wie Koloquinten deckt sie zum Teil ihren Wasserbedarf.

Verhalten: Braune Hyänen leben als Einzelgänger im Rahmen kleiner Grup-

Braune Hyäne *(Hyaena brunnea)*

Erdwolf *(Proteles cristatus)*

pen in 20–600 km^2 großen Revieren. Diese Gruppen bestehen aus vier bis sechs Erwachsenen und einer je nach Jahreszeit verschiedenen Anzahl von Jungtieren. Die Art ist nachtaktiv, Einzeltiere legen bei der Nahrungssuche bis zu 30 km pro Nacht zurück. Die Verhaltensweisen bei der Begegnung mit Artgenossen (Sträuben der Rückenmähne, Beschnuppern von Kopf und Analdrüsen, Zwicken usw.) variieren nach Geschlecht und Familienzugehörigkeit. Die Markierung des Reviers erfolgt immer auf die gleiche Weise: Grasbüschel werden in die Hauttasche eingeführt, in der die Analdrüsen münden, und dort mit zwei Tropfen Sekret betupft. Der erste Tropfen ist weißlich gefärbt, der zweite, der anschließend direkt über diesem abgesetzt wird, schwarz. Pro Kilometer markiert die Braune Hyäne durchschnittlich zwei- bis dreimal, an den Grenzen des Reviers jedoch häufiger. Die Fortpflanzung der Braunen Hyäne ähnelt der der Streifenhyäne. Das Weibchen besitzt nur vier Zitzen. In kleinen Verbänden pflanzt sich nur ein Paar fort, bei größeren Gruppen werden die Jungen mehrerer Weibchen in Gemeinschaftshöhlen betreut und von allen Müttern gesäugt.

ERDWOLF

Proteles cristatus

Schmächtige, mit 8–12 kg Körpergewicht bei weitem kleinste Hyänenart. Unterscheidet sich von den anderen Hyänen so deutlich, daß sie oft in eine eigene Unterfamilie gestellt wird.

Merkmale: Zierliche Gestalt, schmale und spitze Schnauze. Fell hellgelb bis rötlich. Auf dem Rücken und an den Seiten lange Haare, am Hals als Mähne ausgebildet. Das Gebiß enthält im Gegensatz zu den anderen Hyänen nur 24 Zähne. Die Schneidezähne erinnern an Haken, aber die Molaren und Prämolaren sind winzig und kegelförmig. Sie haben keinerlei Funktion und fehlen bei manchen Tieren ganz.

Verbreitung: Ost- und Südafrika. Dazwischen liegt ein 1500 km breites Gebiet, in dem der Erdwolf nicht vorkommt, weil das Klima dort wohl zu feucht ist.

Ernährung: Er lebt weitgehend von Ameisen und Termiten, die er mit kurzen Schlägen der Zunge vom Boden aufnimmt. Auch wenn er dabei viel Erde verschluckt, ist sein Speichel immer noch klebrig genug, um die Insekten festzuhalten. Manche Termiten liebt er besonders: Im südlichen Afrika verspeist er während der Sommermonate die Gattung *Trinervitermes*, die dann in der Dunkelheit in wahren Kolonnen die Erdoberfläche aufsucht und von der ein Erdwolf pro Nacht bis zu 200000 Stück frißt. Im Winter jagt er tagsüber die Gattung *Hodotermes*, zu dieser Jahreszeit seine einzigen Beutetiere.

Verhalten: Jeder Erdwolf durchstreift zur Nahrungssuche sein Revier allein, das er, genau wie die anderen Hyänenarten, markiert und an dessen Grenzen er innerhalb von 2 Stunden bis zu 120 Duftmarken absetzt. Bei Nahrungsmangel schließen sich die Tiere zusammen und suchen gemeinsam nach Beute, wodurch sie ihre Erfolgschancen erhöhen. Während der Fortpflanzungszeit kommt es an den Grenzen der Reviere häufig zu Auseinandersetzungen. Da weibliche Erdwölfe sehr ortsgebunden sind und ihr Revier in sehr seltenen Fällen verlassen, müssen die Männchen auf der Suche nach brünstigen Weibchen weite Strecken zurücklegen.

Nach 3 Monaten Tragzeit kommen die Jungen nackt und hilflos zur Welt; sie verlassen die Höhle erstmals mit 6–8 Wochen. Oft beteiligt sich ein Männchen an der Aufzucht und bewacht den Nachwuchs, wenn sich die Mutter auf Nahrungssuche begibt; dieser Wächter kann der Vater sein, aber auch ein männliches Tier aus der Nachbarschaft. Termiten nehmen die Jungen ab einem Alter von 3 bis 4 Wochen auf, mit Beginn der folgenden Paarungszeit verlassen sie die Mutter.

Hyänen in ihrem Lebensraum

Tüpfelhyänen sind die größten lebenden Aasvertilger. Indem sie die Überreste toter Tiere fressen, übernehmen sie die für das natürliche Gleichgewicht außerordentlich bedeutsame Funktion von Abfallbeseitigern. Dank ihrer Fähigkeit, sich von Knochen, Kot und Haut zu ernähren, trägt die Hyäne nicht nur zum Recycling von organischen Stoffen bei, sondern verhindert z. B. auch die Ausbreitung verschiedener Huftierkrankheiten. Die Tüpfelhyäne spielt demzufolge in der Ökologie der afrikanischen Savanne eine wichtige Rolle, was auch noch in einem anderen Zusammenhang deutlich wird. Das weite Grasland ist der ideale Lebensraum für die in großen Herden lebenden Huftiere, die hier genügend Nahrung finden, sich gut vermehren können und die Lebensgrundlage für verschiedene Raubtiere bilden. Da die weitverbreiteten Tüpfelhyänen in sehr viel größerer Zahl vorkommen als Wildhunde, Geparden oder Löwen, sind sie für die Bestandsregulierung der Huftiere und somit für das ökologische Gleichgewicht von entscheidender Bedeutung.

Auch Raubtiere leben gefährlich

Einziger ernsthafter Konkurrent der Tüpfelhyäne ist der Löwe. Zwar leben Löwen und Hyänen oft in einem Gebiet zusammen, aber die Beziehungen zwischen den beiden Raubtieren sind, wenn diese Charakterisierung erlaubt ist, „dauerhaft gespannt". So beschreiben Jane und Hugo van Lawick-Goodall, daß sich Tüpfelhyänenmütter mehrere Tage und Nächte nicht in ihren Bau wagten, um ihre Jungen zu säugen, weil sich ein verliebtes Löwenpärchen in der Nähe der Höhle aufhielt.

Beim Vergleich zweier Reservate in Tansania – Serengeti und Ngorongorokrater – stellte man fest, daß Hyänen und Löwen je nach Bestandsgröße und Umgebung verschiedene Rollen spielen können. In der Serengeti verzehren Tüpfelhyänen oft die Reste von Beutetieren, die Löwen gerissen haben; genau umgekehrt nimmt sich die Situation im Ngorongorokrater aus, wo die wenigen Löwen Nutznießer des Jagderfolgs der Hyänen sind (vgl. auch Kasten Seite 163). Eine Gruppe hungriger Tüpfelhyänen kann zwar eine einzelne Löwin vertreiben, zwei erwachsenen männlichen Löwen jedoch muß sie ihre Beute ungestraft abtreten. Außerdem töten Löwen ohne zu zögern jede Hyäne, deren sie habhaft werden. Diese Aggressivität der Löwen erklärt das Mißtrauen, das Hyänen den Großkatzen gegenüber hegen. Sobald ein Löwe aber verletzt oder krank ist, läuft er seinerseits Gefahr, von den Zähnen seiner „Erbfeinde" zerfleischt zu werden.

Im Gegensatz zu Löwen könnten die als Einzelgänger lebenden Geparden und Leoparden einer Hyänenmeute keinen Widerstand leisten. Um ihre Jagdbeute nicht durch deren Gefräßigkeit zu verlieren, versuchen Geparden soviel wie möglich davon zu verschlingen, bevor sie von Hyänen entdeckt wird. Außerdem jagen sie oft am Tag, ehe die meist dämmerungs- und nachtaktiven Hyänen auf den Plan treten. Leoparden hingegen schleppen ihre Beute gerne auf Bäume, auf denen

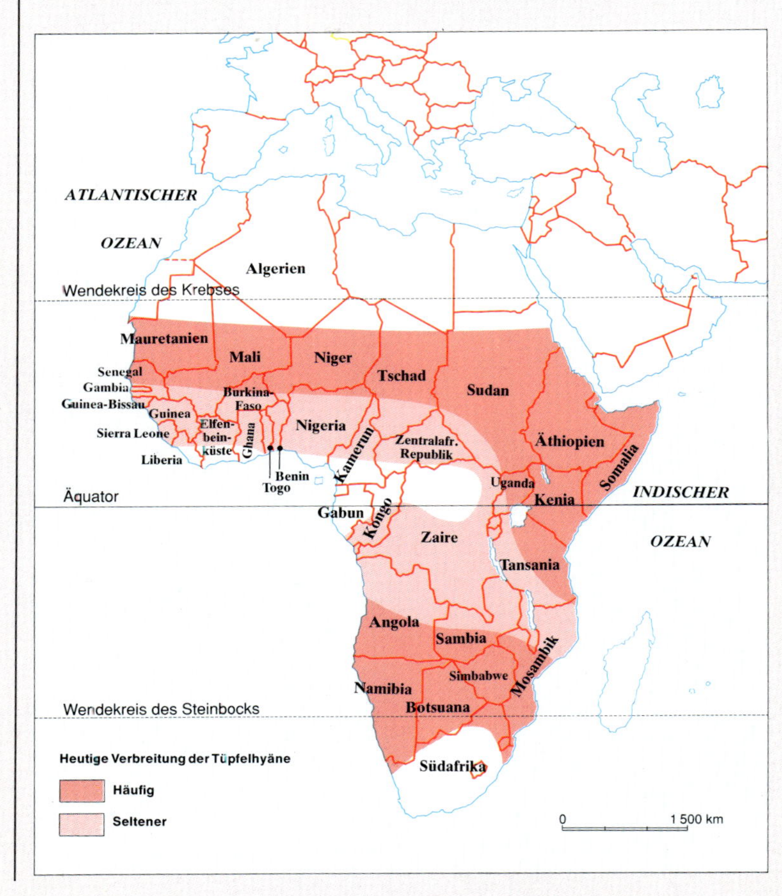

Die Verbreitung der Tüpfelhyäne ist auf den afrikanischen Kontinent südlich der Sahara beschränkt. Sie lebt in den verschiedensten Landschaften, von Meeresspiegelniveau bis in Lagen von 4000 m Höhe; nur Wüsten und Tropenwaldgebiete meidet sie. Wenn Menschen ihr nicht nachstellen, streunt sie sogar in der Nähe von Städten umher, um Haushaltsabfälle nach Freßbarem zu durchstöbern. Bevor die Europäer nach Südafrika kamen, lebte sie auch am Kap. Seitdem ist sie wie viele andere Wildtierarten nach Norden zurückgedrängt worden; im äußersten Süden Afrikas trifft man sie nur noch in Reservaten an.

Savannenbegegnung: Mißtrauisch beäugen sich ein Spitzmaulnashorn und eine Hyäne. Manchmal reizen Hyänen Nashornmütter, um neugeborene Kälber abzudrängen und zu töten. Dies gelingt den Räubern aber nur bei unerfahrenen Müttern; ältere Kühe verteidigen ihren Nachwuchs erfolgreich. Solche gelegentlichen Risse haben die Nashörner in ihrem Bestand jedoch niemals bedroht.

sie dann in aller Ruhe fressen können. Ein weiterer Konkurrent der Hyäne ist der Afrikanische Wildhund, der sehr gesellig lebt, in perfekt organisierten Gruppen jagt und ein ähnliches Beutespektrum hat wie sie: Thomsongazellen, Gnus und Zebras. Aufgrund ihrer hervorragenden Kooperation können sich Wildhunde immer gegen Hyänen, die sich auch in der Meute eher einzelgängerisch verhalten, durchsetzen. Leider sind die prachtvollen Wildhunde heute überall in Afrika vom Aussterben bedroht.

Begegnungen zwischen kleineren Raubtieren und Hyänen sind seltener, weil erstere sich hüten, ihnen zu nahe zu kommen. Eine Ausnahme bilden nur die beweglichen und geschickten Schakale, denen es ab und zu gelingt, Hyänen ein Stück ihrer Beute zu stehlen.

Lieblingsbeute der Hyänen: Gnus und Antilopenkitze

Obwohl alle Huftiere der Savanne Hyänen zum Opfer fallen können, kommt es häufig vor, daß sich Gnus und Hyänen begegnen, ohne einander auch nur die geringste Beachtung zu schenken. Antilopen können gut unterscheiden, ob sich ein Raubtier gerade ausruht oder auf der Lauer liegt. Junge führende Antilopen vermeiden es jedoch vorsichtshalber, Hyänen zu nahe zu kommen, denn trotz ihrer Hörner haben Gnus beispielsweise diesen gegenüber kaum eine ernsthafte Chance. Huftiere besitzen nur eine Möglichkeit, der Dezimierung ihrer Bestände durch Tüpfelhyänen entgegenzuwirken: Sie müssen ihre Nachkommen gleichzeitig gebären. Bei den Gnus etwa geschieht dies innerhalb weniger Wochen. Selbst wenn nun eine beträchtliche Zahl von Jungen den Räubern zum Opfer fällt, sind die Verluste prozentual gesehen recht gering. Nach wenigen Tagen bereits sind junge Gnus in der Lage, schnell genug zu laufen, um mit der Herde mitzuhalten. Gnukälber jedoch, die vor bzw. nach dem Geburtenzenit auf die Welt kommen, besitzen nur geringe Überlebenschancen.

Neugeborene Thomsongazellen verstecken sich in den ersten Lebenstagen am Boden zwischen hohen Gräsern. Hyänen wissen das, und wenn der richtige Zeitpunkt gekommen ist, suchen sie die Savanne nach dieser leichten Beute ab. Da aber die Neugeborenen fast keinen Eigengeruch haben, weil sie von ihren Müttern peinlich sauber gehalten werden und letztere sich zudem immer in größerer Entfernung von ihnen aufhalten, um das Versteck ihrer Kitze nicht zu verraten, werden die Jungen von Raubtieren nur durch Zufall entdeckt. Ausgewachsene Thomsongazellen laufen im allgemeinen zu schnell für die Hyänen, doch bei Neumond oder starken tropischen Gewitterschauern sind sie in Gefahr. Nach einer Gewitternacht fand Hans Kruuk einmal ca. 100 tote Thomsongazellen jeden Alters, die Opfer von Hyänen geworden waren. Die Wassermassen, die auf die Serengeti-Ebene niedergegangen waren, schienen die Gazellen regelrecht paralysiert zu haben, nicht aber die Hyänen, welche die Situation sofort ausnutzten und alle erreichbaren Tiere töteten – vermutlich, um sich einen Nahrungsvorrat für die nächsten Tage anzulegen.

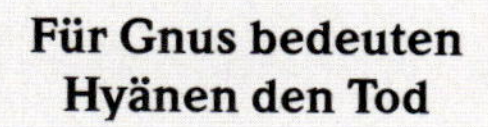

Für Gnus bedeuten Hyänen den Tod

Beobachtungen in zwei Naturreservaten Tansanias haben erbracht, daß Hyänen einen völlig unterschiedlichen Einfluß auf die Huftierbestände ausüben können. Wo ihre Bestandsdichte hoch ist, wie z. B. im Ngorongorokrater, stellen sie eine bedeutende Gefahr für neugeborene und schwache Huftiere dar. Sind die Tüpfelhyänen aber selten, treten andere Raubtiere in den Vordergrund. In der Serengeti reißen Hyänen 2–3 % der dort lebenden Gnus, im Ngorongorokrater 11 %. Bei den Zebras fallen 2 % der Tiere in der Serengeti den Hyänen zum Opfer, im Ngorongorokrater sind es 9 %. Von den Thomsongazellen werden 2–6 % in der Serengeti und 3 % im Krater durch Tüpfelhyänen erbeutet. Im Ngorongorokrater setzen Hyänen den Gnus am stärksten zu, in der Serengeti hingegen die Löwen.

Verkannt, verfemt, verfolgt

Sie streift durch die nächtliche Savanne und frißt Aas – die Lebensweise der Hyäne hat Menschen schon immer Furcht eingeflößt und zu allerlei phantastischen Vorstellungen veranlaßt. Man brachte sie mit den Kräften des Bösen, mit den Dämonen der Finsternis in Verbindung und dichtete ihr magische Kräfte an. Der Legende zufolge verloren Hunde ihre Stimme und Sinne, wenn sie der Schatten einer Hyäne traf. Wegen der Ähnlichkeit der äußeren Genitalien glaubte man, daß Hyänen ihr Geschlecht ändern könnten. Bleibt zu hoffen, daß dieses jahrhundertelang mit unsinnigen Vorurteilen bedachte Bild der Hyäne dank der neuen Forschungsergebnisse endgültig der Vergangenheit angehören wird.

Was täte ein Hexer ohne die Hyäne?

In vielen Teilen Afrikas trifft man auf Hyänen, die, abgerichtet und völlig harmlos, in Menschenobhut leben. Doch auch hier wird das Tier immer noch mit dunklen Kräften und Zaubermächten in Zusammenhang gebracht, weshalb es für Hexer unentbehrlich ist. Zahlreiche Kulturen Afrikas schreiben der Hyäne, ob wild oder gezähmt, übernatürliche Fähigkeiten zu. In Ostafrika z. B. erzählt man sich, daß Stammesoberhäupter ihre Gebiete nachts als Geistwesen auf dem Rücken von Hyänen kontrollieren. Hexer wiederum geben oft vor, die Hyäne zu beherrschen, wodurch ihre magischen Kräfte eine Bestätigung erhalten. Bei manchen Völkern werden Hexer von Hyänen in solche Dörfer geführt, in denen eine Person sterben soll – mit der Hyäne hält der Tod Einzug in das Dorf.

Nicht nur lebend dienen Hyänen den Hexern als Requisit, auch aus bestimmten Körperteilen der Tiere brauen sie Zaubersäfte zusammen. In seinem auf historischen Begebenheiten beruhenden Roman *Djebel Amour* erzählt der Franzose Roger Frison-Roche, wie eine alte Afrikanerin für die Herstellung eines Abtreibungsmittels unbedingt auch eine Hyäne benötigte. Da der Dschebel (Berg) Amour in der Nordsahara am Rande der algerischen Hochplateaus liegt, muß es sich in diesem Fall um eine Streifenhyäne gehandelt haben. In Schwarzafrika spielt die Nase der Tüpfelhyäne eine große Rolle für Blinde. Heiler verwenden die Nase in Zaubersäften, die den Blinden helfen sollen, besser ihren Weg zu finden. Menschen hingegen, die diesen speziellen Körperteil essen, sollen Weisheit erlangen, die sie befähigt, die guten Lebenspfade besser von den schlechten unterscheiden zu können. Der Rauch von verbrannten Augenbrauen der Hyäne gilt als Schlafmittel. Haare und Haut werden in manchen traditionellen Arzneirezepturen als Brechmittel empfohlen. Den Inhalt der Analdrüsen benutzen die Hexer der Zulus in Südafrika. Anderswo werden die Exkremente von Hyänen verbrannt, um böse Geister zu besänftigen. Die Hyäne ist für die afrikanischen Magie und die traditionelle Heilkunst also von großer Bedeutung. Europäer können diese Gebräuche sicherlich nur schwer nachvollziehen.

Angst vor der Rache der toten Hyäne

Ein in Afrika stationierter Soldat tötete einmal eine Streifenhyäne mit seinem Säbel, woraufhin sein einheimischer Begleiter folgende Worte an ihn richtete: „Dank sei dem Himmel, daß ich mit deinem Gewehr im Hintergrund geblieben bin. Benütze nie mehr deinen Säbel im Krieg, denn er würde dich im Stich lassen.“ In seinem 1869 erschienenen Buch *La Chasse au lion* (Löwenjagd), dessen Handlung in Algerien spielt, schrieb Jules Gérard: „Die Hyäne ist ein feiges und abscheuliches Tier“, das es verdiene, „von den Frauen und Kindern des Dorfes gesteinigt zu werden“. Solche mißbilligenden und abschätzigen Urteile, die typisch für eine Tradition sind, die Hyänen schon immer mit Mißtrauen begegnete, stammen von Menschen, welche über diese interessanten und nützlichen Tiere nur wenig wissen.

Natürliche Müllentsorger

Manchmal versehen Afrikaner die Mauern ihrer Dörfer mit Öffnungen, um Hyänen den Eintritt zu ermöglichen. Diese kommen dann nachts, um Abfälle zu fressen. In den 60er Jahren dieses Jahrhunderts lebten

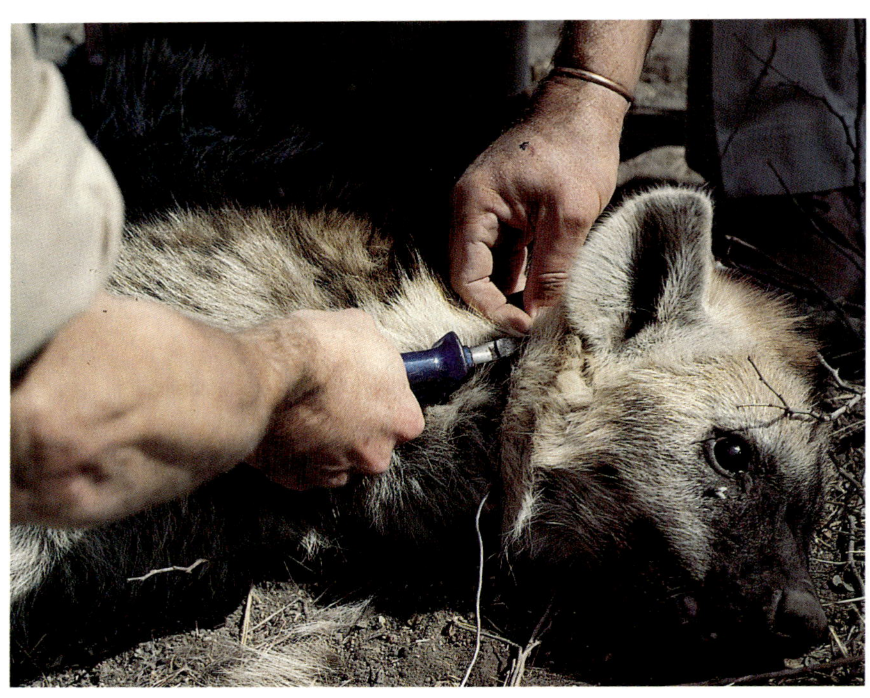

Beobachtungen an Hyänen und vielen anderen Wildtierarten werden an ausgewählten, typischen Vertretern der Art vorgenommen. Dazu legt man ihnen ein mit einem Sender versehenes Halsband um, wie es auf diesem Foto gerade geschieht. In den meisten Fällen werden die Tiere mit Hilfe eines Narkosegewehrs gefangen; zur Verabreichung der richtigen Betäubungsmitteldosis muß man ihr Gewicht möglichst genau schätzen. Jedes Halsband sendet andere Signale aus, so daß die Forscher später den Ortsbewegungen jeder Hyäne folgen und mit Peileinrichtungen deren Position feststellen können.

Hyänen und Menschen in Städten wie Harar (Äthiopien) in einer für beide Seiten äußerst vorteilhaften Gemeinschaft. Die Hyänen fungierten hier als natürliche Abfallvertilger. Vor den Bewohnern, die zur Ernährung der Tiere beitrugen, zeigten diese keinerlei Scheu; die Hyänen gehörten sogar zu den Attraktionen der Stadt. Als aber in Äthiopien politische Unruhen ausbrachen, hatte das fatale Folgen für die Tiere. Die dauernde Militärpräsenz führte zur Vernichtung der Hyänen und vieler anderer Tiere.

Noch heute spielen die Hyänen die Rolle der freiwilligen Abfallbeseitiger noch in Tansania am Rand von Städten wie Dodoma und Ugogo.

Schon geringfügige Veränderungen im Beziehungsgefüge zwischen Mensch und Hyäne können für die Tiere zur Tragödie werden. Während des Ersten Weltkriegs ernährten sich ganze Hyänenclans von den Abfällen eines Schlachthofs in Nairobi. Als dieser nach dem Kriegsende geschlossen wurde, begannen die abrupt ihrer Nahrungsquelle beraubten Hyänen, die Mülleimer der Stadt zu durchwühlen. Schließlich töteten die hungrigen Tiere auf der Suche nach Nahrung sogar einige Landarbeiterinnen, weshalb ein blutiger Kampf gegen sie aufgenommen wurde.

Des Rätsels Lösung: Hyänen

Afrika gilt als die Wiege der Menschheit. In einigen Gebieten, in denen nach Meinung von Anthropologen der Vormensch *Australopithecus* gelebt hat, fanden die Wissenschaftler im Bereich der Fundstellen auch Ansammlungen von Knochen, die ihnen Rätsel aufgaben. Dienten sie den Vormenschen als Werkzeuge oder als Waffen? Man hatte bis dahin geglaubt, daß sie deren Gebrauch noch gar nicht kannten. Die Entdeckung drohte alle bisherigen Vorstellungen über die Urgeschichte der Menschheit umzustoßen. Schließlich fiel einem Zoologen auf, daß diese Knochenhaufen denen erstaunlich ähnlich waren, die in der Nähe von Hyänenhöhlen entstehen. Bei näherer Prüfung konnte man sogar Spuren der Hyänenzähne entdecken.

Tiere, von denen die Forscher begeistert sind

Seit Wissenschaftler über die technischen Möglichkeiten verfügen, Tieren auf Schritt und Tritt zu folgen, hat sich das Bild von der Hyäne deutlich gewandelt. Als einer der ersten unternahm in den 70er Jahren der Holländer Hans Kruuk im Ngorongorokrater eine solche Untersuchung, indem er zusammen mit seiner Frau Tüpfelhyänen auch in der Nacht beobachtete. Dabei stellte er fest, daß diese nicht nur Aasfresser waren, wie man bis zu diesem Zeitpunkt allgemein angenommen hatte, sondern auch erfolgreiche Jäger. Ihre Beute wird Hyänen allerdings oft von Löwen streitig gemacht, so daß jene nur noch tatenlos zusehen können, wie sie von den Katzen um den Erfolg der Jagd gebracht werden.

Nachdem Kruuk mit einem Betäubungsgewehr 50 der etwa 400 im Ngorongorokrater lebenden Tüpfelhyänen gefangen hatte, versah er sie mit Markierungen an den Ohren, um sie auch aus größerer Entfernung mit Hilfe eines Fernglases identifizieren zu können. Auf diese Weise legte er den Grundstein zu ersten Beobachtungen über die Sozialordnung dieser Tierart. Seit dieser Zeit folgten technisch immer aufwendigere Untersuchungen, zu denen auch die Überwachung der Hyänen mit Sendern in Halsbändern gehört. Dank dieser Sender ist es möglich, rund um die Uhr jede Bewegung der Tiere zu registrieren. Die Hyänen wurden ihren zweifelhaften Ruf los und vermochten durch ihre erstaunliche Anpassungsfähigkeit, ihre einzigartige Sozialordnung und ihre Bedeutung für den Naturhaushalt ein außerordentliches Interesse zu wecken.

Auch die anderen Arten der Hyänenfamilie sind zwischenzeitlich ausführlich untersucht worden. Erst kürzlich erforschte ein südafrikanischer Biologe in der Kalahariwüste die Braune Hyäne und ergänzte das Wissen über diese Art beträchtlich.

Solange die Betäubung wirkt, sind Hyänen hilflos. Bis sie wieder zu Bewußtsein kommen, stehen die Tiere unter der Bewachung der Forscher. Um sie tagsüber im offenen Gelände mit dem Fernglas verfolgen zu können, werden Hyänen auch mit Ohrkerben individuell gekennzeichnet.

Hyänen als Krankheitsüberträger

Schon frühe schriftliche Zeugnisse enthalten den Hinweis, daß Hyänen Leichen ausgraben und Menschen im Schlaf töten. Während letzteres völlig aus der Luft gegriffen ist, entbehrt die erste Behauptung keineswegs immer der Grundlage. Bei Völkern, bei denen die Toten nur mit einem Leichentuch verhüllt bestattet werden, kann es tatsächlich vorkommen, daß Hyänen die Verstorbenen ausgraben und sich von ihnen ernähren. Besonders Anhänger von monotheistischen Religionen, etwa die Moslems im Norden Afrikas, betrachten dies als Grab- und Leichenschändung. Andere Völker wiederum überlassen ihre Toten traditionell Aasfressern wie den Hyänen, wodurch sie den natürlichen Kreislauf organischer Stoffe unterstützen. Ohne eine solche Sitte verurteilen zu wollen, muß man doch darauf hinweisen, daß sie unvorhersehbare Folgen für die Gesundheit haben kann, wie Untersuchungen in den Halbwüsten im Osten Kenias gezeigt haben.

Parasiten wie der Fuchsbandwurm können nur dann ihren Entwicklungszyklus vollständig durchlaufen, wenn Pflanzen- oder Allesfresser, die als Zwischenwirte bestimmte Larvenstadien (in diesem Fall die Finnen) beherbergen, von Raubtieren getötet und gefressen werden. Erst in den Körpern dieser Endwirte können die Parasiten zum geschlechtsreifen Stadium heranwachsen. Raubtiere scheiden die Bandwurmeier mit dem Kot aus, und die Menschen nehmen sie mit verschmutzten Pflanzen auf. Normalerweise wird der Mensch dann zur Sackgasse und unterbricht den Kreislauf. Dies ist aber nicht mehr der Fall, wenn eine Hyäne die Leichen von Menschen frißt. Die Finnen des Fuchsbandwurms können so vom Menschen auf Hyänen oder Schakale übertragen und dadurch weiterverbreitet werden. Bei Völkern, die in der Nähe des Turkanasees in Kenia leben, hat man unter 100000 Menschen 220 Krankheitsfälle mit den Finnen des Fuchsbandwurms festgestellt. Solch ein hoher Erkrankungsgrad war vorher nirgendwo auf der Erde entdeckt worden. Im benachbarten Massailand waren von 100000 Menschen nur zwei erkrankt. Die hohe Verbreitung der Krankheit scheint damit zusammenzuhängen, daß die Toten dort nicht beerdigt, sondern von Wildtieren gefressen werden.

Die Schlafkrankheit wird von dem einzelligen Parasiten *Trypanosoma brucei* hervorgerufen, der im Blut lebt und durch Stiche von Tsetsefliegen auf Menschen, Affen und zahlreiche weitere Tierarten übertragen wird. Trotz ihrer großen Widerstandskraft können sich auch Hyänen mit dieser tödlichen Krankheit infizieren.

In der Regel wird die Schlafkrankheit durch Stiche von einem Tier auf das andere übertragen, aber manche Forscher nehmen an, daß sich die Hyänen ohne Mitwirken der Fliege anstecken, indem sie die Erreger der Schlafkrankheit mit dem Blut ihrer Beutetiere aufnehmen. Die Rolle der Hyänen bei der Krankheitsübertragung ist jedoch umstritten.

Traditionen, die nach wie vor gültig sind

Der zwiespältige Aspekt der Beziehungen zwischen Menschen und Hyänen findet noch heute seinen Niederschlag in den Sitten und Gebräuchen des Vorderen Orients. Insbesondere auf der Arabischen Halbinsel leben noch verschiedene Raubtierarten wie Wolf, Leopard und Streifenhyäne, die alle vom Menschen verfolgt werden. Ohne sich Gedanken darüber zu machen, welche Bedrohung die Verwendung moderner Waffen für das Überleben dieser Tiere darstellt, schießen die Menschen Wölfe und Hyänen hemmungslos ab. Dann hängen sie die Kadaver einfach an Bäumen oder sogar Straßenschildern auf.

Hiermit soll eine vielschichtige Botschaft übermittelt werden: Die Jäger stellen ihren Mut und ihre Stärke unter Beweis, indem sie mit der Hyäne die Mächte der Finsternis besiegen. Manchmal hängen die Kadaver wochenlang in der Sonne und trocknen dann wegen der großen Hitze aus. Da die Bedeutung dieser Tradition nach und nach verblaßt, die Tiere jedoch weiterhin getötet werden, bleibt nur ein Zeichen der Zerstörung ohne tieferen Sinn übrig.

„Menschenfresser" Hyäne

In Uganda ist noch die Erinnerung an eine Zeit lebendig, in der mit Schlafkrankheit infizierte Menschen von Hyänen angegriffen und getötet wurden. In den Jahren 1908/09 raffte eine solche Epidemie Tausende von Menschen hinweg.

Wenn wenig Aussicht auf Heilung bestand, wurden die Kranken zur Behandlung in Lager gebracht. Da die damaligen Medikamente nur wenig wirksam waren, schwächte die Krankheit die Menschen so stark, daß sie sich nicht mehr gegen die Hyänen zur Wehr setzen konnten und zu ihrem Schutz Wachen eingesetzt werden mußten. Bei einer weiteren Epidemie in den Jahren 1950/51 wiederholte sich diese Situation.

Auf der Arabischen Halbinsel findet man an Straßenrändern oft aufgehängte Hyänenkadaver; noch immer werden die Tiere in ihrem Verbreitungsgebiet mit den Kräften des Bösen in Verbindung gebracht. Durch das Töten der Hyäne will man dunkle Mächte bannen.

Bildnachweis

Umschlagvorderseite: Ch. Zuber/Bruce Coleman
Innenteil: S. 4 Robert Jacques/Jacana, Y. Arthus-Bertrand/Jacana, S. Cordier/Jacana, Y. Arthus-Bertrand/Jacana; S. 5 D. Halleux/Bios, L. Y. Wormer/Bruce Coleman, E. Dragesco/Ardea, D. Halleux/Bios; S. 7 G. Ziesler/Bruce Coleman; S. 8/9 Pavard/Hoa-Qui; S. 10 Y. Arthus-Bertrand/Jacana; S. 10/11 G. Ziesler/Bruce Coleman; S. 11 F. Roux/Jacana; S. 12 J. Scott/Planet Earth Pictures; S. 12/13 M. P. Kahl/Bruce Coleman; S. 13 J. Scott/Planet Earth Pictures; S. 14/15 P. Johnson/NHPA; S. 15 o. J. u. D. Bartlett/Bruce Coleman; S. 15 u. J. Scott/Planet Earth Pictures; S. 16 o. A. Compost/Bios; S. 16 u.l. J. Robert/Jacana; S. 16 u. r. O. Langrand/Bios; S. 17 Ch. Zuber/Bruce Coleman; S. 18/19 D. Huot/Jacana; S. 20/21 H. Reinhard/Bruce Coleman; S. 21 o. C. Pavard/Hoa-Qui; S. 21 u. Leonard Lee Rue/Bruce Coleman; S. 22/23 M. Coleman/Planet Earth Pictures; S. 23 o. D. u. M. Plage/Bruce Coleman; S. 25 u.l. G. Hobbs/Gamma; S. 25 u. r. D. u. M. Plage/Bruce Coleman; S. 26 C. Dani/I. Jeske/Bios; S. 27 M. P. Kahl/Bruce Coleman; S. 28/29 Y. Arthus-Bertrand/Jacana; S. 30 Y. Arthus-Bertrand/Jacana; S. 31 Y. Arthus-Bertrand/Ardea; S. 32/33 Y. Arthus-Bertrand/Ardea; S. 33 o. Y. Arthus-Bertrand/Ardea; S. 33 M. Visage/Bios; S. 32/33 u. J. M. Labat/Jacana; S. 34 o. D. Huot/Jacana; S. 34 u. Y. Arthus-Bertrand/Jacana; S. 35 Y. Arthus-Bertrand/Jacana; S. 36 o. Y. Arthus-Bertrand/Jacana; S. 36 u.l. J. Daniels/Ardea; S. 36 u. r. J. u. D. Bartlett/Bruce Coleman; S. 37 Y. Arthus-Bertrand/Ardea; S. 38/39 R. Matthews/Planet Earth Pictures; S. 40 H. Reinhard/Bruce Coleman; S. 41 o. R. L. Matthew/Planet Earth Pictures; S. 41 u. J. Scott/Planet Earth Pictures; S. 42/43 J. Scott/Planet Earth Pictures; S. 44 M. Pignères; S. 44/45 Y. Arthus-Bertrand/Explorer; S. 45 r. Y. Arthus-Bertrand/Explorer; S. 46 Beaugeois/Pix; S. 47 T. Dressler/Jacana; S. 48/49 S. Cordier/Jacana; S. 50/51 T. Dressler/Jacana; S. 50 u. Y. Arthus-Bertrand/Jacana; S. 51 u. J. Robert/Jacana; S. 52/53 o. D. Huot/Jacana; S. 52/53 M. P. Summ/Jacana; S. 52/53 u. Frédéric/Jacana; S. 54/55 o. Polking/Nature; S. 54 u. J. Scott/Planet Earth Pictures; S. 54/55 u. S. Cordier/Jacana; S. 56/57 S. Cordier/Jacana; S. 56 u. D. Huot/Jacana; S. 57 u. T. Dressler/Jacana; S. 58/59 Robert/Jacana; S. 60 H. Ausloos; S. 61 o. H. Ausloos; S. 61 u. H. Ausloos; S. 62 M. l. R. Williams/Bruce Coleman; S. 62 u.l. D. u. M. Plage/Bruce Coleman; S. 62 u. r. C. Dani/I. Jeske/Bios; S. 63 o. D. Huot/Hoa-Qui; S. 63 u. J. Robert/Jacana; S. 65 u. r. Camera Pix/Gamma; S. 65 u. l. A. Sycholt/Scope/Gamma; S. 66 T. Dressler/Jacana; S. 67 J. u. D. Bartlett/Bruce Coleman; S. 68/69 B. Pambour/Bios; S. 70 J. u. D. Bartlett/Survival Anglia; S. 70/71 o. C. Haagner/Ardea; S. 71 u. N. Devore/Bruce Coleman; S. 72/73 N. Dennis/NHPA; S. 72/73 u. J. u. D. Bartlett/Survival Anglia; S. 73 Y. Arthus-Bertrand/Ardea; S. 74 J. u. D. Bartlett/Bruce Coleman; S. 74/75 o. C. Zuber/Bruce Coleman; S. 74/75 u. J. u. D. Bartlett/Bruce Coleman; S. 75 u. J. Downer/Planet Earth Pictures; S. 76/77 o. J. u. D. Bartlett/Survival Anglia; S. 76 u. J. u. D. Bartlett/Survival Anglia; S. 77 u. J. u. D. Bartlett/Bruce Coleman; S. 78/79 J. u. D. Bartlett/Survival Anglia; S. 80 G. Langsbury/Bruce Coleman; S. 81 o. J. P. Scott/Planet Earth Pictures; S. 81 u. J. u. D. Bartlett/Survival Anglia; S. 82 r. M. F. Chillmaid/OSF; S. 82 l. M. Wendler/NHPA; S. 83 M. R. Seitre/Bios; S. 83 u. M. Fogden/OSF; S. 85 M. J. u. D. Bartlett/Survival Anglia; S. 85 u. N. Devore/Bruce Coleman; S. 86 A. Bannister/NHPA; S. 87 A. Igouin/Jacana; S. 88/89 G. Renson/Bios; S. 90/91 T. Dressler/Jacana; S. 90 u. C. Hughes/Bruce Coleman; S. 91 u. l. J.-L. Ziegler/Bios; S. 91 u. r. T. Dressler/Jacana; S. 92/93 o. D. Halleux/Bios; S. 92/93 u. D. Halleux/Bios; S. 94 J. Scott/Planet Earth Pictures; S. 94/95 u. Y. Arthus-Bertrand/Jacana; S. 95 J. Scott/Planet Earth Pictures; S. 96 u. l. J. Scott/Planet Earth Pictures; S. 96 u. r. J. Scott/Planet Earth Pictures; S. 97 M. Quarishy/Bruce Coleman; S. 98/99 Frédéric/Jacana; S. 100/101 D. Halleux/Bios; S. 101 o. D. Halleux/Bios; S. 101 M. H. Silvester/Rapho; S. 102 G. Renson/Bios; S. 103 o. A. Rainon/Jacana; S. 103 u. J. Soler/Jacana; S. 104 Y. Arthus-Bertrand/Jacana; S. 105 C. Norman/Gamma; S. 106 Y. Arthus-Bertrand/Jacana; S. 107 Y. Arthus-Bertrand/Jacana; S. 108/109 A. Degre/Jacana; S. 110/111 o. B. Davidson/Survival Anglia; S. 110 u. J. Van Vormen/Bruce Coleman; S. 110/111 u. J. Van Vormen/Bruce Coleman; S. 112/113 o. A. Degre/Jacana; S. 112/113 u. A. Degre/Jacana; S. 112/113 M. l. Y. Arthus-Bertrand/Jacana; S. 113 M. r. C. Haagner/Ardea; S. 114/115 o. J. u. D. Bartlett/Bruce Coleman; S. 114/115 u. T. Dressler/Jacana; S. 114 l. C. Haagner/Ardea; S. 115 u. r. G. Ziesler/Bruce Coleman; S. 116/117 o. J.-M. Labat/Jacana; S. 116 u. l. J. u. D. Bartlett/Survival Anglia; S. 116/117 u. J. A. Bailey/Ardea; S. 117 G. Ziesler/Bruce Coleman; S. 118/119 Y. Arthus-Bertrand/Jacana; S. 120 J. u. D. Bartlett/Bruce Coleman; S. 121 o. A. u. M. Shah/Planet Earth Pictures; S. 121 u. A. Degre/Jacana; S. 122 o. D. Huot/Jacana; S. 122 u. Varin-Visage/Jacana; S. 123 J. u. D. Bartlett/Bruce Coleman; S. 124 M. Reardon/Photo Researchers/Jacana; S. 125 J. Marthelot/Scope; S. 126 G. Behrens/Ardea; S. 127 T. Dressler/Jacana; S. 128/129 Y. Arthus-Bertrand/Jacana; S. 130 Scott/Planet Earth Pictures; S. 130/131 o. J. Burton/Bruce Coleman; S. 130/131 u. J. Simon/Bruce Coleman; S. 132/133 o. T. Sean/Planet Earth Pictures; S. 132/133 u. J. Scott/Planet Earth Pictures; S. 133 A. Antony/Jacana; S. 134/135 o. l. J. Robert/Jacana; S. 134/135 o. r. J. Robert/Jacana; S. 134/135 u. D. Huot/Jacana; S. 136/137 o. A. Bannister/NHPA; S. 136 u. l. J. Scott/Planet Earth Pictures; S. 136 u. r. J. Scott/Planet Earth Pictures; S. 136/137 u. S. J. Krasemann/NHPA; S. 138/139 R. Cavignaux/Bios; S. 140/141 A. u. M. Shah/Planet Earth Pictures; S. 141 o. T. Dressler/Jacana; S. 141 u. J. Pearson/Bruce Coleman; S. 142 u. l. Guerrier/Pix; S. 142 u. r. K. Lucas/Planet Earth Pictures; S. 143 Varin-Visage/Jacana; S. 144/145 Varin-Visage/Jacana; S. 146 T. Nebbia/Fovea; S. 147 N. Dennis/NHPA; S. 148/149 Varin-Visage/Jacana; S. 150/151 o. Y. Arthus-Bertrand/Jacana; S. 150 u. Y. Arthus-Bertrand/Jacana; S. 150/151 u. P. Davey/Bruce Coleman; S. 151 G. Ziesler/Bruce Coleman; S. 152 l. J. u. D. Bartlett/Bruce Coleman; S. 152/153 o. R. Caputo/Rapho; S. 152/153 u. P. Johnson/NHPA; S. 154/155 o. C. Haagner/Ardea; S. 154 u. G. Ziesler/Bruce Coleman; S. 154/155 u. C. Haagner/Ardea; S. 155 C. Haagner/Ardea; S. 156/157 Y. Arthus-Bertrand/Jacana; S. 158/159 D. Halleux/Bios; S. 159 o. G. Langsbury/Bruce Coleman; S. 159 u. J. P. Varin/Jacana; S. 160 M. Pignères; S. 160/161 P. Johnson/NHPA; S. 162/163 R. Caputo/Rapho; S. 164 P. Pickford/NHPA; S. 164/165 R. Caputo/Rapho; S. 166 F. Moutou

Der Inhalt dieses Bandes basiert auf Vorlagen von Larousse, Paris, und Texten der Redaktion Larousse.

Übersetzung:
Sybille A. Illfeld
Claire Knollmeyer
Christine Landgrebe

Wissenschaftlicher Beirat:
Prof. Dr. Wilbert Neugebauer

Wissenschaftliche Mitarbeit:
Dr. Fritz Dieterlen
Dr. Eckart Pott

Redaktion: Georg Kessler (Projektleitung), Christine Klingler,
Dr. Angela Meder
Herstellung: Heinz Franke
Einbandgestaltung: Gabriele Stammer-Nowack

Entwicklung Sachbuchprogramme
Redaktionsdirektor: Ludwig R. Harms

Produktgrafik
Art Director: Werner Kustermann
Art Editor: Rudi K. F. Schmidt

Materialwirtschaft
Direktor Materialwirtschaft: Joachim Forster
Leiter Produktion Bücher: Alfred Wohlfart

Printed in Italy

ISBN 3 87070 405 5